Brasil
Brasil

Múltiplas Identidades

Brasil
Brasil

Múltiplas Identidades

Copyright © 2014 Ricardo Zagallo Camargo

Grafia atualizada segundo o Acordo Ortográfico da Língua Portuguesa de 1990,
que entrou em vigor no Brasil em 2009.

Edição: Joana Monteleone/Haroldo Ceravolo Sereza

Editor assistente: João Paulo Putini

Projeto gráfico, capa e diagramação: Gabriel Patez Silva/Camila Hama

Assistente acadêmica: Danuza Vallim

Revisão: Ana Lígia Martins

Imagem da capa: *O vaqueiro do sertão*, J. Miguel, Acervo Fundação Joaquim Nabuco,
Centro de História Brasileira, Recife, Brazil

Este livro foi publicado com apoio da ESPM e Globo Universidade

CIP-BRASIL. CATALOGAÇÃO NA PUBLICAÇÃO
SINDICATO NACIONAL DOS EDITORES DE LIVROS, RJ

B83

BRASIL, MÚLTIPLAS IDENTIDADES
organização Ricardo Zagallo Camargo. - 1. ed.
São Paulo: Alameda, 2014.
274 p. ; 21cm

Inclui bibliografia
ISBN 978-85-7939-250-4

1. Educação - Brasil. 2. Identidade social - Brasil.
I. Camargo, Ricardo Zagallo.

| 14-14420 | CDD: 370.981 |
| | CDU: 37(81) |

ALAMEDA CASA EDITORIAL
Rua Conselheiro Ramalho, 694 – Bela Vista
CEP 01325-000 – São Paulo – SP
Tel. (11) 3012-2400
www.alamedaeditorial.com.br

SUMÁRIO

Apresentação, RICARDO ZAGALLO CAMARGO (organizador)..7

Brasil Criativo..15

Economia criativa como estratégia de desenvolvimento, JOÃO LUIZ DE FIGUEIREDO.............17

Os alquimistas, conexão e criatividade, BÁRBARA RODRIGUES MOTA...........................35

Agência 3 e o DNA criativo, EDUARDO BARBATO...41

DM9 Rio e a nova publicidade, ÁLVARO RODRIGUES..47

Criatividade: Do carnaval de rua à Sapucaí, DIOGO CASTELÃO..............................55

Brasil Jovem...63

O sonho brasileiro, GABRIEL MILANEZ..65

O jovem e as novas práticas políticas, SÍLVIA BORELLI....................................71

Juventude como o espírito do tempo, ANA LUCIA ENNE......................................77

Mapear os jovens, SÍLVIA BORGES e VERANISE DUBEUX....................................87

Questões do público, ROSE DE MELO ROCHA (mediadora)....................................95

Brasil Na Novela...111

Notas sobre a telenovela brasileira, MARIA IMMACOLATA VASSALLO DE LOPES.............113

O papel dos autores na constituição da teledramaturgia
como sistema simbólico, MARIA CRISTINA PALMA MUNGIOLI.............................125

O Brasil de Cordel Encantado, DUCA RACHID e THELMA GUEDES..........................141

Novela Brasileira: magia e cultura, LUCIA CHAMMA..149

Questões do público, MÁRCIA PERENCIN TONDATO (mediadora)............................151

Brasil Visto De Fora....................167

O Brasil visto de fora, PAULO NASSAR....................169

Moldando a identidade brasileira, ROSE LEE HAYDEN....................191

Branding público: entre o Brasil e a Itália, STEFANO ROLANDO....................213

Para conhecer o Brasil, MICHELE CANDELORO....................225

Internacionalização de marcas brasileiras, DANIELA KHAUAJA....................231

Brasil Visto do Cone Sul....................241

Brasil e Argentina: O que não sabemos uns sobre os outros, ARIEL PALACIOS....................243

O Brasil visto do Uruguai: Política, comércio e cultura, GONZALO OLEGGINI....................253

Zonamerica: Convidando o Brasil a olhar para o sul, ANDREA SPOLITA....................259

Brasil e Uruguai: Aproximações, KARLA BESZKIDNYAK....................265

Um parente ainda distante, MERCEDES VIGIL....................271

APRESENTAÇÃO

Ricardo Zagallo Camargo[1]

A capa da revista *The Economist* apresentava, em 2009, o Cristo Redentor decolando do Corcovado. O título *Brazil takes off* evocava os estágios de desenvolvimento propostos na década de 60 pelo professor Walt W. Rostow, para quem as sociedades tradicionais e atrasadas precisariam de pré-condições para o momento do arranque (take off) e depois marchariam para a maturidade e o consumo de massas. A matéria de capa celebrava a entrada do Brasil como potência no palco mundial superando outros "emergentes", por não ter conflitos étnico-religiosos ou fazer fronteira com vizinhos hostis como a Índia; não esportar apenas petróleo e armas como a Rússia; e ter reduzido desigualdades sociais sob o comando do presidente Lula, com política social mais inteligente do que a da China. Ainda para a publicação, nossa entrada simbólica como protagonista do palco mundial se deu com a escolha do Rio de Janeiro como sede dos Jogos Olímpicos de 2016. De lá para cá o Brasil, passou ser saudado como uma das potências emergentes, um dos BRICS – que também incluem a Rússia, China, Índia e, mais recentemente a África do Sul e o México, gerando uma nova sigla: BRICSAM.

Quatro anos depois, a mesma revista, em edição de 2013, atualizava a capa anterior com a imagem de um Cristo voando de forma desgovernada, com o título *Has Brazil blown it*? perguntando se o Brasil "estragou tudo", tendo em

---

1 Professor e doutor em ciências da comunicação, Ricardo Zagallo Camargo tem especial interesse em questões ligadas à cidadania, educação e responsabilidades socioambientais. Atualmente, é diretor do Centro de Altos Estudos da ESPM (CAEPM). Em 2012, organizou o I Ciclo ESPM de comunicação e marketing – Novo Brasil: Múltiplas Identidades que resultou no presente livro.

vista as manifestações populares e a diminuição do crescimento medido pelo PIB, entre outras questões.

O que chama atenção nos dois casos é que, seja para ser alvo de elogios ou de críticas, a situação e o papel do país no contexto global seguem critérios definidos por um olhar externo que o situam no grupo dos países "emergentes", uma concepção frontalmente criticada por autores como Paul Baran e E. J. Hobsbawm (1961), entre outros, que não consideram o setor "atrasado" como uma etapa anterior ao "desenvolvido", mas como dois sistemas contemporâneos e economicamente interdependentes. Em outras palavras no sistema atual não há como "emergir" economicamente sem repetir o modelo de exploração que gerou a configuração global atual.

Outra matéria, de 2011, que aborda a previsão de que o Brasil superaria o Reino Unido para se tornar a sexta maior economia do mundo, segundo projeções do Centro de Pesquisa Econômica e de Negócios (CEBR, na sigla em inglês) há uma citação do jornal *"Daily Mail"* que é mais esclarecedora sobre o papel que de fato é reservado ao país no palco mundial. Segundo o tabloide britânico, "Esqueça a União Europeia... aqui é onde o futuro realmente está", o Brasil, cuja imagem está mais frequentemente associada ao "futebol e às favelas sujas e pobres, está se tornando rapidamente uma das locomotivas da economia global" com seus vastos estoques de recursos naturais e classe média em ascensão. Tal ascensão, contudo, deve ser vista, segundo o jornal, não como uma ameaça para os países centrais, mas como uma oportunidade: "O Brasil não deve ser considerado um competidor por hegemonia global, mas um vasto mercado para ser explorado".[2]

O conjunto dessas visões parece, portanto, convidar o Brasil a permanecer em uma posição subserviente ou na melhor das hipóteses repetir o modelo de exploração que permitiu a ascensão dos países "desenvolvidos".

---

2   Ver matéria Brasil supera Reino Unido e se torna 6ª maior economia, diz entidade da BBC Brasil, publicada em 26/12/2011 e disponível em http://economia.uol.com.br/ultimas-noticias/bbc/2011/12/26/brasil-supera-reino-unido-e-se-torna-6-maior-economia-diz-entidade.jhtm

Foi essa percepção que motivou a realização em agosto de 2012 do I Ciclo ESPM de Comunicação e Marketing: Novo Brasil Múltiplas Identidades, evento criado para pensar o Brasil não como "emergente" rumo ao "1º mundo", mas como um país que busca se apropriar criticamente da posição que ocupa no contexto global. Uma iniciativa do Centro de Altos Estudos da ESPM, com a colaboração de diversos setores e unidades da Escola e produção de Suzy Scherb e equipe. O patrocínio do Bradesco e apoios da Aberje e Globo Universidade viabilizaram a publicação deste livro.

O evento contou com cinco painéis abordando alguns "Brasis" que nos ajudam a pensar em possíveis identidades que dialoguem com as características do país e das quais possamos fazer uso. Painéis que se converteram nos capítulos deste livro. Vale lembrar que os capítulos não são transcrições literais e não contemplam todo o conteúdo do evento. Buscamos aqui, seja na forma de textos enviados posteriormente pelos participantes, seja na forma de textos construídos a partir das falas, organizar uma obra coerente, que contemplasse uma multiplicidade identitária que permita ao leitor imaginar outros papéis para o Brasil no mundo.

O capítulo *"Brasil Criativo"* tem como ponto de partida o conceito de economia criativa, que está se configurando como um dos mais dinâmicos conjuntos de atividades produtivas do mundo, tendo a criatividade como elemento central da produção de valor. O professor João de Figueiredo, da ESPM, faz a apresentação conceitual desse campo da atividade econômica, destacando sua relevância na atual fase do capitalismo e a relação existente entre economia criativa e as cidades. Na sequência, são abordadas a criatividade e os negócios nas agências de publicidade e no carnaval. Bárbara Mota, da empresa Alquimistas e dos publicitários Eduardo Barbato, Agência 3, e Álvaro Rodrigues, DM9 Rio, exemplificam o momento de transformação por que passam as agências de publicidade brasileiras, no momento em que os conceitos de economia e indústria criativa estão cada vez mais inseridos na agenda da economia e dos negócios. Diogo Castelão, por sua vez, ilustra a importância da arena entretenimento no Rio de Janeiro, por meio do processo criativo e mercadológico de blocos e escolas de samba cariocas.

No capítulo *"Brasil Jovem"*, o foco são as ações e as representações sobre a juventude. Gabriel Milanez, da Box 1824, apresenta o estudo "Sonho Brasileiro", que foca a primeira geração global do Brasil, identificando os jovens "ponte", que possuem uma nova atuação social, contemplando diferentes causas em diferentes locais. A professora Sílvia Borelli, da PUCSP e ESPM, aborda as ações e manifestações dos jovens que têm contribuído para criação de novas formas de se fazer política. A professora Ana Enne, da UFF, comenta, de forma descontraída, o retrato de um jovem percebido como herdeiro da modernidade, visto como "um pouco inconsequente", mas ao mesmo tempo como o "futuro do país". As professoras Sílvia Borges e Veranise Dubeux, da ESPM, falam das pesquisas e eventos da ESPM que buscam ouvir e entender os jovens, em especial os universitários. O capítulo ainda inclui questões do público presente no evento, mediadas pela professora Rose de Melo Rocha, da ESPM, compondo, dessa forma, um panorama de jovens nem idealizados, nem demonizados, que nos falam de multiplicidade identitária e nos permitem pensar como se pode ser jovem e brasileiro em tempos globalizados.

O capítulo *"Brasil na Novela"* discute a telenovela brasileira, o principal gênero de ficção televisiva do país, cuja combinação de melodrama com diálogo vivo com a sociedade configura um espaço privilegiado para a discussão de temas nacionais, refletindo e refratando valores, discursos, identidades. A professora Maria Immacolata Vassallo de Lopes, da ECA-USP, observa a capacidade da telenovela de captar, expressar e atualizar permanentemente as representações do Brasil como uma comunidade nacional imaginada, configurando-se como *"narrativa da nação"*. Maria Cristina Mungioli, também da ECA-USP, aborda o papel de autores com consciência da função social de seu trabalho na construção de uma teledramaturgia atenta às problemáticas da sociedade brasileira. As autoras da novela Cordel Encantado, Thelma Guedes e Duca Rachid, destacam a importância da novela em termos de representação e diálogo com a nossa cultura, como um produto que fala sobre o Brasil e para o Brasil, todos os dias no horário nobre na TV. O capítulo conta ainda com o depoimento da escritora Lucia Chamma, uma aficionada por telenovelas, e é encerrado com questões levantadas pelo público presente ao evento, mediadas pela professora Marcia Perencin Tondato, da ESPM.

No capítulo *"Brasil visto de fora"*, os autores, com diferentes aportes teóricos e práticos, abordam a imagem do país no exterior, sob as vertentes da comunicação empresarial e de Estado, da literatura, das marcas comerciais e da mídia. O professor Paulo Nassar compreende a nação como um personagem e um mito moderno, que transita socialmente na forma de narrativas. Para ilustrar sua proposição, apresenta dados de pesquisa realizada no Chile, mostrando a multiplicidade de percepções sobre o Brasil e reforçando o importante papel do comunicador no seu trabalho singular de narrador e criador de novas e boas histórias sobre a sua comunidade, seu país e sua gente. A professora Rose Hayden, a partir do projeto de país imaginado por Monteiro Lobato e de sua relação com o Brasil como pesquisadora, estabelece algumas comparações entre a trajetória do país e a dos Estados Unidos, nos instigando a pensar caminhos pelos quais possamos nos tornar respeitados e não apenas temidos pelos demais países. O pesquisador e consultor Stefano Rolando problematiza o fato da marca do Brasil, no imaginário coletivo nacional e internacional, ainda ficar restrita a samba, carnaval e futebol, propondo que essa identidade não seja simplesmente negada, mas que seja aberto um debate sobre o "quarto ícone", que deve ser proposto pelo Brasil e não pela opinião pública internacional. Sugere ainda que, entre outros instrumentos, o país trabalhe sua identidade a partir da imagem muito forte de suas duas grandes cidades: São Paulo e Rio de Janeiro. Michele Candeloro, da ESPM, foca o trabalho da APEX e ações comunicacionais do governo como formas de trabalhar a imagem do Brasil na comunidade internacional, levantando a necessidade de um jogo estratégico, coerente, persistente e sem interrupções para contar a nossa história. A pesquisadora Daniela Khauaja, da ESPM, aborda casos de muito sucesso de marcas brasileiras em processo de internacionalização como forma de ajudar a construir a identidade do país, lembrando que esses casos devem ser disseminados no mercado interno para incentivar os empresários a perceberem a gestão de marcas como fonte de agregação de valor às suas ofertas.

Ainda com um olhar "de fora", mas agora ligado aos nossos vizinhos do cone sul, o capítulo "Miradas: O Brasil visto do Cone Sul" conta com representantes da diplomacia, dos negócios, da cultura e do jornalismo para conduzir uma reflexão das formas através das quais as nações sul-americanas pensam o Brasil. O jornalista brasileiro radicado na Argentina, Ariel Palácios, retrata por meio de levantamento de momentos históricos e fatos contemporâneos, como campanhas publicitárias, como se construíram imagens estereotipadas e a pretensa rivalidade entre os dois países que, segundo Palacios, não é percebida da mesma forma por nossos *hermanos*. O professor uruguaio Gonzalo Oleggini, diretor da Facultad de Ciencias Empresariales – UCU, destaca as possibilidades comerciais entre Uruguai e Brasil, lembrando que somos uma referência e peça--chave na economia do país vizinho. Andrea Spolita, da Fundación Zonamerica, levanta características como a disponibilidade financeira e a proximidade geográfica, convidando o Brasil a olhar para o Uruguai como um sócio no crescimento econômico. Karla Beszkidnyak, cônsul geral do Uruguai em Porto Alegre, fala de um Brasil visto como país irmão e como um parceiro fundamental e estratégico no desenvolvimento econômico, cultural e social, mas paradoxalmente ainda pouco conhecido. O depoimento da escritora Mercedes Vigil, da Academia Uruguaia de letras, encerra o capítulo abordando a relação cultural entre os países, lembrando que, para os uruguaios, o Brasil ainda é como um parente distante. No imaginário do uruguaio permanecem recordações do Brasil imperialista, mescladas por Bossa Nova, Maracanã e Copacabana.

Por fim cabe reiterar o agradecimento às pessoas, organizações e instituições que tornaram este livro possível. Reiteramos a importância dos apoios da ESPM, Bradesco, Aberje e Globo Universidade e do trabalho de produção do evento por Suzy Scherb e equipe. Agradecemos também a todos os palestrantes e ao público presente nos cinco eventos que compuseram o Ciclo, por compartilhar conhecimento e promover diálogos enriquecedores que puderam ser aqui divididos com um público mais amplo. Agradecemos também à equipe da editora Alameda, encabeçada por Joana Monteleone, que nos incentivou a transformar o evento em livro e foi responsável pelo processo de diagramação, revisão e finalização da obra. E, não menos importante, agradecemos a você leitor, que a partir de agora é coautor da obra, ao interagir com ela e gerar desdobramentos.

Esperamos que o conjunto de identidades aqui reunidas seja capaz de instigá-lo a refletir acerca do papel do Brasil no contexto global, em suas vertentes econômicas, sociais e políticas. Um papel marcado por imagens e narrativas que foram construídas ao longo da história e que podem ser repensadas nos diferentes campos de atividade no trabalho de imaginar um lugar diferente para o nosso e os demais países. Quem sabe em uma configuração menos hierárquica e mais semelhante a uma rede equilibrada de relações globais.

Boa leitura!

Brasil Criativo

A economia criativa está se configurando em um dos mais dinâmicos conjuntos de ativi-dades produtivas do mundo, incluindo as diversas atividades em que a força criativa se constitui no elemento central da produção de valor, como os setores culturais e de entre-tenimento, a publicidade, o design, a moda e a arquitetura. Diante disso, as agências de propaganda estão em pleno processo de redesenho para se ajustarem aos novos modelos de negócios e novas ferramentas. As escolas de samba e outras manifestações do carnaval carioca, por sua vez, compõem a arena do entretenimento, integrando processos criativos e mercadológicos que tem papel central no ambiente econômico do Rio de Janeiro. Tais elementos, aqui reunidos, nos ajudam a pensar a economia criativa brasileira como estra-tégia de desenvolvimento para o país.

Artigo
ECONOMIA CRIATIVA COMO ESTRATÉGIA DE DESENVOLVIMENTO

João Luiz de Figueiredo[1]

A economia criativa é atualmente um dos mais dinâmicos conjuntos de atividades produtivas do mundo, sendo a trajetória de sua emergência diretamente relacionada às profundas transformações ocorridas na economia mundial desde a década de 1970. Na esteira desse processo, cidades de todos os tamanhos do Brasil e do mundo, vislumbraram novas possibilidades de desenvolvimento de maneira que estabelecemos a discussão da economia criativa como um instrumento estratégico do desenvolvimento no Brasil como principal objetivo deste artigo. Para cumprir esse objetivo, o artigo está organizado em três seções, de modo que começaremos pela apresentação conceitual desse campo da atividade econômica; na sequência discutiremos a sua relevância na atual fase do capitalismo; e encerraremos com a relação existente entre economia criativa e as cidades.

Economia criativa

A economia criativa não é propriamente um novo campo da atividade econômica, uma vez que suas atividades já existem há um bom tempo. A novidade é a

---

1 Doutor em Geografia pela Universidade Federal do Rio de Janeiro, com experiência nas áreas de Economia Criativa e Geografia, João Luiz de Figueiredo é professor da ESPM, onde atua como chefe da área de Gestão do Entretenimento e coordenador do Núcleo de Economia Criativa. Também é professor do Departamento de Geografia e Meio Ambiente da PUC-Rio e pesquisador do GeTERJ.

reflexão que se lança sobre essas atividades, sobre a relevância delas na atual fase da economia capitalista e para a trajetória das cidades e das pessoas que nelas vivem.

Segundo Reis e Urani (2011), a economia criativa pode ser vista como um desdobramento da economia do conhecimento, agregando ao saber, à tecnologia e à rede, um outro componente fundamental: a cultura.

Nesse sentido, a economia criativa deve ser compreendida pela sua capacidade de mobilizar o saber, o conhecimento, a criatividade das pessoas para a produção de um bem ou de um serviço, cujo principal atributo de valor é intangível, uma vez que tem origem cognitiva, e não material. A tecnologia, por sua vez, expandiu a capacidade de produção e de distribuição desses bens e serviços, ampliou o acesso das pessoas aos meios de produção (evidenciada pela explosão de *start ups* de base tecnológica no Brasil), viabilizando o potencial criativo das pessoas, que cada vez mais se organizam em rede. Esta deve ser entendida como a forma organizacional e territorial da criatividade, que diferentemente do passado quando era relacionada à capacidade individual, ao dom de um gênio, atualmente passa a ser compreendida como uma competência construída coletivamente, conforme bem discutem Johnson (2011) e Masi (2000). Articulada a todas essas competências e processos, a cultura se constitui no elemento diferenciador do processo criativo entre os diversos lugares e, portanto, é o insumo fundamental da economia criativa (LANDRY, 2008).

No Brasil, podemos estabelecer 2011 como o ano da consolidação da economia criativa como campo de pesquisa e de políticas públicas no país, uma vez que marcou a criação da Secretaria de Economia Criativa, pelo Ministério da Cultura, a qual publicou o seu plano para o período 2011-2014. Vale dizer que, anteriormente, as escalas municipais e estaduais já refletiam sobre a importância da economia criativa em seus modelos de desenvolvimento e já desenhavam suas políticas públicas para fortalecimento dessas atividades. Dessa forma, no início do século XXI publicaram-se os primeiros estudos sobre economia criativa no Brasil, os quais fundamentariam uma primeira geração de políticas públicas.

De maneira pioneira, o sistema FIRJAN (2008) publicou um importante estudo quantitativo sobre a economia criativa no Brasil e no Rio de Janeiro, no qual assumiu a definição proposta pela UNCTAD (*United Nations Conference on Trade and Development*), que define as indústrias criativas como "ciclos de criação, produção e distribuição de bens e serviços que usam criatividade e capital intelectual como insumos primários" (UNCTAD, 2010). Desse modo, segundo o trabalho do sistema FIRJAN (2008), as atividades integrantes do núcleo da economia criativa eram: expressões culturais; artes cênicas; música; filme e vídeo; tv e rádio; mercado editorial; software e computação; arquitetura; design; moda; publicidade. Esse estudo passou por duas atualizações, uma em 2011 e outra em 2012, esta de grande importância metodológica, pois incluiu duas novas atividades: pesquisa e desenvolvimento e biotecnologia.

O Ministério da Cultura (MINC), por sua vez, definiu a economia criativa como sendo composta por setores criativos que são todos aqueles "cujas atividades produtivas têm como processo principal um ato criativo gerador de valor simbólico, elemento central da formação do preço, e que resulta em produção de riqueza cultural e econômica" (MINC, 2011, p. 22). Assim, a economia criativa pode ser entendida como as dinâmicas sociais, culturais, econômicas e territoriais existentes a partir da criação, produção, distribuição e consumo dos bens e serviços produzidos pelos setores criativos, os quais estão agrupados em cinco campos: patrimônio (material, imaterial, arquivos e museus); expressões culturais (artesanato, culturas populares, culturas indígenas, culturas afro-brasileiras e artes visuais); artes de espetáculo (dança, música, circo e teatro); audiovisual e livro (cinema e vídeo e publicações e mídias impressas); e criações funcionais (moda, design, arquitetura e arte digital).

As principais diferenças entre o conceito proposto pelo MinC e pelo sistema FIRJAN são a substituição do termo "indústria" por "setor"; a ênfase posta no valor simbólico que é a principal consequência do ato criativo; e a merecida inclusão do termo "riqueza cultural" no mesmo patamar da "riqueza econômica".

Entendemos que não há um erro na definição proposta pelo sistema FIRJAN, mas que a grande intenção do MinC é, primeiramente, reforçar a importância do ato criativo como gerador de um valor simbólico fundamental para a criação de um valor econômico. Esse processo é estratégico no atual contexto da globalização, uma vez que a diferenciação entre os bens e os serviços tem sua raiz no conteúdo intangível e simbólico contido em cada um deles, sendo assim um elemento central na formação do preço. Além disso, a equivalência entre riqueza econômica e riqueza cultural, presente na definição do MinC, revela a preocupação de evitar que os objetivos econômicos possam, eventualmente, suplantar os objetivos culturais.

Por que economia criativa no século XXI?

Como apontado no início do texto, a economia criativa tem se constituído em um dos mais dinâmicos conjuntos de atividades produtivas neste início de século, de maneira que precisamos compreender melhor os motivos dessa valorização, evidenciada pelos esforços de conceituação apresentados na seção anterior.

Em termos estruturais, a valorização das atividades produtivas integrantes da economia criativa se relaciona com as novas formas de organização da produção e do consumo que emergiram como parte do processo de reestruturação do capitalismo. Segundo Corsani (2003), essa nova fase do capitalismo se caracteriza mais pela lógica da inovação em um regime de invenção do que pela lógica da reprodução em um regime de repetição outrora hegemônico, evidenciando, assim, a "passagem do capitalismo industrial a algo que poderíamos denominar capitalismo cognitivo" (CORSANI, 2003, p. 15).

Dessa forma, cada vez mais o preço dos bens e dos serviços deixa de ser uma função dos custos de matéria-prima e de trabalho e passa a ser uma função do seu valor simbólico, que é gerado pelo ato criativo e se constitui, portanto, no principal componente do preço. Uma forma simples de percebermos essa mudança é indagarmos se o preço de um automóvel é definido pelas quantidades de matéria-prima e de trabalho consumidas ao longo do processo produtivo, ou se é determinado pelos conteúdos intangíveis e simbólicos nele presentes. Naturalmente, as respostas variarão de acordo com os modelos de carro analisados, levando-nos a perceber que quanto maior for o valor simbólico, maior será o preço dos modelos automobilísticos.

A indústria têxtil e da moda, um dos setores mais tradicionais da indústria mundial, também é afetado diretamente por esse processo. De acordo com o informe publicado pelo sistema FIRJAN (2012a), São Paulo, Santa Catarina e Rio de Janeiro são, nessa ordem, os maiores exportadores da moda brasileira, porém a exportação do Rio de Janeiro possui maior valor agregado que as demais e, por esse motivo, não sofreu queda no período 2007-2012 como ocorreu com as exportações de São Paulo e de Santa Catarina. Assim como no caso da indústria automobilística, a explicação para a valorização da moda do Rio de Janeiro é o pesado conteúdo simbólico e intangível presente em seus produtos, atraindo, dessa maneira, consumidores dispostos a pagar mais caro, pois, como já dizia Bourdieu (1979), o homem procura se diferenciar daquilo que é corriqueiro.

A valorização do intangível não é percebida apenas no setor industrial, mas afeta também o setor de serviços, conforme apontaram Pine II e Gilmore (1999) ao analisarem o caso da empresa *Starbucks*. Para os autores, a economia atravessou as fases agrícola, industrial e de serviços, encontrando-se hoje na fase da experiência, que na sua essência é intangível e simbólica. No caso citado, os autores mostram como o principal componente de valor dos bens e dos serviços foi sendo progressivamente substituído ao longo das mencionadas fases da economia, de modo que primeiramente o valor era gerado na produção do café; depois na sua industrialização; já na fase de serviços, gerava-se mais valor ao oferecer o café pronto para o consumidor; e finalmente, na economia da experiência, o valor não é gerado pelo bem em si, mas pela experiência propiciada ao consumidor, como faz a citada empresa.

Diante disso, as atividades da economia criativa têm o potencial de libertar as empresas da concorrência predatória dos preços ao agregar conteúdos simbólicos e intangíveis aos bens e serviços. Em um contexto de acirramento do processo de globalização, a criatividade se apresenta, portanto, como componente fundamental da competitividade das empresas, porém, além disso, também deve ser percebida como um elemento de diferenciação dos lugares, os quais podem mobilizar suas culturas e suas criatividades para, de forma semelhante às empresas, se libertarem da competição global por investimentos feita através das isenções fiscais e do uso de mão de obra barata.

Diante desse quadro, multiplicaram-se os estudos e as ações que, buscando questionar as tradicionais políticas de desenvolvimento urbano/regional e acenar para novos horizontes e práticas possíveis, ressaltam o papel do conhecimento e da criatividade como importantes recursos territoriais capazes de potencializar a construção do que Veltz (1999) denomina de "competências pela diferenciação". Em outras palavras, entendemos que a valorização da cultura local em prol de uma especificidade criativa possibilita a atração de investimentos que buscam o "diferente", o "particular", permitindo, assim, que os lugares se insiram de formas diferenciadas no processo de globalização através da mobilização produtiva de suas competências subjetivas. Assunto que será melhor tratado na seção seguinte do texto.

Um segundo processo que nos leva a valorizar a economia criativa no século XXI é o exponencial crescimento das atividades culturais e de entretenimento, as quais possuem enorme potencial de geração de emprego e de renda (BENHAMOU, 2007; HOWKINS, 2001; PRESTES FILHO, 2002). Atualmente no Brasil, a produção cinematográfica orbita em torno de 100 filmes por ano, segundo dados da ANCINE; o mercado teatral vive uma explosão de musicais com algumas produções ultrapassando a barreira dos R$ 10 milhões de custo; o mercado editorial, segundo o SNEL (Sindicato Nacional dos Editores de Livros), quintuplicou o seu faturamento no período 1990-2011, passando de R$ 900 milhões para R$ 4,8 bilhões; o carnaval do Rio de Janeiro movimentou, em 2012, um valor acima de R$ 1 bilhão, segundo a RioTur, e favoreceu para que a rede hoteleira da cidade atingisse uma taxa de ocupação acima de 95%, segundo a ABIH-RJ (Associação Brasileira da Indústria de Hotéis – Rio de Janeiro); a ArtRio, em sua segunda edição, recebeu a visita de mais de 60 mil pessoas, de acordo com seus organizadores; a FLIP (Festa Literária Internacional de Paraty) consolidada como parte de um vibrante calendário de eventos culturais na cidade que, por sua vez, é sempre lembrada quando se discute o tema "cidade criativa".

Indiscutivelmente, há no Brasil uma enorme diversidade de culturas que podem originar bens e serviços culturais e de entretenimento, de maneira que o grande desafio reside na transformação desses ativos culturais em ativos econômicos sem que a razão econômica se sobreponha aos valores culturais.

No mundo, de acordo com a publicação da UNCTAD (2010), a economia criativa responde por uma produção de U$ 2 trilhões anuais, gerando um comércio internacional de bens e serviços criativos de aproximadamente U$ 600 bilhões, cuja taxa de crescimento no período 2003-2008 ficou acima de 14% a.a..

Embora a fatia brasileira no bolo das exportações ainda seja pequena, o país progressivamente eleva a participação dos seus setores criativos no PIB nacional, conforme se verifica no quadro abaixo.

Quadro 1: PIB do núcleo criativo e participação no PIB total em países selecionados em 2011

País	PIB Criativo (R$ bilhões)	Participação no PIB (%)
Estados Unidos	1.011	3,3
Reino Unido	286	5,8
França	191	3,4
Alemanha	181	2,5
Brasil	110	2,7
Itália	102	2,3
Espanha	70	2,3
Holanda	46	2,7
Noruega	32	3,2
Bélgica	27	2,6
Suécia	26	2,4
Dinamarca	21	3,1
Áustria	15	1,8
Grécia	6	1,0

Fonte: (FIRJAN, 2012b, p. 13)

Em termos de emprego e renda, as atividades do núcleo da economia criativa no Brasil geraram, em 2011, 810 mil empregos de carteira assinada (1,7% do total de empregos do país) e atingiram uma média salarial de R$ 4.693,00 mensais, enquanto a média de salário do trabalhador brasileiro foi de R$ 1.733,00 (FIRJAN, 2012b).

Diante do exposto, entendemos que a economia criativa, tanto pela sua capacidade de agregar valor aos bens e serviços tradicionais da economia quanto pela explosão da produção e do consumo de atividades culturais e de entretenimento, possui grande relevância na atual fase do capitalismo, assim como abre novas possibilidades de desenvolvimento para as cidades, as quais desempenham crescente importância no "capitalismo criativo do século XXI" (FLORIDA, 2005, p. 28). Dessa forma, o termo "cidade criativa" associou-se ao debate sobre economia criativa e muitos gestores públicos passaram a empreender esforços para transformar suas cidades em referências no assunto, uma vez que se reconheceu, além do caráter estratégico dos setores criativos na economia, a emergência de novas possibilidades de desenvolvimento urbano e regional.

Economia criativa e cidades criativas

Existem diversas definições para o termo "cidade criativa", mas, como bem lembra Florida (2005), as cidades sempre foram caldeirões de criatividade, os meios para mobilizar, concentrar e canalizar a energia criativa das pessoas, que é transformada em inovações técnicas e artísticas, novos negócios e atividades produtivas. Portanto, segundo o autor, o papel da criatividade na formação e no crescimento das cidades não é exatamente uma novidade, mas que diante das transformações tecnológicas, econômicas e sociais das últimas décadas, ela se transformou na principal força do crescimento e do desenvolvimento de muitas cidades, regiões e países.

Uma evidência frequentemente utilizada para se qualificar uma cidade como criativa é o peso dos seus setores criativos no PIB e no total de empregos e de renda. Nessa linha de raciocínio, Florida (2005) mostra que atualmente a "classe criativa"[2] já representa cerca de 1/3 dos empregos nos EUA e possui uma média de renda acima das demais atividades econômicas. Porém, o mais interessante na análise do referido

---

2   O conceito de "classe criativa" de Florida (2005) é muito mais amplo que as definições dos setores criativos apresentados por FIRJAN (2008), UNCTAD (2008) e MinC (2011). Na visão do autor a classe criativa é constituída por todos os trabalhadores que de alguma maneira podem utilizar sua capacidade criativa e de conhecimento no dia a dia profissional, incluindo-se, assim, advogados e economistas, por exemplo.

autor é que a relação entre criatividade e cidade se dá por uma fórmula do crescimento econômico apresentada como 3T's (Tecnologia, Talento e Tolerância), ou seja, as cidades que prosperarão economicamente no século XXI serão aquelas com recursos tecnológicos para viabilizar e ampliar a capacidade de criação das pessoas talentosas que ali vivem, as quais, por sua vez, encontram na cidade um ambiente tolerante para expressarem suas ideias e exercerem seus modos de vida. Os lugares que conseguirem internalizar essa dinâmica, além de incentivar seus moradores a serem mais criativos, tendem, segundo o autor, a atrair pessoas criativas de outros lugares.

Uma abordagem complementar a de Richard Florida é apresentada pela teoria contemporânea do desenvolvimento regional, que consiste na discussão da relação entre as atividades produtivas e o território. De modo geral, o conceito de território é trabalhado em uma perspectiva econômica,[3] segundo a qual ele, através de suas redes técnicas (competências objetivas), sociais (competências subjetivas) e institucionais, é responsável pela localização da atividade econômica, mais especificamente, pelo nível de competitividade das firmas. Dessa forma, uma atividade é territorializada quando sua efetivação depende da localização, de recursos inexistentes em muitos outros espaços e/ou que não podem ser facilmente criados ou imitados pelos locais que não os possuem (STORPER, 1994). A capacidade, portanto, das firmas serem mais competitivas depende fundamentalmente da localização geográfica em territórios, onde os recursos mais importantes se

---

3 Apesar de ser um conceito central à geografia, o território tem tradição em várias outras áreas de estudo como a ciência política, sociologia, biologia, economia, antropologia e psicologia. Portanto, da mesma forma que são várias as áreas do conhecimento que se interessam pelo estudo do território, são várias as concepções existentes desse conceito. Haesbaert (2004) agrupa essas concepções em quatro vertentes básicas: 1) política ou jurídico-política, na qual o território é visto como um espaço delimitado e controlado onde se exerce um determinado poder, na maioria dos casos, relacionado ao Estado; 2) cultural ou simbólico-cultural, que interpreta o território como produto da apropriação/valorização simbólica de um grupo em relação ao espaço vivido; 3) econômica, que enfatiza a dimensão espacial das relações econômicas, sendo o território visto como fonte de recursos e/ou incorporado no embate entre classes sociais e na relação capital-trabalho; e 4) natural, na qual o território é uma noção baseada nas relações entre sociedade e natureza. Nesse sentido, o autor enfatiza a importância de se estabelecer a linha teórica que será empregada ao conceito, sem que isso imponha a conceituação à problemática, mas que revele a diferenciação do conceito frente às questões priorizadas.

constituem em bens públicos, como a força de trabalho (saber-fazer), as capacidades de aprendizagem e de inovação, assim como as relações, estruturadas pelo ambiente institucional, entre os atores produtivos locais.

Esses estudos aplicados à economia criativa revelaram a tendência das atividades criativas se materializarem na paisagem das metrópoles na forma de aglomerações de firmas especializadas e de mão de obra qualificada, constituindo-se, por sua vez, em uma importante evidência acerca da relevância territorial para o dinamismo dessas atividades. Ou seja, as aglomerações das diversas atividades criativas se desenvolvem onde a base territorial oferecer as condições de reprodução do sistema econômico, engendrando um poderoso processo de retro-alimentação, uma vez que as referidas aglomerações também fortalecem a base territorial.

Em trabalhos anteriores (FIGUEIREDO SILVA *et al.*, 2009; FIGUEIREDO *et al.*, 2011a; e FIGUEIREDO, 2011b), procuramos evidenciar essa dinâmica territorial da economia criativa na cidade do Rio de Janeiro, conforme os dados e os mapas abaixo demonstram.

Quadro 2: Empregos formais, massa salarial e salário médio, segundo as categorias núcleo e relacionadas da economia criativa – Município do Rio de Janeiro – 2010

Categoria	Postos de trabalho		Massa salarial		Salário Médio
	Nº absoluto	Participação %	Nº absoluto	Participação %	
Total*	2.338.581	100,0%	R$ 4.992.189.194,42	100,0%	R$ 2.134,71
Núcleo	73.219	3,1%	R$ 248.374.583,60	5,0%	R$ 3.392,21
Relacionadas	174.990	7,5%	R$ 229.965.501,60	4,6%	R$ 1.314,16

Fonte: Ministério do Trabalho e Emprego/MTE, Relação Anual de Informações Sociais – RAIS. Elaboração: Gerência de Estudos Econômicos, Diretoria de Informações da Cidade – DIC, Instituto Pereira Passos.
Nota: *Total das atividades econômicas do município do Rio de Janeiro no ano de 2010.

Mapa 1: Variação absoluta do número de empregos formais (2006-2010) e participação percentual no total dos empregos do estado do Rio de Janeiro em 2010 para as "atividades do núcleo" da cadeia da economia criativa, segundo municípios destacados – Estado do Rio de Janeiro

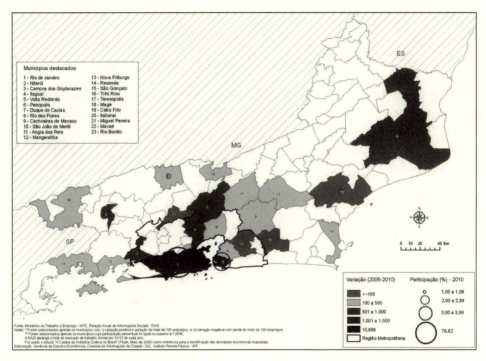

Fonte: Mapa retirado de MEDEIROS JR *et al.*, 2011b.

Mapa 2: Distribuição espacial dos empregos formais e participação percentual para as "atividades do núcleo" da cadeia da economia criativa, segundo bairros destacados – Município do Rio de Janeiro – 2010

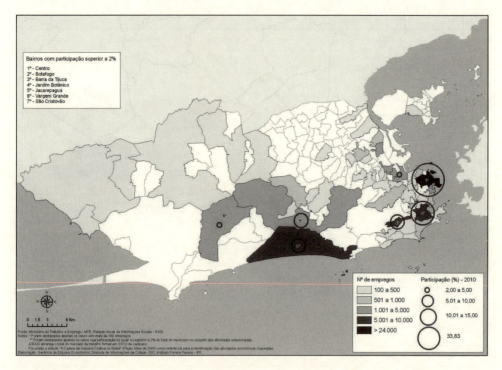

Fonte: Mapa retirado de MEDEIROS JR *et al.*, 2011b.

Mapa 3: Distribuição espacial dos estabelecimentos do "núcleo" da cadeia da economia criativa – Município do Rio de Janeiro – 2011

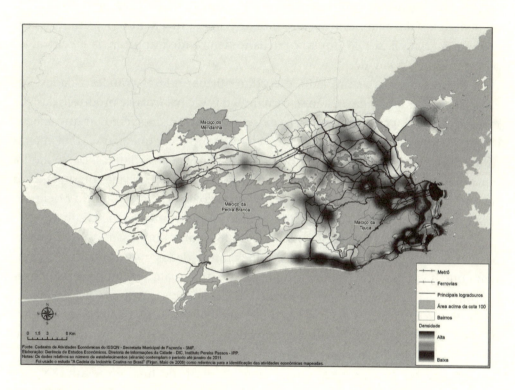

Fonte: Mapa retirado de MEDEIROS JR *et al.*, 2011b.

Scott (2000; 2005), que também estudou o fenômeno espacial da aglomeração das atividades criativas, explica que ela decorre do fato de que cada unidade de produção se prende a uma rede de interações, da qual sua sobrevivência é dependente. Pela aglomeração, as firmas economizam nas ligações espaciais, alcançam as vantagens do mercado de trabalho concentrado, se inserem nos fluxos de informação e de inovação que são existentes em qualquer lugar onde diferentes produtores complementares se congregam. Em suma, as firmas possuem incentivos para se aglomerarem dentro da metrópole, pois a proximidade potencializa a possibilidade de se obter economias de aglomeração e um ciclo virtuoso de crescimento. Landry (2008) também reconhece os benefícios da aglomeração e a define como um elemento primordial da economia criativa, sendo um ativo urbano de grande importância e central ao planejamento da cidade.

Nesse sentido, por um lado, é correto afirmar que as grandes cidades, em especial as metropolitanas, estão se tornando o principal *locus* de produção das atividades criativas, por outro, seria um extremo reducionismo acreditar que apenas essas podem ser definidas como cidades criativas, uma vez que não se trata apenas de uma quantificação do emprego ou do PIB das atividades criativas. Desse modo, entendemos que cidades de todos os tamanhos, desindustrializadas ou que nunca se industrializaram, podem engendrar um modelo de desenvolvimento orientado pela concepção de cidade criativa. Mas, então, o que é uma cidade criativa?

A cidade criativa, segundo Landry (2008), parte do pressuposto de que as pessoas podem fazer coisas incríveis se lhes forem dadas oportunidades, de maneira que há mais potencial em todo lugar, do que qualquer um poderia pensar à primeira vista. Assim, o conceito de cidade criativa extrapola as atividades criativas e se relaciona com a criação de condições para que as pessoas possam pensar e agir de maneira criativa e inovadora para estimular oportunidades ou resolver problemas urbanos aparentemente insolúveis. A forma como a cidade de Paraty se reestruturou economicamente a partir do final do século XX e os desafios a serem enfrentados (e as soluções que já apareceram) nas milhares de favelas espalhadas por todo o Brasil exemplificam bem a necessidade de mudança da nossa mentalidade.

A cidade criativa é aquela que encontra a base do seu modelo de desenvolvimento nos seus próprios recursos culturais, os quais são capazes de diferenciá-la das outras cidades em um contexto de acirramento da globalização. Essa nova perspectiva de desenvolvimento rompe com o modelo tradicional industrial e oferece novas oportunidades para todas as cidades, uma vez que não existe lugar no mundo que não possua alguma característica histórica, social ou cultural que não possa ser mobilizada produtivamente em prol do seu desenvolvimento socioeconômico (LANDRY, 2008).

Entendemos, portanto, que uma cidade criativa possui pessoas talentosas integrantes da chamada "classe criativa", as quais são estimuladas a viver e a produzir em ambientes marcados pela diversidade e pela tolerância (FLORIDA, 2005), de maneira que as cidades criativas passam a ser compreendidas para além da concentração de talentos e assumem a condição de centros de grande diversidade, cuja bacia de trabalho apresenta uma enorme variedade de talentos, de modos de vida e de culturas (FLORIDA, 2005; LANDRY, 2008). Naturalmente, as cidades criativas precisam de lideranças que reconheçam a mudança do paradigma do desenvolvimento urbano no século XXI, assim como exigem uma cultura organizacional menos rígida e hierarquizada para favorecer a criação de um ambiente inovador dentro das empresas de atividades criativas, assim como nas demais (LANDRY, 2008). Esse processo deve ser ancorado na cultura e na identidade locais, que por sua vez se constituem no traço de distinção de uma cidade frente às demais (LANDRY, 2008), e exige a existência de espaços e de equipamentos urbanos onde a heterogeneidade da cidade se manifeste, pois será desses encontros que a criatividade emergirá e tenderá a se fortalecer no ambiente urbano na forma das aglomerações produtivas (SCOTT, 2005).

Em resumo, de acordo com Reis e Urani (2011), há nas cidades criativas uma prevalência de três elementos: inovações (tecnológicas, sociais, culturais e ambientais); conexões (entre o passado, o presente e o futuro da cidade; entre os bairros; entre o governo, as empresas e a sociedade civil; entre as pessoas; entre o local e o global); e cultura (bens e serviços culturais; importância da economia criativa; construção de um ambiente criativo). Assim, podemos encontrar cidades criativas de todos os tamanhos!

Naturalmente, ainda há muito para se estudar e realizar, entretanto, a possibilidade da cultura local se transformar em um ativo para o desenvolvimento abre caminhos até então inexistentes para muitas cidades do Brasil, as quais, durante a hegemonia do modelo industrial, foram esvaziadas demograficamente pela migração em direção dos grandes centros urbanos. Da mesma forma, as maiores cidades do país se encontram diante de enormes desafios, pois a segregação socioespacial presente nesses espaços se configura como um enorme entrave para o desenvolvimento da capacidade criativa de sua população.

Estamos, portanto, diante de uma grande oportunidade, afinal, a enorme diversidade cultural, característica do Brasil, pode, neste século XXI, se configurar no mais importante ativo do desenvolvimento de nossas cidades.

Referências

BENHAMOU, Françoise. *A economia da cultura*. Cotia: Ateliê Editorial, 2007.

BOURDIEU, Pierre. *La distinction: critique sociale du jugement*. Paris: Minuit, 1979.

CORSANI, A. Elementos de uma ruptura: a hipótese do capitalismo cognitivo. In: GALVÃO, Alexander Patez; SILVA, Gerardo; COCCO, Giuseppe. (orgs.) *Capitalismo cognitivo: trabalho, redes e inovação*. Rio de Janeiro: DP&A, 2003.

FIGUEIREDO SILVA, João Luiz de. *Gravando no Rio! A indústria do cinema e a metrópole do Rio de Janeiro*. Tese (Doutorado em Geografia) – Instituto de Geociências, Universidade federal do Rio de Janeiro, Rio de Janeiro, 2009.

(FIRJAN). Federação das indústrias do estado do Rio de Janeiro. A cadeia da indústria criativa no Brasil, 2008. Disponível em: http://www.firjan.org.br Acesso em: 10 de julho de 2009.

(FIRJAN). Federação das indústrias do estado do Rio de Janeiro. Exportação de moda fluminense cresce, apesar da crise econômica. In: Informe CIN, ano XIII, nº 99, junho de 2012. Disponível em: http://www.firjan.org.br Acesso em: 23 de dezembro de 2012.

(FIRJAN). Federação das indústrias do estado do Rio de Janeiro. Indústria criativa: mapeamento da indústria criativa no Brasil, 2012b. Disponível em: http://www.firjan.org.br Acesso em: 23 de dezembro de 2012.

FLORIDA, Richard. *Cities and the creative class*. Nova York: Routledge, 2005.

HAESBAERT, Rogério. *O mito da desterritorialização: do "fim dos territórios" à multiterritorialidade*. Rio de Janeiro: Bertrand Brasil, 2004.

HOWKINS, John. *The creative economy: how people are making money from ideas*. Londres: Penguin Press, 2001.

JOHNSON, Steven. *De onde vêm as boas ideias*. Rio de Janeiro: Zahar, 2011.

LANDRY, Charles. *The creative city: a toolkit for urban innovators*. Londres: Earthscan, 2008.

MASI, Domenico. *O ócio criativo*. Rio de Janeiro: Sextante, 2000.

MEDEIROS JR, Hélcio; GRAND JR., João; FIGUEIREDO, João Luiz. *A importância da economia criativa no Rio de Janeiro*. Coleção Estudos Cariocas, nº 11, 2011a. Disponível em: http://portalgeo.rio.rj.gov.br/estudoscariocas/resulta_amz.asp?painel_final=3067. Acesso em: 30 de agosto de 2011.

MEDEIROS JR, Hélcio; GRAND JR., João; FIGUEIREDO, João Luiz. A importância da economia criativa no Rio de Janeiro. Economia criativa e desenvolvimento territorial: reflexões sobre a cidade do Rio de Janeiro. In: *Anais do II Seminário Nacional Espaço e Economia: Políticas territoriais, intervenção do Estado e práticas sociais na reestruturação do espaço*. São Gonçalo: UERJ, 2011b. Disponível em: http://www.nupee.com.br/portal.php. Acesso em: 28 de dezembro de 2012.

(MinC). Ministério da Cultura. *Plano da Secretaria da Economia Criativa: políticas, diretrizes e ações, 2011-2014*. Brasília: Ministério da Cultura, 2011.

PINE II, B. Joseph; GILMORE, James H. *The experience economy: work is theater and every business a stage*. Massachussetts: Harvard Business Publishing, 1999.

PRESTES FILHO, Luiz Carlos. Cultura e economia: a articulação necessária entre indústria e poder público. In: *Economia da cultura: a força da indústria cultural no Rio de Janeiro*. Rio de Janeiro: E-Papers, 2002. p. 13-21.

REIS, Ana Carla Fonseca; URANI, André. Cidades criativas: perspectivas brasileiras. In: REIS, Ana Carla Fonseca; KAGEYAMA, Peter (orgs.). *Cidades criativas: perspectivas*. São Paulo: Garimpo de Soluções, 2011. p. 30-37.

SCOTT, Allen J. *The cultural economy of cities*. Londres: Sage, 2000.

SCOTT, Allen J. *On Hollywood: the place, the industry*. Nova Jersey: Priceton University Press, 2005.

STORPER, Michael. Territorialização em uma economia global: possibilidades de desenvolvimento tecnológico, comercial e regional em economias subdesenvolvidas. In: LAVINAS, Lena; CARLEIAL, Liana Maria da Frota; NABUCO, Maria Regina (orgs.) *Integração, região e regionalismo*. Rio de Janeiro: Bertrand Brasil, 1994.

(UNCTAD). United Nations Conference on Trade and Development. *Creative economy report 2010: creative economy: a feasible development option*. United Nations, 2010.

VELTZ, Pierre. *Mundialización, ciudades y territorios: la economía de archipiélago*. Barcelona: Ariel, 1999.

Apresentação oral[1]
OS ALQUIMISTAS, CONEXÃO E CRIATIVIDADE

Bárbara Rodrigues Mota[2]

Olá, em primeiro lugar, boa tarde! Estou honradíssima de estar aqui. O *briefing* para o papo de hoje foi criatividade, envolvendo a mudança de modelos de empresas de comunicação. Um tema que é caríssimo para mim. Acho que é sempre um questionamento para mim e para empresa, como a gente consegue criar um ambiente que possa fomentar a criatividade com as pessoas que estão lá dentro e com os colaboradores. Dentro desse cenário, nós somos uma empresa que já nasceu no Brasil e nos EUA. Nascemos um pouco dessa junção entre publicidade e entretenimento, com Rio, com Los Angeles, com Hollywood. Quando comecei, achei que muitas das respostas fossem vir dos EUA, das pessoas que estavam produzindo conteúdo lá em Hollywood, mas a verdade é que não vieram, e a gente teve que estabelecer de que maneira se constrói um ambiente para uma criatividade construtiva, produtiva, com escala aqui no Brasil. Então a minha proposta aqui é tentar passar o nosso ponto de vista, o que a gente tem pesquisado em relação a isso.

Não costumo falar sobre isso, não assino Bárbara Rodrigues, mas sou neta de Nelson Rodrigues. O centenário dele começou agora e ele fala muito sobre o

---

1 O texto aqui apresentado não é uma transcrição *ipsis verbis*, mas um registro elaborado a partir das transcrições do áudio captado durante o evento. Buscou-se, contudo, manter a maior fidelidade possível à fala, assim como preservar sua característica de linguagem oral.

2 Formada em cinema e audiovisual pelo Instituto de Artes e Comunicação da Universidade Federal Fluminense (UFF), Bárbara Rodrigues Mota foi diretora de cultura da empresa Os Alquimistas, especializada em narrativas transmídia. Em 2013, tornou-se professora do curso de Creative Technology da Escola de Criação da ESPM Rio.

Brasil. Uma das frases mais marcantes, para mim, que tem muito a ver com o momento que a gente está vivendo no Brasil hoje, é algo do como "Brasileiro não está pronto para ser o melhor do mundo em nada, nem em cuspe à distância, porque ser o melhor do mundo requer uma imensa e pesada responsabilidade". Mas isso foi há muito tempo, acho que estamos prontos, sim, para começar a repensar isso e, com isso em mente, vou começar com alguns princípios.

Fiz uma lista enorme de princípios que resumi em dois, tendo em vista que vinte minutos é pouco tempo. O primeiro é que a criatividade é um ato de combinação e de conexão. A ideia do gênio solitário é um mito que ainda perdura. O mito de que uma só pessoa consegue, em um momento de "eureca", de genialidade, chegar a uma conclusão, a uma resposta, a uma inovação. E isso não é verdade. Muito do desafio das empresas hoje é entender isso. Até para conseguir criar espaços, ferramentas e processos que facilitem a conexão entre as pessoas. O ato de combinação e de conexão depende, contudo, das experiências pessoais. A questão das experiências é importantíssima para entender o processo da criatividade e tentar de certa forma trazer esse desafio para as empresas. Valorizar a experiência do indivíduo, tudo que já foi sentido, vivido, experimentado. E também as referências, tudo que já foi lido, ouvido, aprendido, ao longo da vida. A gente está sempre correndo atrás de referências e as minhas são diferentes, é claro, das referências de cada um de vocês, e aí é que está muito da riqueza desse processo. Outro aspecto importante para as conexões são as influências, e aí não são apenas referências. Dentro desse manancial de referências, é preciso entender com o que se tem uma maior identificação artística, criativa e intelectual. Ter consciência dessas influências é importantíssimo, até para você conseguir distinguir a sua criação, conseguir entender o que está te influenciando. E isso nos leva às convergências, que é tudo com que se esbarra, sejam experiências, referências, influências de outras pessoas. Você esbarra em informações que você não tinha em algum momento e isso causa uma conexão com as suas próprias experiências, referências e influências. Uma frase que resume muito desse desafio é do Picasso: "um bom artista copia, um ótimo artista rouba". Óbvio que isso pode parecer muito estranho falar de cópia quando a gente está falando de criatividade e inovação, mas é exatamente para quebrar esse mito de que é tudo novo o tempo todo, um mito que também dificulta nossa vida. Eu vejo, dialogando muito com marcas e com agências, que por vezes há uma demanda de reinventar o tempo todo e vender que algo nunca foi feito antes, o que não é verdade no final das contas. Acho que seria muito mais fácil e mais honesto assumir que, na verdade, tudo é uma cópia, tudo é um roubo, por causa dessas referências, por causa dessas influências, por causa dessas convergências, desses encontros.

O segundo princípio que acho importantíssimo de ser colocado na mesa é que a criatividade é um ato de descoberta. Há o *insight* final, mas se trata de um processo contínuo em que peças de um quebra-cabeça vão se juntando para se descobrir alguma outra coisa. Vale aqui uma citação do George Louis – que é um diretor de arte maravilhoso, tem uma coleção que foi exposta no MoMA e criou uma capa para revista *Squire* onde ele colocou o Bob Dylan, o Malcolm X, o Fidel Castro e o JFK: "Eu não acho que crio nada, na verdade eu descubro as ideias". Reforçando a noção de que a criação é um processo, que as peças vão se juntando e que em algum momento aquilo faz sentido. No nosso caso, há os desafios de mercado, as características da marca, do produto, do cliente, mas são peças que vão se juntando e fazendo sentido, em um processo muito maior do que o indivíduo em si.

É uma intuição lenta, que acredito ser a realidade de como grandes ideias surgem. Elas ficam incubadas até que esse quebra-cabeça vai se juntando, vai fazendo sentido e elas se tornam de certa forma acessíveis. Isso não é obviamente o processo para tudo, pois a gente vive tempos muito corridos, mas no momento em que mais informações vão se juntando e mais peças vão se juntando, a possibilidade de um *breakthrough*, de uma inovação, é muito maior. Então, idealmente existiria esse tempo para ideias evoluírem e se tornarem acessíveis.

O conceito de colisão também é importantíssimo. Isso vem de uma série de estudos recentes de neurociência, voltados para questão da criatividade. Estudos que levantam por que alguns ambientes conseguem ter um índice de criatividade, de inovação maior que os outros. A intuição normalmente é só metade da equação. Você pode ter uma grande ideia ou sacada, mas pode encontrar algum outro pedaço que vai completar aquilo e fazer daquilo uma coisa ainda maior, melhor e mais relevante, mais significativa. Essas intuições e essas ideias precisam, portanto, esbarrar em outras. Temos, nesse sentido, o conceito de redes líquidas, que são ambientes e espaços que conseguem promover uma troca constante entre pessoas e "encontros fortuitos", que foi a minha melhor tentativa de traduzir o conceito em inglês de "serendipity". Não sei se vocês já ouviram falar, mas é basicamente isso: um encontro ao acaso que faz com que ideias se juntem. Vocês ficariam abismados com a quantidade de inovações que surgiram de coincidências, de encontros que se devem ao fato de uma pessoa sair do seu ambiente e ir para outro. Grandes centros de pesquisa produziram inovações enormes ao colocar diferentes pesquisadores de diferentes áreas no mesmo ambiente, que se encontravam ali no café ou no bebedouro para trocar experiências e se esbarravam. O químico encontrava com o físico e conseguiam a partir do diálogo ver que eles estavam estudando coisas complementares.

Isso nos remete ao ambiente enquanto plataforma, para favorecer e para permitir essa troca e esse acervo de ideias e de conhecimento. Se as ideias se complementam através da colisão, o ambiente deve permitir essa troca, permitir que esse conhecimento e essas ideias sejam acumulados, trocados e espalhados. A sede da Pixar, nos EUA, consegue consolidar muito bem esse conceito. Quando o Steve Jobs chegou na Pixar, eles tinham um prédio para engenheiros, um prédio para animadores, um prédio para escritores, e ele viu que aquilo não fazia o menor sentido, que precisavam estar todos no mesmo ambiente, que o animador precisava conversar com o engenheiro, que precisava conversar com o roteirista, para eles conseguirem, nessa troca, criar as histórias maravilhosas que fazem até hoje.

Então, acho que esse ambiente consolida todos os princípios que mencionei. Aqui vale destacar um livro do Steven Johnson que eu recomendo muitíssimo: *Como grandes ideias surgem*. Ele estuda essa questão do ambiente, a potencialização da criatividade e fala que a sorte favorece a mente conectada. E eu acho que a sorte favorece também o ambiente conectado. O ambiente que consegue promover essa troca constante.

Para finalizar, vou levantar alguns pontos que considero importantes para constituir novos modelos de empresas, pensando na questão dentro da empresa (intra), entre as empresas (inter) e na relação da empresa com o mundo (extra). O primeiro é pensar a empresa criativa como uma plataforma de conexão, colisão e troca de ideias. Acho que o João de Figueiredo falou perfeitamente sobre economia criativa, sobre os princípios. Eu, dentro de uma empresa, vejo que é necessário conseguir criar esse ambiente e ter isso como um princípio. O segundo ponto é valorização de pessoas inteligentes, e não só de boas ideias. Acho isso importantíssimo também, porque, de certa forma, as boas ideias, como a gente viu, precisam de incubação, precisam de colisão, então é necessário também saber identificar essas pessoas e valorizar a importância delas dentro de um processo maior e não só de um resultado.

O terceiro é a importância de parâmetros e valores claros e compartilhados para o processo e para o produto final. Eu acredito que o processo deva ser o mais colaborativo e criativo possível, porque isso de fato vai fazer com que o produto final seja o melhor possível. Obviamente, ninguém precisa acreditar nisso em que eu acredito, mas acho que é importante estabelecer parâmetros compartilhados em relação a esse processo e a esse produto.

O quarto é a existência de ferramentas e práticas que permitam a incubação de ideias. Como a gente viu, ideias podem demorar um pouco a amadurecer e acho que mesmo não sendo no tempo do mercado e da campanha, é importante manter um espaço de pesquisa e de desenvolvimento. Manter um espaço paralelo em que ideias possam surgir mais livres dos limitadores do dia a dia, um espaço em que seja possível pensar de outras formas.

O quinto ponto é a criatividade colaborativa, com mais "E SEs" e menos "NÃOs", tentar trocar e melhorar as ideias uns dos outros, dentro desse processo de colisão, de crítica construtiva, de confiança mútua e de inspiração contínua. Não sei se isso parece óbvio, mas eu aproveitei isso para consolidar também coisas em que acredito e que não vejo em algumas pessoas, que vieram de agências um pouco mais rígidas.

O sexto ponto é uma maior colaboração. E isso é muito macro, muito holístico. Uma maior colaboração entre pessoas, entre áreas, entre disciplinas, entre empresas de diferentes disciplinas. Acho que o mundo mudou muito nesse sentido e as empresas precisam colaborar entre si. O que antes era um competidor hoje é de fato um colaborador. Entre agência e cliente e entre a marca e o público. Então essa colaboração, essa inteligência coletiva vai desde a escala de dentro da empresa até a relação com o mundo. Maior valorização da diversidade, da experiência e do repertório no dia a dia. Acho que às vezes se separa muito quem é o sujeito criativo da agência e quem é o sujeito na vida pessoal, com todo o repertório dele. Na nossa empresa temos, por exemplo, engenheiros que trabalham com narrativa transmídia trazendo uma experiência da área das ciências exatas, que é extremamente rica para esse produto.

O sétimo ponto é a maior valorização da criatividade e da inovação nos modelos de negócio nas relações. Acho que é importante, enfim. Como eu falei, não somos uma agência, a gente não compra mídia, não está dentro dessa lógica específica, mas, de fato, pelo pouco que entendo, tem esse complicador no mercado brasileiro. O BV [bonificação sobre as vendas] que paga a maior parte das coisas. Acho complicado, acho bem questionável, mas é assim que hoje o mercado funciona. Então dei minha contribuição, espero que eu não tenha passado de vinte minutos, parei de olhar o relógio, me empolguei. Mas é isso, obrigada.

Apresentação oral[1]
AGÊNCIA 3 E O DNA CRIATIVO

Eduardo Barbato[2]

Oi. Eu vou fazer uma apresentação no estilo Ernani Pires Ferreira, um saudoso narrador do Jóquei, e tentar nesses próximos 20 minutos dar o meu recado. Concordo com várias coisas que a Bárbara Mota falou, vou complementar com algumas coisas que eu acredito também. Antes de começar a falar, eu, na verdade, vou chamar atenção para dois pontos que têm a ver com o que eu vou apresentar aqui. Nos últimos dois anos, sempre que eu faço viagens internacionais, procuro agendar reuniões para ser recebido em agências lá de fora. Nesse processo, eu visitei algumas grandes agências, que a gente chama de *full service*: agências menores, agências somente digitais, agências só de mobile; e fui conhecendo, assim, vários tipos de estrutura de agência. Para tentar entender o que a gente podia trazer de lá de fora, entendendo que o modelo de negócio lá é um pouco diferente do nosso.

Enfim, isso é um ponto. O segundo ponto é que eu tenho uma história muito multidisciplinar em comunicação. Eu comecei pela criação e ainda

---

1 O texto aqui apresentado não é uma transcrição *ipsis verbis*, mas um registro elaborado a partir das transcrições do áudio captado durante o evento. Buscou-se, contudo, manter a maior fidelidade possível à fala, assim como preservar sua característica de linguagem oral.

2 Eduardo Barbato é vice presidente Associado de estratégia da Agência3. Com especialização em branding pela Kellogg University, acaba de retornar da Singularity University, universidade de inovação criada pelo Google, Nokia, NASA e Cisco. Membro do board da MMA LATAM e destaque do ano na categoria "profissional Digital" pela ABP, em 2011, foi responsável por estratégias digitais para marcas como: Oi, Del Valle, CCAA, Batavo, Bob's, ClubMed, entre outras. A partir de 2012, assumiu a área de estratégia da Agência3, criando um único departamento com a união do planejamento e mídia aliado à criação.

participo do processo criativo da Agência3 hoje. Na outra agência em que eu trabalhava, também atuava em criação. Então eu tenho DNA criativo. Aliás, acredito que todos tenham DNA criativo. A questão é como que a gente aplica esse DNA criativo no que está fazendo. Então, na minha carreira eu fui redator, fui cliente, lancei a Netmovies, que é uma *startup* de DVD online, como gerente de marketing, e foi um processo de aprendizado muito grande na área digital, pois eu tinha que trabalhar com os desenvolvedores. Eu fiquei quase sete meses sem fazer nada de marketing.

Colocados esses dois pontos, eu vou começar fazendo uma provocação que tem a ver com o processo criativo. O que é mais importante? O criativo que pensa estrategicamente na campanha e todos os possíveis desdobramentos; ou o planejador, o estrategista, que pensa criativamente na estratégia, e todos os seus possíveis desdobramentos? Eu penso que nenhum dos dois. Eu acredito que todos precisam ser criativos. Lá na agência, unimos mídia e planejamento. Então eu exijo que o pessoal da mídia traga processos criativos de estratégia de mídia, ou que me tragam só um pensamento. Depois a gente desdobra o pensamento em um plano de mídia. Então eu acredito também que, dentro desse processo que eu vi lá fora, a gente vai ser cada vez menos agência de propaganda. O que a gente é na essência? A gente vende ideias. Ideia de produto, de negócio, de serviços e até de comunicação. Eu acredito muito nisso. Em um trabalho recente na agência, a solução que a gente deu para o cliente, que está em produção, é um aplicativo de Smart TV. Um produto que vai ser vendido, e, se vendido, a agência tem uma comissão nas vendas. Não é um processo tradicional de comissão de mídia. São coisas que a gente vai bolando, porque eu acho que a mente criativa pode pensar em tudo: em produto, em negócio, serviço e comunicação.

E como a economia criativa impacta as agências? A gente já tem uma série de modelos vencedores, mas acredito que as agências brasileiras estão muito atrasadas. As lá de fora têm uma relação completamente diferente com o processo criativo. É lógico que eu estou generalizando, tem algumas que estão fazendo os seus movimentos mas, no geral, estamos atrasados.

Só para vocês terem uma ideia, peguei um documento da agência Goodby, que mostra a virada deles. Eles eram uma agência muito *offline*, então começaram a contratar tudo quanto é tipo de gente. Mas isso foi pensado. Contrataram gente da UCLA, do Media Lab do MIT, gente do Youtube, e foram transformando a agência em uma agência multidisciplinar. E esses caras são criativos. O cara que está trabalhando e pensando um produto no Youtube, ele é criativo. Só não é criativo pensando como a gente, que faz propaganda tradicional. Tem lá a galera que continua fazendo os roteiros de filmes publicitários, mas a agência começou a ser inundada por uma série de outros perfis para complementar o processo criativo.

O processo executivo, envolvendo planejamento, coordenação, design, produção e avaliação, é hoje muito mais complexo. Tem conteúdo, tem arquitetura da informação, *user experience*, tem uma série de outros atores no processo, que fazem com que a agência ganhe uma complexidade absurda. Então não adianta você ter os profissionais separados. É lógico que você tem que colocar um especialista ou outro para trabalhar em algum projeto mas, no geral, o que a gente faz é botar todo mundo para conversar.

Outra agência que acabou de entrar no Brasil, a Naked, tem antropólogos, físicos, engenheiros e até publicitários. Já a Anomaly, que não sei se todo mundo conhece, está focada no poder e no valor das ideias. E, consequentemente, em um processo de desenvolvimento e curadoria de novas ideias, produtos e propriedades. Eles não são contratados somente para fazer propaganda. As pessoas chegam com algum problema e eles vão pensar na solução.

A IDEO, por sua vez, não é uma agência de propaganda, mas uma empresa de *design thinking* que já nasceu com DNA inovador. Só para vocês terem uma ideia, eu vou explicar rapidamente, eles foram contratados por um hospital para melhorar o processo na sala de cirurgia, porque na sala de cirurgia, se você ganhar ou perder um segundo, você mata ou faz alguém sobreviver. Então eles foram contratados para organizar a sala de cirurgia. Ao invés deles fazerem uma série de pesquisas, eles foram para a Stock Car americana e ficaram quatro meses estudando o processo e a correria de várias escuderias. Para entender como é que a velocidade poderia influenciar no trabalho deles. Outra coisa que eles fazem é ir até o local e observar. Isso gerou, por exemplo, o desenvolvimento de uma pistolinha para aplicar um remédio muito caro. Um profissional da IDEO foi ao hospital, filmou, olhou, viveu a experiência e aí criou um protótipo que virou uma ferramenta que evita desperdício na aplicação do remédio.

Esse processo criativo é sem hierarquia, sem departamentalização, mas requer disciplina e metodologia. Vale lembrar, contudo, que eu gosto do caos, mas também gosto da organização. O processo criativo melhora quando tem uma organização de trabalho. É o que a gente tem tentado fazer lá na agência hoje. Todo mundo participa de todo o processo criativo, unindo o estrategista de marca, a mídia e a criação. E a gente está evoluindo nisso, o trabalho tem sido bem gratificante. Hoje a gente vive, por exemplo, um novo processo de mídia que não dá para negligenciar. Temos a mídia proprietária, a mídia paga, a mídia ganha, que tem a ver com mídia social.

Voltando para o que eu estava falando, de pessoas para times, o que era antes um processo muito singular hoje em dia tem que ser um processo multidisciplinar. É o que acontece nas agências lá de fora. Não existe mais, em alguns momentos, nas agências menores, que são mais disruptivas, agora, a figura da dupla de redator e diretor de arte. É um time criativo reunido para trabalhar.

Isso nos leva a uma frase que está na parede da IDEO: "O gênio solitário é um mito. O gênio solitário não tem muito a dizer sobre aplicar processo criativo a negócios e não está disposto a compartilhar o que sabe. Grandes projetos resultam de grandes times". Eu acho que isso tem muito a ver com economia criativa, que tem no seu DNA o processo colaborativo. Eu acho que esse é o grande valor. Sair do autoral para o colaborativo, pois nossa indústria tem muito do autoral. Nas premiações valorizamos o nome do redator, do diretor de arte, que passam a valer mais por ter mais um prêmio. Mas, na verdade, a ideia não saiu somente deles, surgiu de uma equipe que estava trabalhando, surgiu do cara do atendimento, do planejamento que gerou um *insight*, e de toda uma série de outras coisas envolvidas. Mas a indústria da comunicação tem a ver com o autoral. E como é que a gente vai sair desse processo, do autoral para o colaborativo? Eu acho que vai ser um processo difícil para essa indústria.

E aí entramos na questão da cultura, das barreiras e das pontes para a inovação. Questões como "hierarquia *versus* mérito", pois a gente tem ainda um processo de hierarquia muito grande; "burocracia *versus* autonomia"; "ambiente anônimo versus familiar"; "experts *versus* ambulantes", que é o pessoal que está sempre ali no processo, transitando. Ou ainda, como a cultura da IDEO, que é de mini-fracassos. A lógica deles é a seguinte: fracasse com frequência para ter sucesso mais cedo.

Vale lembrar, contudo, que a Agência3 ainda faz uma porção de roteiros e tem muitos comerciais de TV sendo veiculados. Mas a gente está repensando esse processo à luz de um pouco do que eu mostrei aqui. E o modelo que a gente está construindo não será como o da Goodby, da Poke, da Huge ou de uma série de outras agências que eu visitei. São organismos diferentes e cada um vem encontrando seu caminho. Mas, do jeito que está, eu não acredito que vá para frente. Então essa é uma crença lá da agência: como construir um processo de trabalho muito mais criativo com todo mundo trabalhando junto.

E vou só colocar um vídeo aqui,[3] porque eu acho que a minha fala é sobre isso: se as pessoas estão preparadas para criar projetos como esse, que não é um comercial, não é uma campanha, mas é um projeto diferente.

Só para encerrar, eu estava em uma discussão ontem falando que o Instagram poderia ter sido inventado ou por uma agência ou um departamento de marketing, por exemplo, da Nikon, não poderia? Mas a indústria ainda não está preparada para isso. Várias coisas que aparecem hoje e são supervalorizadas estão muito associadas a um processo novo que não está incorporado nem nos departamentos de marketing, nem nas agências de propaganda. É essa mudança que a gente vai ter que construir.

---

3   [vídeo Heineken Star Player] https://www.youtube.com/watch?v=ek039WIJ3m8

Apresentação oral[1]
DM9 RIO E A NOVA PUBLICIDADE

Álvaro Rodrigues[2]

Bom, enquanto eles plugam lá o meu computador, vou começar com os tradicionais "muito obrigado pelo tempo e pela paciência". Eu trouxe para esta apresentação, o que o grupo ABC e a DM9 estão implementando na DM9-Rio, agência na qual eu sou sócio e que tem hoje sete meses de vida. Então vou apresentar para vocês o nosso modelo de agência. Ele não é o certo, ele não é o errado, mas é o nosso. E aí eu brinco e digo que prefiro o mais ou menos agora ao precisamente nunca. Então que seja beta, mas que funcione. Porque a gente tem uma preocupação muito grande de teorizar, criar modelos, testar modelos, a vida segue, o cliente vai embora e a gente perde a conta. Então, o que eu prefiro e vou dividir com vocês é um pouco de como a gente opera, de como a nossa agência trabalha.

Para isso, eu vou falar de quatro ou cinco exemplos de trabalhos que a gente fez já nesse modelo de agência que a gente está construindo. E, nesse sentido, eu estou totalmente em linha com os amigos que participam do painel: acho que a definição de agência já está obsoleta, já acabou. Eu considero a minha agência

---

1 O texto aqui apresentado não é uma transcrição *ipsis verbis*, mas um registro elaborado a partir das transcrições do áudio captado durante o evento. Buscou-se, contudo, manter a maior fidelidade possível à fala, assim como preservar sua característica de linguagem oral.

2 Sócio e vice-presidente de criação da DM9Rio, Álvaro Rodriguez atuou, entre 2005 e 2012, na Agência3, sendo responsável por colocá-la entre as mais representativas agências do mercado publicitário nacional. Premiado nos festivais de Cannes, One Show, FIAP, Archive, CCSP, entre outros, foi eleito Diretor de Criação do Ano pela Associação Brasileira de Propaganda em 2011.

como uma empresa. Algo que o mercado publicitário perdeu: a gente esqueceu que é uma empresa, com colaboradores e com a obrigação de gerar negócios. Negócios que têm que dar lucro para o cliente e para empresa. Essa percepção de valor infelizmente se deteriorou e está acabando. E quando você perde o valor, o seu critério de qualidade se perde. O seu critério de decisão pela escolha de uma empresa, de uma agência, se perde. Então acho que esse é o cenário que hoje a gente vive. Esse é o cenário no qual, hoje, a minha agência está inserida. Então eu queria dividir um pouco do que penso a respeito com vocês aqui.

Interessante essa discussão sobre Brasil criativo e sobre modelo de agência, porque a gente tem um privilégio, e aqui eu vou me valer das máximas que todo mundo aí já sabe, mas ninguém fala como a gente, ninguém tem um pensamento tão criativo, tão diferenciado como a gente. O brasileiro, ele tem um ativo: a gente exporta moda, a gente exporta cultura. E o Rio é a indústria criativa do mundo. A gente é caixa de ressonância do Brasil para o mundo. O mundo está olhando para gente. E o que a gente está dizendo para o mundo, como uma agência de propaganda? O careta, o chato, o obsoleto. A gente burocratizou tanto, que ficou chato. Os clientes deixaram de perceber o valor da criação. De novo, quando eu digo aqui "criação", é o produto criativo, não o talento de um criativo apenas. E a gente começou a criar um bando de nomes, já repararam? Dia desses, eu vi que a empresa A, B, C ou D lançou o seu "departamento de inteligência". Então todos os outros departamentos são burros? Isso não faz sentido. Eu vou ser um pouco mais ácido, porque eu estou dos dois lados do balcão, como criativo e como empresário. Hoje, o critério de escolha de uma empresa que faz e produz comunicação é o preço. E quando você compara por preço, o valor que está embarcado pouco importa. E isso está errado. Pois é isso que, no final das contas, faz a diferença. A gente fala como ninguém outro, a gente trabalha de um jeito tão apaixonado, e isso é verdade, se compararmos com outros mercados e outros países, a gente encara essa relação passional com a profissão. E olha que é uma das profissões mais frustrantes que existe. O índice de reprovação de trabalhos é enorme. Mesmo assim, você não desiste, faz o melhor e se supera. Então, se a gente fala de um jeito que ninguém fala, trabalha de um jeito ímpar, é criativo por natureza e isso é referenciado por todo mundo, por que isso não se converte em um dos modelos de agência que hoje estão presentes? Eu não consigo entender. E pior, acho que os clientes não conseguem entender. E aí não é raro a gente participar, o mercado como um todo, de concorrências nas quais você enxerga modelos de agência totalmente diferentes um dos outros, participando pela conta de algum produto ou serviço. Agências com disciplinas e entregas diferentes. Então, o próprio cliente passa a não perceber qual é a sua real entrega. O que você faz de verdade? Acho que esse é um cenário muito nebuloso em que a gente está inserido. E a gente tem que rever o que entrega de fato como negócio. Qual o resultado prático que eu entrego? Porque muita coisa mudou. Eu li, por exemplo, que a Sony, se não me engano, está testando um modelo que se você gritar para TV o nome do cliente que está anunciando, ele pula o seu comercial. E aí, faz o quê? Eu não sei, tem que pensar. Hoje, não é o seu comercial, o seu anúncio, ou sua peça publicitária obsoleta que diz se as pessoas têm que consumir ou não o produto. Quem faz isso são as avaliações, são os *reviews*, são os amigos que falam. Então, o trabalho da agência mudou. Mais um exemplo real: o Grand Prix de Cannes, em Outdoor, este ano, da Coca-cola, são duas mãozinhas dando a mão, formando a marca da Coca-cola. Uma ilustração que foi feita por um garoto de 19 anos, um designer chinês, que não trabalhava em publicidade. Agora ele está na Ogilvy Shangai. Outro designer, no ano passado, quando o Steve Jobs morreu, conseguiu enxergar na maçãzinha da Apple a silhueta, o perfil de Jobs. Foi esse cara. A agência foi lá e buscou, fora do cenário de agências, alguém que pensa diferente. Então mudou. É tudo muito colaborativo. É você perceber que o vídeo do *Bar Mitzvah* do menino Nissim Ourfali é muito mais visto, divulgado, comentado, compartilhado do que um comercial que custou uma fortuna.

Não estou falando de formato, de Facebook, de Twitter. Eu estou falando de uma coisa que a gente perdeu que é a ideia. Para lidar com isso, o modelo que eu construí lá na DM9Rio é um "troço". Eu chamo de "troço". É uma coisa realmente assim: fora de forma, para que seja sempre beta. Para que se estiver ruim, possamos mudar. Então é um núcleo, onde pessoas sentam juntas em uma grande sala para discutir processos, ideias e soluções, sobretudo. E quando eu digo todo mundo, é todo mundo. A minha dupla, por exemplo, é a minha sócia, que é a Polika [Polika Teixeira], uma profissional de planejamento. A minha origem é a redação. Então, o redator com planejamento literalmente ao lado, tem um mídia na frente e também tem um cara de digital. Ou seja, é uma grande bagunça. Sempre tendo em vista quem é que pensa diferente e que pode entregar.

Eu brinco também dizendo o seguinte: acho que um lugar como esse tem que ter muito mais cabeça do que braço. Braço, eu terceirizo, cabeça não. Cabeça pensa diferente. O braço produz o que a cabeça pensou. Então, desse jeito, tendo mais cabeça do que braço, eu consigo ter menos gente pensando mais. Menos gente, pagando melhor. E pagando melhor, eu resgato o valor da ideia. Resgatando o valor da ideia, eu consigo gerar um diferencial para marca que eu tenho, que é a DM9, e para marca do meu cliente. Então é basicamente assim, muito resumidamente, que a gente pensa.

Outra questão importante é a seguinte: no modelo atual de agência de publicidade, a gente sempre discute, pensa e apresenta o fim. Quando o que é importante é o início do processo. Eu invisto meu tempo e o tempo desse núcleo de inteligência pensando na ideia. Mas o que ela é? Pode ser muitas coisas. É um aplicativo, é um filme, é um spot? Não sei. O que eu sei é que ela tem que ser poderosa. E chegando nela eu consigo, sim, derivar para as várias disciplinas que estarão ao meu serviço para dar vida àquela história.

O mercado e as agências perderam muito discutindo e inventando fórmulas. E chega uma hora que de tanto você fazer, você ensina. Depois que a fórmula é ensinada, as pessoas aprendem e passam a fazer sozinhas. E aí você percebe os clientes discutindo e criando filmes, os clientes discutindo e criando coisas que não são ideias, são formatos. Então, na essência, o que a gente tem que voltar a pensar é sobre valor. E valor está na ideia, não no formato. Você reprova um filme, você reprova um spot, você reprova um aplicativo, você reprova um bando de formatos, mas você não reprova uma ideia poderosa. Acho que isso é a essência do nosso negócio. Essa é a essência do negócio do modelo

Brasil: múltiplas identidades

de empresa que vende comunicação, que, porventura, se chama agência. E essa grande ideia hoje tem que ser cocriada. Vocês sabem hoje qual é o maior instituto de pesquisa para balizar uma ideia? Sabe qual é? Não? Youtube. Pois é, você lança uma ideia no Youtube e vai perceber, na hora, se as pessoas vão gostar, se vão odiar, se vão comentar, se vão cocriar. E aí voltamos à minha proposta "do mais ou menos agora" ao invés do precisamente nunca. Lança no Youtube, vê qual é. Ah, é ruim. Tira. Ficou bom? Muda, mexe, troca, mas não deixa de fazer. E aí não tem nome difícil, é só o valor da ideia. Foi pensando assim que a gente criou alguns temas que eu gostaria de dividir com vocês aqui. O primeiro deles foi o lançamento da minha própria agência aqui no Rio.[3]

A gente não queria ser só uma filial de uma agência gigante de São Paulo, ou um posto avançado para prospectar o mercado do Rio. Ser isso não era ser a DM9Rio. Para ser isso, eu não teria aceitado participar desse projeto dessa *start up*. Então, procuramos criar algo que fosse próximo, fosse cocriado, que as pessoas curtissem e compartilhassem. E foi o que aconteceu, demonstramos, de maneira muito simpática, que a gente gosta muito dessa cidade e por isso escolheu estar aqui. Uma ideia com grande potencial de *likes* e de compartilhamentos. Algumas pessoas pedindo para fazer camiseta... Até hoje, de vez em quando vejo alguém postando isso de novo. É isso. Partir de uma ideia. E aí, voltamos ao modelo de agência que, na nossa opinião, deve ser provedora de grandes ideias, únicas, frescas e diferentes. Vamos pensar em uma ideia que seja única e depois a gente pensa como é que viabiliza isso.

Outra ideia que eu vou apresentar foi desenvolvida para ABP, Associação Brasileira de Propaganda, que precisava lançar o concurso universitário. E como é que se lança um concurso cultural universitário no meio de tanta gente, para tanta gente, para uma entidade que é muito mais reconhecida pelos profissionais do que pela molecada? Como falar com os estudantes que têm tantos concursos e escolas de criação como referências? E a gente criou uma coisa que hoje tem mais de oitenta mil pessoas vendo, compartilhando e participando. Eu vou passar

---

3   [vídeo Lançamento DM9Rio] https://www.youtube.com/watch?v=Zmz-hglD6Cg

muito rápido, porque é um mico só, acho que vocês devem ter visto por aí, sobretudo quem é estudante.[4]

Foi propositalmente tosco, pessimamente dirigido, pessimamente gravado, tudo errado, usando a fonte [tipo de letra] *Comic Sans*, que é uma referência do que não se deve usar de maneira alguma. E foi postado no Youtube. Hoje tem mais de oitenta mil *views*, um número impressionante. E se você acessar o site fica sabendo que se trata de um festival da ABP. Ou seja: isso aqui é o que você não deve fazer para entrar no mercado. Funcionou como um "viral" e o mais bacana era as pessoas perguntando: "mas de quem é?", "Ah, deve ser da Miami Ad School, deve ser da Escola Cuca" que são referências de qualidade para o público. Ou seja, a gente conseguiu dar frescor à ABP e ao Concurso Cultural. Pretendíamos atingir quinhentos estudantes. Chegamos a oitenta mil, dando resultado efetivo e concreto para essa história.

Essa campanha para o canal GNT[5] vocês já devem ter visto. Foi uma grande ideia que virou uma campanha com um aplicativo que ficou entre os 80 mais utilizados no mundo. Cerca de seis milhões de pessoas usaram esse aplicativo. Seis milhões de pessoas! E aí virou um "meme". Que as pessoas e até outras marcas usaram sem pagar nada por isso. A gente perde o controle, porque as pessoas cocriam. E isso é um modelo de agência que a gente entende, curte e tem feito lá na DM9. Pensar ideias que possibilitem a cocriação. Acho que isso é o mais bacana. É propaganda? Não sei se é propaganda, mas é diversão. E quando eu consigo entender o *briefing* do GNT, um canal feminino, voltado para classe A, que tinha como meta ter um milhão de fãs no Facebook e tem quase seis milhões de pessoas usando seu aplicativo, eu consegui mostrar, para o próprio canal, que tem mais gente que pode ter pontos de contato com a marca GNT.

Acho que, exemplos como esses mostram que o papel da agência não é mais criar, é inventar. A gente deixou de ser criativo para ser um inventor. Pensar em projetos e tentar viabilizar projetos. É muito bacana ver os projetos prontos assim,

---

4   [vídeo Mariana Galvão] https://www.youtube.com/watch?v=9FEtCrPh55E

5   [vídeo GNT Campanha Mulheres] https://www.youtube.com/watch?v=iulqAHN46Ak

mas demora para caramba. É bem mais complicado do que fazer uma campanha convencional. E para encerrar, lembro que o modelo de agência da DM9Rio, sem nome difícil, sem muito *PowerPoint*, é mais cabeça do que braço. Hoje, são quarenta e poucas pessoas, no total, criando, pensando. Se eu tenho mais gente pensando, eu tenho mais turma. Ou seja, é menos departamento e mais parceria. É mais troca, mais orgânico, mais próximo... Sai mais pancada também. Mas sendo mais turma, a gente tem mais solução, porque a gente quer produzir. A gente tem que entregar. Tendo mais turma tenho mais resultado e gero mais negócio. Pois não podemos esquecer que somos uma empresa e empresa tem que dar lucro, não só para gente, mas para o meu cliente, e para o meu primeiro cliente, que é o grupo ABC. Se a gente consegue fechar esse ciclo, a gente trabalha e se diverte.

É isso, gente, muito obrigado.

Apresentação oral[1]
CRIATIVIDADE: DO CARNAVAL DE RUA À SAPUCAÍ

Diogo Castelão[2]

oa tarde. Depois de tanta gente boa aí falando, é um prazer e uma honra falar um pouco da nossa experiência, da trajetória ao longo dos anos, do carnaval de rua à Sapucaí. O que eu vou contar aqui mostra um pouco do brasileiro criativo, de como a gente se posiciona e como a gente constrói nossa história. Eu sou economista e trabalhei por muito tempo como executivo em bancos, mas ao longo do tempo, eu me descobri e entendi o que é a criatividade, o que é ser criativo. Desde sempre eu fui esportista e depois, em banco, trabalhei com operações estruturadas, que envolvem a questão da criatividade. Depois fui CFO no grupo de moda La Estampa, que trabalha com economia criativa (moda). A marca Farm, para quem não conhece, faz parte desse grupo. Então, ao longo do tempo, fui percebendo a criatividade e, de 2002 para 2003, fundei um bloco de carnaval, junto com um grupo de amigos, chamado Spanta Neném. Algo que compartilho com Pedro Ernesto, por colaborar na revitalização do carnaval de rua. Esse processo todo me levou a fundar minha empresa há um ano e meio, que é a Rio de

---

1 O texto aqui apresentado não é uma transcrição *ipsis verbis*, mas um registro elaborado a partir das transcrições do áudio captado durante o evento. Buscou-se, contudo, manter a maior fidelidade possível à fala, assim como preservar sua característica de linguagem oral.

2 Bacharel em Economia pela UFRJ, com MBA em Finanças e Serviços de Gestão Financeira pelo IBMEC, é fundador e diretor-presidente do Bloco de Carnaval Spanta Neném. Conselheiro do Rio Eu Amo Eu Cuido e Sócio da Rio de Negócios, idealizou o Projeto São Clemente para o carnaval 2012 e atua hoje na escola como conselheiro da presidência. Desde 2013 faz parte do Conselho Estratégico da Portela para planejamento e implantação de novo modelo de gestão na escola.

Negócios Cultura e Entretenimento. E também, desde o ano passado, fui convidado para ser conselheiro do movimento Rio Eu Amo Eu Cuido.

Muito interessante essa discussão de agência e nãoagência, no momento de conceituar a nossa empresa, pois a gente realmente não se considera uma agência, mas uma empresa que desenvolve projetos diversos em cultura, esportes e entretenimento de uma forma geral. Com criação, estratégia, planejamento e gestão.

Mas vamos falar um pouquinho do carnaval no Rio de Janeiro. O carnaval é uma manifestação pagã que vem do século XVIII. Para encurtar essa história vamos aos anos de 1930 e 1940, que foi o auge do carnaval de rua e dos bailes carnavalescos. Depois, em1935, tivemos o primeiro desfile oficial das escolas de samba, com a Portela campeã, obviamente. Os blocos de rua e bailes carnavalescos começam a perder sua força em 1950. Nos anos 1960, as escolas de samba começam a ganhar mais força. E em 1980, você tem um período muito difícil para o carnaval de rua e para as próprias escolas, que começam a ter o questionamento sobre modelos de carnaval. O carnaval de rua vai se enfraquecendo. Claro que permaneceram os bastiões de sempre, como o bloco Bola Preta. E nos anos 1990, você tem o auge do carnaval na Bahia. Na minha geração, todo mundo queria ir para Bahia e eu resistia bravamente, embora tenha virado uma grande febre o carnaval baiano. Aí em 2000, começa a revitalização do carnaval de rua no Rio e a volta dos bailes.

Vale destacar que, quando falamos de carnaval, falamos do famoso tripé do carnaval: carnaval de rua, bailes de carnaval e escolas de samba, que é o que eu chamo de aspiracional do carnaval. É possível falar por muito tempo sobre cada um deles, mas como o tempo é curto, vou para o caso do bloco Spanta Neném, que acabou de fazer 10 anos.

Como aconteceu com o Spanta Neném? Eu era frequentador dos blocos Suvaco do Cristo, Boitatá, Simpatia, Bola Preta, Carmelitas e afins. E no final de 2002, veio uma ideia: fazer um bloco de carnaval na Lagoa. Eu levei de fato essa ideia adiante. Um grupo de amigos acreditou e, ali, começou uma história que hoje é bem sucedida em termos empresariais. Desde o começo, a gente pensava em como transformar o carnaval, daquele modelo um pouco anárquico, que era o carnaval do Rio de Janeiro, em uma coisa mais organizada. E a gente foi muito questionado por isso no começo, mas ainda assim, a gente colocou banheiro químico desde o primeiro desfile, a gente organizou, colocou limpeza, fez todo um trabalho de organização e isso gerou uma reação daquelas pessoas que iam para a Bahia, que perceberam que podiam ficar no Rio e se divertir da mesma forma. E ter um trabalho de entrega profissional, só que com aquela leveza carioca.

E aí, o que gente começou a fazer? Desenvolver um calendário inovador e inovar na forma de comunicação com os foliões. Como a gente fez isso? Com ensaios e qualidade na prestação de serviços ao público. No Rio, você tem um modelo padrão, que é o desfile. Chega às vésperas do desfile, e todo mundo vai atrás do bloco A, B ou C. A gente começou a trabalhar a questão da camisa, você vende camisa, cria a conexão com o folião e a partir daí você consolida a marca. A gente criou o Arraiá do Spanta, depois começou o Baile de Máscaras do Spanta. Criou o Spantinha, que é o Spanta para crianças. Já estamos na geração de quem se casou e constituiu família, pois muita gente se casou no bloco. Meu irmão, por exemplo, conheceu a noiva no bloco e a filha deles já está frequentando o Spantinha. Então temos todo um trabalho de desdobramento da marca, envolvendo parceiros e patrocinadores, para não se ter dependência alguma de capital público. Pois fora os incentivos fiscais que utilizamos para captar patrocínios, o Spanta nunca teve uma verba diretamente pública envolvida na sua saída e ensaios.

Com essa organização, a gente conseguiu um calendário muito forte e um poder de negociação com patrocinadores relativamente fortes. Já participaram do bloco a Siemens, Oi, Tim, Light, Ambev, Ponto Frio, entre outras, todas marcas de grande porte. E desde 2005, o Spanta se transformou em uma associação sem fins lucrativos. O resultado desse trabalho todo foi revertido para um projeto de reforço escolar e aprendizado musical que atende hoje cerca de 150 crianças no morro Santa Marta, com ensino de percussão, violão, cavaquinho, flauta e teoria musical. Ao longo desse tempo, pela proximidade com o Santa Marta, pois nossa sede fica na Rua da Matriz, próxima ao morro, a gente criou um projeto chamado Morro de Alegria, que não vou detalhar, porque não é carnaval diretamente, mas alimenta e profissionaliza esse universo do samba. Esse crescimento culminou com o prêmio chamado Serpentina de Ouro na categoria "Organização". Isso não quer dizer que a gente é chato, mas a pessoa se diverte e a gente dá ao folião um tratamento de qualidade.

E voltando ao tripé do carnaval, acontece uma coisa muito interessante no final de 2010. Quando começamos a campanha de carnaval 2011 do Spanta Neném, o presidente da São Clemente, Renatinho, me procura e fala: "Poxa, Diogo, eu gosto tanto do teu bloco, é tão organizado, é tão legal, é uma energia tão boa, uma alegria tão grande, você não quer fazer esse trabalho na minha escola?" Para quem não sabe, a São Clemente é uma escola da Zona Sul e está no Grupo Especial. Pensei: uma escola de samba do grupo especial pedindo ajuda para um bloco? Por coincidência, era o período que eu estava em transição, saindo da La Estampa, criando a Rio de Negócios, fui viajar, voltei, e a partir de maio de 2011, eu olhei para São Clemente e enxerguei uma oportunidade. A gente fala que o carnaval da Sapucaí é o maior espetáculo da Terra e eu, particularmente, acredito que é mesmo, eu adoro, sou fascinado. Antes de trabalhar com carnaval, antes de fazer parte tão de perto do carnaval, sou um apaixonado pela Sapucaí, acredito naquela energia. Uma escola de samba da Zona Sul, no Grupo Especial, que fazia 50 anos em 2011, familiar, 100% limpa, transparente, sem nenhuma mácula e com um histórico de irreverência, de brincadeira. Falei: vamos transformar a São Clemente em uma escola desejada.

Era um projeto difícil, porque envolvia uma mudança de uma cultura carnavalesca. Por mais que não exista a contravenção, tem toda uma linha de raciocínio muito difícil de você mudar. Mas a gente conseguiu fazer um trabalho muito bacana. O Calainho, que tem uma empresa chamada Aventura Entretenimento, me procurou para participar do projeto. Na época, a minha empresa, a Rio de Negócios, tinha acabado de vencer uma concorrência da Skol, para fazer o verão da Skol, levamos esse projeto para eles, que toparam participar por meio da Skol 360°. A Gol entrou como patrocinadora e a ESPM também, como apoiadora. Fizemos uma campanha muito bacana, que era exatamente desdobrar o carnaval no seu tripé, através do *branding* São Clemente. Criamos um calendário de ações na quadra; o Bloco de Clementianos, que acabou sendo uma coisa bem legal; e o Baile da São Clemente, um baile na terça-feira de carnaval. Isso desdobrado em digital, em ações de cobranding com a Farm e em ações com outros parceiros. Por tudo isso, esse caso do carnaval São Clemente foi muito emblemático, principalmente por a gente começar uma experiência marcante na mudança de paradigma para o carnaval carioca, que é você não vender o enredo de carnaval para conseguir captar patrocínio. O enredo da São Clemente era "Uma aventura musical na Sapucaí" e não tinha nada a ver com a Skol, que era a patrocinadora master. A mudança, de você vender o projeto e não o enredo, foi inovadora e o parceiro ficou satisfeito por conta das ações desenvolvidas. Foi um projeto bacana. O prefeito do Rio saiu no jornal falando do sucesso da São Clemente, que era um exemplo, por não usar dinheiro da contravenção. A colocação no desfile não foi a desejada, mas a São Clemente foi muito falada. Acabou o carnaval e a minha empresa Rio de Negócios foi convidada pelos parceiros que estavam na Portela para fazer o mesmo trabalho da São Clemente, só que na Portela.

A Portela é a Portela, né? É completamente diferente da São Clemente. Eu adoro a São Clemente, tenho uma paixão pela escola, foi uma experiência linda, o Renatinho, presidente, virou meu amigo, mas agora a gente está falando, em minha opinião, da escola mais importante, a mais tradicional, a mais forte marca de carnaval do Brasil. A gente começou a pensar no Projeto Portela em abril de 2012. E aí, entra o nosso amigo Marcelo Guedes, pois em uma apresentação do Projeto São Clemente na ESPM, eu me lembro do Guedes falando do carnaval e de quanto ele amava a Portela. Então, quando esse Projeto Portela chegou para Rio de Negócios, a primeira pessoa em que pensei foi o Marcelo Guedes, pela capacidade dele de entender carnaval, pela capacidade criativa e pelo amor pela Portela. Pois acho que, acima de tudo, o mais importante é o amor pelo que se faz. A gente montou, na verdade, um time, que eu chamo de "conselho estratégico", que é composto pelo Guedes, pelo Marcelo Castello Branco, que foi presidente da Universal Music, EMI America Latina, Península Ibérica; e pelo Carlos Werneck, que é o dono dos hotéis Marina, um empresário do turismo que é uma liderança forte no segmento. Então, juntos, a gente montou esse conselho estratégico, entendendo quais seriam os caminhos para gente transformar a Portela. Porque todo mundo conhece a Portela, todo mundo respeita a Portela, só que a Portela não ganha um título desde 1984. E até coço a cabeça aqui, a responsabilidade é grande. Essa questão de não ganhar um título há muito tempo traz uma pressão e uma ansiedade muito grande para os portelenses, que vai do presidente ao ajudante do barracão. Porque todo mundo diz: "Eu sou portelense, eu sou o maior ganhador de título da história do carnaval, a gente é a águia, mas a gente não ganha nada desde 84". E como você faz para mudar isso? Essa abordagem não é simples, porque envolve a questão artística, a questão comercial e a questão de gestão, porque, acima de tudo, o carnaval é um espetáculo. O carnaval é hoje, cada vez mais, visto como um espetáculo. Então você é impactado pela comissão de frente, a primeira coisa é a comissão de frente, como ela te impacta e como ela mexe com você. O artístico tem que estar em um nível muito alto, e graças a Deus, apesar das críticas todas, nos últimos anos a gente tem tido artistas muito bons e muito talentosos, como o próprio Paulo Barros, na Tijuca, e outros vários que temos por aí. Então, primeiro de tudo, como a gente se diferencia no aspecto artístico, porque esse é o produto final. É isso que encanta desde o samba-enredo, passando pelas fantasias, pelas alegorias e tudo. Depois, é o comercial. Porque hoje, muitas vezes, o comercial vem antes do artístico. É o que a gente não entende que é o correto. Mas o normal, que a gente entende, é definir o artístico e depois pensar o comercial. A partir de um enredo pensado, a gente vai trabalhar e tentar vender, tentar viabilizar aquele projeto. Hoje isso acontece ao contrário, ocorre a definição comercial do tema e aí você faz um projeto artístico. Na Portela, a gente tem respeitado esse processo que achamos que é o correto, é o natural. A partir de uma ideia artística, de um enredo, você trabalha uma história. É o moderno *storytelling*, você pega uma história, entende as possibilidades de exploração comercial e, a partir daí, você faz uma gestão de recursos, sejam eles humanos, financeiros, físicos, estoque e afins, para que aquele carnaval, que tem um julgamento que atende a 10 quesitos, seja vencedor. Esse é o modelo que a gente está propondo. É um trabalho de ter os melhores artistas e artesãos possíveis, ter o melhor enredo possível, para trabalhar em cima daquela história e captar recursos financeiros, para você fazer daquela história realidade. O que hoje é nossa principal meta, porque o carnaval da Portela está lindo – já estou fazendo aqui a propaganda para vocês – o tema é lindo, os desenhos são lindos e, agora, a gente tem que transformar isso em realidade.

Então a gente começa a mudar o paradigma, porque no universo em geral das escolas de samba se trabalha na base do "vamo-que-vamo que a gente chega lá". Vamos que tem uma data limite, que é a do desfile. Não se adia o carnaval. Então o desfile está dado, mas você pode acelerar e pode diminuir a qualidade. Então o momento de planejamento e gestão é muito importante. Você planeja, você capta, você executa e você tem que atender àqueles quesitos, que são os quesitos da escola de samba. E para você conseguir captar recursos, poder fazer um projeto vencedor, você tem que ter as contrapartidas para os patrocinadores, e fazer um trabalho de *branding* em cima daquela escola. É o que a gente chama de "uma experiência 360°": cultura, entretenimento, estilo, turismo, digital. A gente fez todo um projeto, que a gente não vai poder mostrar aqui, que abraça o que a gente chama das "tribos portelenses em 360°". Então, todo o portelense, seja ele o portelense ilustre como o Paulinho da Viola, o Diogo Nogueira, a Marisa Monte, passando pelo portelense azul como o Guedes, passando por um frequentador da feijoada, passando pelo morador de Madureira… Todos eles são impactados por essas ações que a gente pensou para a Portela. E gerando conexão com a escola e seus respectivos patrocinadores. Hoje em dia, os patrocinadores querem relacionamento e proporcionar experiências, eles buscam, acima de tudo, a famosa conexão com a marca.

Então é isso o que hoje a gente tem buscado. Esse projeto Portela é um projeto inovador. Porque a gente está falando de economia criativa, de uma manifestação cultural real, brasileira e carioca que vem sendo questionada por se tornar um envelopamento comercial para algumas marcas. Só que a manifestação resiste. A Portela resiste, várias escolas resistem e o carnaval fica e vai ficar sempre. Ele é maior do que as marcas que, porventura, querem mudar a dinâmica do carnaval, porque o carnaval, o samba, ele é do carioca, que é apaixonado por samba, que adora aquilo ali. Até porque eu sou um grande questionador de se o modelo deve ser A, B ou C, acho que o modelo é o que deixa o público feliz.

Vamos agora falar um pouquinho dos números do carnaval. Quando a gente transforma isso tudo em números, a gente vê que hoje o desfile das escolas de samba é o que o João [João Luiz de Figueiredo] falou na palestra dele, você transforma o ativo cultural em ativo econômico. O desfile das escolas de samba movimenta cerca de R$500 milhões anuais. É transmitido para 140 cidades do mundo, para mais de 300 milhões de espectadores. O carnaval de rua recebeu mais de 1 milhão e 200 mil visitantes em 2012. Isso é muita gente. Receita de 1,4 bilhões, gerado nos dias de folia, taxa de ocupação hoteleira média de 95% em toda cidade. E a gente vê a questão do turismo, que são os transatlânticos desembarcando na cidade.

Então, para finalizar, o que eu entendo, tentando somar tudo que foi falado aqui desde o João [João Luiz de Figueiredo], passando pelo pessoal de agência e chegando até a economia do carnaval, eu acho que a economia criativa, principalmente no Rio de Janeiro, é o tema do momento. A gente tem falado bastante nisso. Eu não sei se eu sou um criativo, como o pessoal de agência fala, mas tenho trabalhado bastante nos últimos anos na economia criativa e acho que ela, de fato, é diferencial no Rio de Janeiro. Eu sempre falei, com uma visão de economista, que o Rio tem no seu DNA essa questão do serviço, da cultura, da criatividade, do turismo. E enfim, ele está assumindo a sua vocação de fato. Mais do que nunca, o Rio é hoje uma cidade pujante. Foi um prazer, desculpem se eu fui meio corrido nessa explanação, mas era muito assunto para falar em pouco tempo.

Brasil Jovem

Pensar o Brasil em sua complexidade demanda, desde pelo menos a década de 60, um olhar atento para as ações e as representações sobre a juventude. Convertida em protagonista social, despertando imaginários de sucesso e de temor, os jovens colocam-se em cena, ao mesmo tempo em que reconfiguram a cena midiática, os modos e lógicas de produção e consumo cultural, as diferentes concepções de engajamentos políticos e formas estéticas. O Brasil, tido por anos como um país jovem (e de jovens), vê-se agora diante de possibilidades outras. Nem idealizados, nem demonizados, os jovens nos falam na atualidade de multiplicidade identitária, mas também nos permitem pensar como, em tempos globalizados, se pode ser jovem e brasileiro. O Brasil, terreno fértil da juvenilização da cultura, com o que ela tem de encantador e de opressor, torna-se, cada vez mais, um país de idosos. O que, neste contexto, nos dizem os jovens? Existe uma cultura juvenil brasileira? Como os jovens se relacionam com as fronteiras de classe, de região e de cultura? Quais jovens ganham visibilidade em nosso país e fora dele? Estas são algumas das questões que, neste capítulo, problematizam uma das agendas mais caras ao Brasil contemporâneo.

Apresentação oral[1]
O SONHO BRASILEIRO

Gabriel Milanez[2]

Boa tarde a todos. É um grande prazer poder participar deste evento. Eu vou contar um pedacinho do estudo que a Box 1824 realizou chamado Sonho Brasileiro. Então, eu tenho aqui um vídeo de 8 minutos e eu gostaria de passar antes esse vídeo que é um resumo de alguns dos principais achados da pesquisa e depois eu coloco alguns pontos e no final vamos ao debate aberto a perguntas. A Box 1824 é uma empresa de pesquisa de comportamento de consumo que trabalha muito com o público jovem. A Box tem nove anos, é uma empresa de jovens que estudam jovens e, ao longo do tempo, desenvolvemos muito conhecimento sobre uma geração. E, em 2009, exatamente quando os sócios da Box perguntavam como a empresa poderia exercer sua sustentabilidade, sua responsabilidade social de uma forma mais ativa, pois a Box sempre foi *carbono free*, sempre desenvolveu diversas atividades, conversando com um amigo meu, que é consultor de sustentabilidade, ele falou: "Olha plantar árvore é bárbaro. O mundo precisa de pessoas que plantem árvores, só que o mundo também precisa de muitas outras coisas, então uma forma de ser sustentável, é dividir com a sociedade um pouco daquilo que você sabe fazer

---

1   O texto aqui apresentado não é uma transcrição *ipsis verbis*, mas um registro elaborado a partir das transcrições do áudio captado durante o evento. Buscou-se, contudo, manter a maior fidelidade possível à fala, assim como preservar sua característica de linguagem oral.

2   Graduado em Comunicação Social pela ECA-USP e em Ciências Sociais pela FFLCH-USP, Gabriel Milanez tem experiência de 14 anos no mercado de Planejamento Estratégico e Pesquisa de Mercado, é diretor de Planejamento da box 1824, empresa de pesquisa especializada no público jovem, que conduziu o estudo "Sonho Brasileiro".

de melhor'. Então, a empresa de pesquisa, o que ela poderia oferecer para sociedade, o que ela poderia oferecer para o Brasil, se não uma pesquisa? Compartilhar um pouco das coisas que a gente estava descobrindo. Uma pesquisa, mas uma pesquisa sobre o quê? Estávamos em 2009, muita coisa acontecendo. O Brasil passando por um ótimo momento, Copa, Olimpíadas, quer dizer, o Brasil, no seu melhor momento, encontrava a primeira geração global brasileira. Então o Sonho Brasileiro nasceu dessa pergunta. O que acontece quando o Brasil, no seu melhor momento, encontra a primeira geração global de brasileiros? E aí nasceu a ideia de fazer um estudo sobre o sonho brasileiro. Um estudo sobre o Brasil, não um estudo sobre juventude, um estudo sobre o Brasil visto pela ótica dessa geração, da nova geração jovem brasileira. Então eu convido vocês a verem um vídeo de 8 minutos e depois eu vou pontuar algumas coisinhas aqui.[3]

Bom, então aqui a gente tem um compilado muito rápido de vários conteúdos e todo esse conteúdo está aberto no site www.osonhobrasileiro.com.br e a ideia é ter um estudo aberto, um estudo sem fins lucrativos, sem viés de consumo, político ideológico, enfim, um retrato exatamente desse novo Brasil. Só para contextualizar um pouco, a gente trabalhou um ano e meio nesse projeto, então houve uma grande fase qualitativa em quatro capitais: São Paulo, Rio, Recife e Porto Alegre. Grupos de discussão, entrevistas individuais, entrevistas com esses jovens dentro dos seus grupos. Todos os jovens que aparecem no vídeo, dando entrevista, foram jovens entrevistados durante o projeto. Houve um estudo semiótico realizado por um parceiro nosso, o professor Osmar [Osmar Gonçalves], da Universidade Federal do Ceará. Posteriormente, a gente mensurou alguns "achados" em uma pesquisa quantitativa desenvolvida pelo Datafolha. Aí sim, com uma representação nacional de 173 cidades, 23 estados, com uma margem de erro de 2 pontos. Então, todos os números vêm dessa pesquisa quantitativa. O que eu escolhi enfatizar aqui, como a gente está falando de um "novo Brasil", está falando de uma "nova geração", são as características distintivas dessa geração. Porque muitas vezes, a gente pode se perguntar: Ok, isso é um comportamento jovem, mas os jovens não foram sempre assim? Isso

---

3   [O Sonho Brasileiro Manifesto] http://vimeo.com/30918170

não é algo que sempre foi uma característica jovem? Quais são as características do jovem de hoje? Para fazer algumas retomadas históricas, análise semiótica foi um exercício muito interessante, porque, infelizmente, nós não fizemos uma pesquisa qualitativa nos anos 60, 70, 80 e 90, para poder comparar com essa pesquisa qualitativa de agora. Nós utilizamos então a semiótica, quer dizer, através da produção cultural de cada uma das décadas, quais são os valores que ficaram cristalizados como marcas daquela geração? Todos os jovens tiveram aquele comportamento? Evidentemente não, mas foram comportamentos abrangentes, comportamentos muito característicos que marcaram um tempo, como se esse comportamento sinalizasse o espírito de cada um desses tempos. E o que a gente fez agora é tentar ver os comportamentos emergentes que estão acontecendo agora, quando esse jovem pensa em Brasil, quando esse jovem pensa em transformação social e que a gente acredita que lá no futuro daqui a dez, vinte anos, quando esse jovem olhe para trás, essa seja a marca desse período. A gente tá falando de muitos comportamentos que ainda são emergentes, mas que já começam a desenhar o cenário do momento que a gente vive. Então, para entender essa geração, inicialmente é muito importante compreender um pouco o mundo em que ela está inserida. Então, a gente traz três *drivers*, que o não dualismo, a hiperconexão e as microrrevoluções que vocês viram citados no vídeo. O que a gente chama de *drivers* são algumas configurações mais amplas do mundo que impacta como esse jovem pensa, vive e age. Então, dando um exemplo, quando a gente fala de não dualismo, fala que esse jovem que nasceu lá no final dos anos 80, no início dos anos 90, já nasceu em um mundo não dual. Ele já nasceu em um mundo que não se resume em direita, esquerda, certo, errado, isso *versus* aquilo. Ele já nasceu em um mundo multipolarizado, já nasceu em um mundo muito mais aberto, onde não se enxerga apenas preto e branco, mas nuances de cinza também. Isso faz com que esse jovem hoje seja muito mais aberto ao diálogo, à religação de saberes. Eles são muito mais pelo diálogo do que pela oposição. Muito mais pela construção colaborativa do que por uma oposição de ideias. É isso que a gente chama, em linhas gerais, de não dualismo. Ele pensa de uma forma não dual, mais aberta, mais múltipla, mais flexível. Quando a gente fala de microrrevoluções, refere-se a um contraponto, em linhas gerais, ao que muito se atribuiu, em décadas anteriores, crenças em revoluções. O que isso quer dizer? Quer dizer que alguma coisa muito grandiosa vai acontecer e vai mudar completamente a ordem do mundo. Da noite para o dia, tudo vai ser diferente, ou projetar uma realidade radicalmente diferente no futuro. Então, esse jovem, ele não pensa mais em grandes revoluções, ele enxerga muito mais valor nas ações do dia a dia que cada um vai desenvolvendo dentro da sua realidade. Por isso é um jovem que pensa muito no presente. Ele não necessariamente projeta tudo no futuro. É um jovem que, quando a gente pergunta quem são os grandes ídolos, muitas vezes são pessoas que ele conhece. São pessoas que ele vê, pessoas cujas ações ele enxerga e os resultados também. Então, ele acredita nos heróis reais. Ele não acredita simplesmente em uma causa em geral. Ele enxerga que tão importante quanto uma causa política, partidário, institucional, é uma causa social, uma causa ambiental, uma causa artística. Quer dizer, ele enxerga que em todas as áreas existem microrrevoluções acontecendo. E é um jovem que vive em um mundo hiperconectado, então as grandes transformações vêm exatamente da conexão, da união das pequenas causas, dessas pequenas revoluções que esses heróis reais, dentro das suas realidades, acabam fazendo. Esse jovem pensa a hierarquia de uma forma diferente. Ele pensa presença muitas vezes independentemente da presença física. Então, ao mesmo tempo, é possível atuar em diversas causas. É um jovem que muita vezes não elege apenas uma bandeira, ele transita e acredita em causas diferentes. Então a hiperconexão é que permite que esse jovem se conecte com o mundo e também tenha essa atuação um pouco mais transversal. Então, como consequência de tudo isso, a gente traz todas as características dessa geração.

Primeiro, é uma geração que se abre mais para o coletivo. Quando a gente trouxe essa informação, muitas vezes causava muito espanto, porque a gente vê que existem ideias muito negativas. A gente começou o estudo sobre a geração. É uma geração alienada, uma geração individualista, mas existem muitos jovens atuando em uma lógica que é diferente das gerações anteriores. Então, quando a gente fala no coletivo, até como uma decorrência de tudo isso, desse mundo que ele vive, ele se conecta mais com o que está acontecendo ao seu redor. Só que ele não exclui pensar nele mesmo. É um jovem que pensa, sim, nele mesmo, mas pensa no coletivo ao mesmo tempo. Cada vez enxerga a interdependência entre seu bem estar coletivo e o seu bem estar individual. Quando a gente a gente coloca que 50% dos jovens se conectam a um pensamento mais coletivo, esse número veio de uma segmentação estatística realizada na pesquisa quantitativa do Datafolha, não significa que eles já estão agindo, mas eles já entendem que esse discurso é o discurso socialmente aceito. É o discurso de você se conectar com causas coletivas. Então, é esse o novo coletivo que a gente enfatiza.

A segunda característica é que são jovens pragmáticos. Pragmatismo é uma marca muito forte dessa geração, por isso, sonhos possíveis. Não é um jovem que vive no futuro, é um jovem que vive no presente. É um jovem, como eu acabei de dizer, que acredita no que vê. É um jovem que se hoje ele tem mais orgulho, ele acredita no Brasil, é porque ele enxerga que algumas coisas estão acontecendo.

Bom, mas como a gente chegou nessas informações? A gente teve que trabalhar com recorte e o nosso recorte para mapear tudo isso foi buscar quem são os jovens transformadores de hoje. Cada década, cada tempo, tem os seus jovens transformadores e cada modo de ação. A gente começou procurando os jovens que estão buscando algum impacto, que estão causando algum impacto no meio em que estão inseridos. E a gente encontrou pessoas como a Raísa lá de Recife. A Raísa é estudante de design, participa de alguns projetos sociais, contribuindo com os conhecimentos de design que possui. Ao mesmo tempo, ela participa da bicicletada. Ela aparece algumas vezes em alguns protestos contra o trânsito, mas também reivindicando uma relação com a cidade, com o meio ambiente. Ela também é vegetariana e participa de um grupo da "verdurada", e participa de um grupo de literatura, de um grupo de teatro que busca a democratização de algumas obras literárias. E a gente se perguntava, mas tantas coisas que ela acaba fazendo, evidentemente com uma ou outra ela se envolve mais, e ela também acaba se conectando a outras causas. Ou outro exemplo, o Thiago Vinícius, aqui de São Paulo, que apareceu falando no vídeo, que é lá do Campo Limpo. Ele é um analista de crédito comunitário e, ao mesmo tempo, conectado com o Projeto Arrastão, que é um projeto ambiental. E também com cinema marginal, com cinema na periferia, fazendo a produção cultural do Campo Limpo, como eles dizem "para o lado de cá da Ponte". Então, o que esses jovens têm em comum, o que eles estão nos provando? Que eles têm esse poder de transitar por áreas diferentes, que adotam maneiras múltiplas, é uma atuação múltipla. É uma atuação que, algumas vezes, se dá dentro de um grupo, que pode ser dentro de uma instituição, que pode ser de uma instituição religiosa, de educação, governamental ou também pode ser um grupo independente de pessoas que se unem em favor de uma causa. E não precisa ter muita distinção entre o que é institucional e o que não é. O importante é que esses jovens transitam entre diferentes causas. E, ao passo que eles fazem isso, eles vão levando conhecimento de um lugar para outro, levando práticas. Eles vão construindo a sua forma de atuação coletiva. E, por isso, nós os chamamos até de *jovens ponte*, e ficamos buscando durante um tempo, um nome que sinalizasse, que traduzisse um pouco esse modo de atuação. Então, uma das grandes conclusões desse estudo, uma conclusão da Box, é que esse jovem sinaliza o tipo de transformação que está acontecendo hoje. Esses jovens, que muitas vezes, como eles não são grandes mártires, não têm uma grande causa, eles são invisíveis. Eles estão em diferentes grupos e cada um deles está fazendo a sua atuação da sua forma e uma das intenções desse estudo foi também trazer à tona muita coisa interessante feita pelos jovens. Como eu falei, a gente estuda o jovem todo dia e a gente sempre via coisas boas e muito interessantes acontecerem. Então, o Sonho Brasileiro se propõe a trazer, a dar um pouco de foco a esses jovens que estão transformando o Brasil e construindo esse Brasil novo que a gente está vendo por aí. Em linhas gerais, é isso. Obrigado.

Apresentação oral[1]
O JOVEM E AS NOVAS PRÁTICAS POLÍTICAS

Sílvia Borelli[2]

Em primeiro lugar, uma saudação aos colegas que estão aqui partilhando esse espaço, um espaço de troca. Porque eu acho fundamental que a gente tenha espaços como esse, de troca. Não só de visibilidade daquilo que estamos fazendo, mas também de troca e possibilidade de aprender uns com os outros. Bom, e o que eu vou apresentar aqui para vocês? É um pouco de uma trajetória, que na verdade começou no início dos anos 2000, quando começamos a trabalhar, e eu falo começamos, porque é uma equipe de trabalho que vem de longa data. A Rose [Rose de Melo Rocha] faz parte desse grupo desde o começo, trabalhamos juntas, começando lá na PUC e depois com essa particular experiência na ESPM, desde o ano passado. Estão aqui também na plateia o Marcos Mara, a Rita Alves e outros colegas que fizeram ou fazem parte desse grupo. Então é um trabalho em equipe em que cada um tem o seu pedaço e traduz esse pedaço em produção de conhecimento, mas os resultados são resultados sempre partilhados pelo conjunto de pessoas e por um conjunto de instituições, a ESPM, a PUC-SP e a CLACSO

---

1   O texto aqui apresentado não é uma transcrição *ipsis verbis*, mas um registro elaborado a partir das transcrições do áudio captado durante o evento. Buscou-se, contudo, manter a maior fidelidade possível à fala, assim como preservar sua característica de linguagem oral.

2   Livre-docente do Departamento de Antropologia da PUC-SP e docente colaboradora do Mestrado em Comunicação e Práticas de Consumo da ESPM, Sílvia Borelli participa do programa ProJovem Adolescente da UNESCO. Pesquisadora do Conselho Latino-americano de Ciências Sociais (CLACSO), estuda o tema "jovens e juventudes: ações culturais, políticas e comunicacionais". É autora dos livros *Culturas juvenis no século XXI* e *Jovens na cena metropolitana. Percepções – narrativas e modos de comunicação*.

– Conselho Latino-Americano de Ciências Sociais. Bom, e o que a gente fez? Nós passamos por várias etapas. Em um primeiro momento, um mapeamento para definir parâmetros para uma reflexão sobre consumo, consumo cultural. Práticas, usos, apropriação dos jovens com foco na dimensão metropolitana, na dimensão urbana. Ao mesmo tempo, definir questões muito claramente vinculadas àquilo que seria a vida cotidiana de jovens em grandes centros urbanos. Essa etapa do trabalho já está pronta. De 2007 para cá, nós começamos a fazer um trabalho mais vinculado com a dimensão latino-americana da CLACSO, com vários países envolvidos, por vezes com metodologias de trabalho bastante próximas, com o desafio de pensar o que podemos caracterizar como "novo". O que na verdade seria esse novo? Pensando o novo Brasil e uma nova perspectiva para pensar jovens e juventudes. E pensamos nessa dimensão do novo pela resposta do que seriam novas práticas políticas de jovens. De grupos coletivos e jovens. Novas práticas políticas sempre mediadas pelas dimensões culturais e comunicacionais. Nossa hipótese de trabalho estava exatamente centrada na ideia de que o que talvez aparecesse de novo na dimensão das ações, das manifestações e das práticas políticas juvenis, pudesse estar localizado nessa esfera da cultura e na esfera das ações comunicacionais. Não mais, cultura subsumida sobre um projeto político, não mais cultura pensando em um projeto de transformação da sociedade como um todo, mas a cultura como um aspecto extremamente significativo para se pensar essas novas práticas políticas. Então foi essa a nossa perspectiva, em que as dimensões que chamamos de estéticas, culturais e comunicacionais seriam lugares privilegiados para pensar práticas políticas juvenis na contemporaneidade. Para caracterizar esse "novo", buscamos mapear não apenas as práticas políticas mais institucionalizadas, ou seja, as políticas públicas, o terceiro setor, a iniciativa privada, os movimentos sociais, mas também aquilo que seriam práticas políticas, não que obrigatoriamente deem as costas para o institucional, mas que convivem de forma tensionada com essas esferas institucionais. As dimensões autogestionárias, dimensões alternativas, independentes que se opõem claramente à definição desses novos espaços, desses novos modelos de ação cultural e política. Estética e política. Comunicação e política. Mas, não pensando que esse novo emergirá ou emergiria daquilo que seria a negação de um modelo de práticas políticas da geração de maio de 68. Uma geração que claramente coloca os jovens como o motor da história, motor da revolução, motor da transformação do modo de produção capitalista etc. Sim, esse é um modelo que é o que informa. Há um processo de diversificação enorme, mas, sem dúvida, há ainda aquilo que seria um componente mais universal – embora seja difícil falar essa palavra dentro do campo, principalmente antropológico –, um elemento mais universal ligado à rebeldia, à vontade de romper, à vontade de derrubar estatuetas, estátuas, estantes e livros, tudo isso que de certa forma marcava um momento da participação juvenil nos anos 60. E isso eu estou colocando, porque uma das primeiras providências que tomamos dentro da pesquisa, do espaço da pesquisa, foi a construção de um estado da arte dos anos 1960 aos anos 2000, para mapear o que caracterizava os jovens e a condição juvenil nos anos 60 do ponto de vista do que se concebeu sobre os jovens na produção acadêmica. O Marcos [Marcos Mara] foi responsável pelo levantamento de como as políticas públicas concebiam os jovens. A Rose [Rose de Melo Rocha] foi responsável pelo levantamento sobre como estaria o jovem diante das novas práticas de consumo e, os novos espaços do que ela denominou politicidades. E a Rita [Rita Alves] cuidando daquilo que seria o espaço do consumo. Ou seja, fizemos esse mapeamento para tentar localizar quais os grandes acontecimentos que marcaram esses períodos e que definiram concepções de juventude nessas diferentes décadas. Isso, para nós, foi fundamental para chegar nessa concepção do que seriam as novas práticas políticas e de mediação cultural.

Do ponto de vista da perspectiva mais macro da reflexão, nós estamos pensando em momentos históricos, em que acontecimentos fizeram com que pudéssemos definir uma perspectiva de vinculação juvenil com o macro, com a mudança da sociedade como todo, e ao mesmo tempo, da participação dos jovens migrando das esferas institucionais para um descentramento de práticas e ação culturais e comunicacionais que vêm em direção à vida cotidiana, aos pequenos espaços, aos microterritórios, às micropolíticas da vida cotidiana. Do ponto de vista histórico, a gente conseguiu localizar isso na passagem dos anos 70 para os anos 80, quando a perspectiva de pensar espaços micros e não grandes reflexões transformadoras teria se localizado. Do ponto de vista metodológico, a gente vem desenvolvendo uma perspectiva multimetodológica e multidisciplinar, que é a perspectiva que já trazemos de uma reflexão do campo da comunicação para pensar estudos de recepção de telenovela e ficção seriada, que nos permite pensar dimensões históricas, antropológicas e comunicacionais, e levar em consideração informação tanto qualitativa quanto quantitativa. Aí vai ter toda uma pesquisa de campo com questionários etc., que eu não vou detalhar aqui, por uma questão de tempo, e vou direto para o que seriam os resultados que conseguimos organizar. Uma produção de resultados que pressupôs conhecer e familiarizar-se com espaços e territórios reconhecidos pelos jovens como "lugares meus". Isso foi um critério muito forte, a dimensão de como o jovem ocupa, se apropria, ora de forma equilibrada e ora de forma mais insidiosa e tensa dos territórios e dos espaços das cidades. Considerar quais são as variadas alternativas que os jovens encontram para estar juntos. Isso é uma categoria forte que a gente trouxe do professor Jesus Martin Barbero, para pegar aquilo que seriam convergências e afastamentos e cruzamentos entre jovens e narrativas juvenis, mescladas por diferentes modalidades culturais: música, teatro, dança, literatura, poesia, artes visuais, audiovisuais, tecnologias digitais etc. E obviamente não dá para não chamar a atenção para o *hip hop* como um elemento extremamente significativo na caracterização de jovens que se localizam naquilo que ainda denominamos "periferia dos grandes centros urbanos", talvez porque ainda falte uma discussão conceitual mais clara para gente pensar em uma substituição para essa categoria de periferia, sem dúvida, difícil de pensar. E pensar como o *hip hop* poderia ser um movimento de construção de contra-hegemonias, uma perspectiva cultural contra-hegemônica e aí, a formação gramsciniana [Antonio Gramsci] foi fundamental para nós. Quer dizer, quais são as perspectivas culturais e políticas hegemônicas e quais são aquelas que permitem que os jovens construam processos contra-hegemônicos de participação. E o *hip hop*, com certeza, desde a sua origem até determinado momento tinha características contra-hegemônicas e depois, ele passa a ser a menina dos olhos das políticas públicas, da mídia etc. Como aquilo que seria o marco mais normatizado até se transformar talvez – essa é nossa perspectiva –, em uma dimensão hegemônica. Bom, e finalmente, eu queria, só para encerrar, obviamente falando dessa perspectiva da relação cultura e política, como a gente está realmente trabalhando isso. Tem dois autores que nos ajudam muito. Um, eu já disse, é o Gramsci, na perspectiva de pensar movimentos hegemônicos e contra-hegemônicos. Nessa perspectiva, desse embate entre o hegemônico e o contra-hegemônico, é que estamos pensando a caracterização do que seria o novo. O novo talvez pudesse emergir destes elementos na contracorrente, no contrapelo, na contramão destas que seriam as práticas culturais hegemônicas. No caso, estamos estudando jovens da periferia aqui da cidade de São Paulo. A gente vem trabalhando, desde 2002, com dois pólos de exclusão bastante caracterizados, que é a extrema Zona Sul e a extrema Zona Leste, que têm a maior carência de infraestrutura, o maior índice de violência etc. Com a perspectiva de pensar como algumas práticas e ações culturais juvenis adquirem características políticas pelo contexto histórico e, ao mesmo tempo, pelo contexto em que elas acontecem. Construir um terreno abandonado, com um lençol pendurado, o Cine Campinho na extrema Zona Leste, não é apenas uma atividade audiovisual, ou uma atividade de assistir a um filme, mas é uma atividade que intervém naquilo que seria o cotidiano, a vida cotidiana das pessoas que moram nesse local. Então, pessoas que se mobilizam para trazer cadeiras, pessoas que se mobilizam para todo um contexto de discussão de que filmes vão ver e de que espaços vão utilizar. E há um processo em que a cultura é sem dúvida um elemento de mediação disso que eventualmente podemos chamar de novas práticas políticas, que vão diretamente interferir na vida cotidiana dessas pessoas. Eu dei um exemplo apenas, mas há vários dentro de cada uma das modalidades: dança, audiovisual, cultura digital, projetos de inclusão digital etc. A gente obviamente está preocupado em olhar para a dimensão institucional, a proposta de políticas públicas de inclusão, nas esferas federal, municipal, estadual. Sem dúvida, olhar para aquele que seria o objetivo das políticas públicas, para o objetivo dos programas, campos televisivos, audiovisuais, digitais etc. Mas também, a forma como eventualmente, pela astúcia, e esse é um conceito moriniano [Edgar Morin], não é um conceito de astúcia da malandragem, mas como essa astúcia permite formas alternativas e diferenciadas de apropriações. Porque se ficarmos apenas no ponto de vista teórico, lendo apenas os conteúdos das políticas públicas, a gente está em uma das esferas somente. O mesmo acontece se a gente analisa apenas aqueles que seriam os conteúdos midiáticos de ficção seriada, e nós estamos trabalhando agora no observatório de televisão com novo modelo do seriado Malhação. Não dá para olhar apenas para a narrativa midiática, mas juntar a narrativa mediática e a perspectiva da recepção, da lógica dos usos, da forma de apropriação etc. Coisa que a gente já vem fazendo desde a década passada, na perspectiva do acompanhamento de recepção de telenovela. Vejam que é um acúmulo de perspectivas epistemológicas, teóricas etc. E eu termino com outro autor que nos ajuda muito, que é o Raymond Willians, dos estudos culturais ingleses, de quem as categorias de residual e de emergente são categorias chave para nós, no sentido que, talvez, no residual, a gente encontre essa característica do novo, aquilo que vem de um modelo passado de práticas culturais e de práticas políticas e que chega como resíduo de uma tradição. O princípio que esse novo traz sempre uma ressonância, um resíduo daquilo que seria a tradição. E o emergente, sem dúvida, é aquilo que vai nos permitir a caracterização desse novo. Então veja, em síntese, estamos na perspectiva que é antropológica, que é do ser social, que é comunicacional. O nosso foco é a juventude em grandes centros urbanos, na perspectiva de conceber juventude e caracterizar o novo pela tensão entre cultura e política e pela tensão entre produção, políticas públicas, políticas midiáticas e recepção, lógica dos usos e apropriações por parte dos jovens. Muito obrigada pela atenção de vocês.

Apresentação oral[1]
JUVENTUDE COMO O ESPÍRITO DO TEMPO

Ana Lucia Enne[2]

Boa tarde! Eu vou também fazer um breve agradecimento, pois a Professora Sílvia Borelli já o fez de maneira mais eloquente. Estou feliz de estar aqui, é sempre um prazer. Eu acho esta mesa, como a prof. Sílvia falou, muito legal. Da última vez que eu vim, também na ESPM , foi para o Encontro sobre consumo, em 2010, falei sobre juventude. De lá para cá eu já lancei algumas coisas e eu sempre divido, portanto estou aqui meio dividindo as coisas que eu pensei a partir daquela vez... O meu interesse em trabalhar com juventude foi uma coisa mais recente, veio mesmo de uma experiência concreta que é a experiência em sala de aula, e eu queria comentar isso. Sou professora há 19 anos, daqui a um ano completo 20 anos de magistério, e vou comemorar porque acho uma data muito bonita. Tive contato com muitas turmas e, além disso, de uns quatro anos para cá, comecei a fazer diversos trabalhos de extensão, então comecei a lidar com jovens de outro formato, de outra lógica, diferente da que eu lidava na universidade, e eu já vinha de uma grande experiência em universidade – dei aula em muitas universidades particulares, de perfis muito

---

1 O texto aqui apresentado não é uma transcrição *ipsis verbis*, mas um registro elaborado a partir das transcrições do áudio captado durante o evento. Buscou-se, contudo, manter a maior fidelidade possível à fala, assim como preservar sua característica de linguagem oral.

2 Doutora em Antropologia Social pelo Programa de Pós-graduação do Museu Nacional/UFRJ, Ana Lucia Enne é professora do Departamento de Estudos Culturais e Mídia e do Programa de Pós-Graduação em Cultura e Territorialidades da Universidade Federal Fluminense, onde também coordena o LAMI (Laboratório de Mídia e Identidade) e o GRECOS (Grupo de Estudos sobre comunicação, cultura e sociedade).

diferentes, antes de entrar na universidade federal. Então, pude formar esse painel em relação ao jovens, e esse contato começou a me trazer algumas dúvidas. Então eu resolvi me questionar. E o ápice foi quando eu comecei a montar cursos sobre mídia e juventude, que eu tenho dado na graduação de estudos de mídia e transformei em uma oficina. Eu quero comentar aqui com vocês que esse curso sempre dá polêmica. E, na verdade, isso me deu uma coisa para pensar, uma certa angústia, e resolvi seguir Robert Darnton, que diz que quando existe uma coisa no objeto que você está estudando que você não compreende, quando você não entende a "piada", aí está o problema teórico que você deveria solucionar. E a minha dúvida mesmo veio porque sou vice-coordenadora do curso de mídia e mapeamos lá na universidade a taxa de evasão do curso. E fui percebendo, na conversa com os alunos, que eles muitas vezes ficavam com medo de terminar porque estavam felizes com o curso e tinham medo de perder essa felicidade. Isso me deixou muito inquieta. Então, eu comecei a achar que tinha uma coisa que a gente não estava entendendo, e é isso que eu vou trazer um pouco aqui para vocês, partilhando de onde vem essa minha indagação. A partir desse olhar, primeiro, eu comecei a pensar e formulei o trabalho que eu apresentei no evento a que me referi, procurando pensar a juventude a partir de uma série de conceituações. Então, eu mapeio um pouco um panorama histórico disso, eu vou falar rapidamente aqui porque foi a minha fala da outra vez, mas hoje eu vou falar rapidamente porque eu quero chegar no outro ponto. A proposta foi a de compreender, seguindo um pouco do que já foi falado aqui, que essa ideia de juventude é uma certa herança histórica muito forte no processo da modernidade ocidental e que se constituiu em um certo "espírito do tempo", que é o "espírito do tempo da modernidade" que, por si, pela própria definição do que se entende por modernidade, é o lugar da transformação, da inovação, da ruptura. Por si só, ser moderno já é ser jovem, então eu vim trabalhando essa ideia. A ideia de juventude, o conceito associado a uma visão de mundo, a um espírito do tempo, antecipa a entrada do próprio jovem em cena. A entrada do jovem como categoria mais propriamente ligada à faixa etária, estilo de vida, essa geração dos anos 60, é algo do pós-guerra. Claro que existem jovens, anteriormente, mas significativamente o sujeito em cena, para quem vai pensar política, para quem vai pensar propaganda, para quem vai pensar campo de estudo para entender quem é esse jovem, de quem se deve ter um pouco de "medo", porque ele é visto como "um pouco inconsequente" mas, ao mesmo tempo, é o "futuro do país", é nele que se aposta, todas essas mudanças e contradições, isso é um marco do meio do século XX em diante. Em um certo sentido, foi nesse momento que o espírito do tempo se consolida em um "estilo de vida jovem". Ambíguo, como a própria modernidade. Porque esse jovem herda a herança Iluminista, porque ele é quem vai transformar o mundo, mas ele também herda a herança romântica de não se conformar com aquele mundo. A situação desse jovem é a de ser o grande herdeiro da modernidade, ele entra em um mundo profundamente atravessado pelos três elementos inevitáveis quando vai se falar sobre a juventude: mídia, consumo e educação. Os três eixos atravessam o tempo todo a discussão. Atravessada por esses três eixos problemáticos, crescentes na pós-modernidade, vamos chamar assim para simplificar, a juventude está imersa em um processo em que aquele espírito do tempo da modernidade, transformado em estilo de vida, se torna um novo espírito do tempo, que no artigo eu chamo de "espírito do tempo da pós-modernidade", no qual todo mundo quer ser jovem, não só o próprio jovem enquanto faixa etária. A ideia de juventude passa a ser um dever mais do que uma satisfação. E eu comento no artigo, eu poderia dar vários exemplos, mas vou dar o exemplo da Maria Rita Kehl, de quem eu gosto muito, quando ela cita que na década de 1910 um jovem queria muito se parecer como seu pai. Aos 25 anos, o jovem se vestia como seu pai e isso lhe garantia status e tal. E, hoje, o jovem de 25 anos, assustado, vê seu pai de 40 anos querendo parecer seu irmão de 18. E eu cito vários exemplos que eu recolhi nas minhas conversas com os alunos, que vinham me contar que estavam em pânico porque a mãe estava endividada com o cartão de crédito, que a mãe se separou e queria virar lésbica e ele não sabia o que fazer com a mãe, que o pai estava obcecado e queria ficar na academia o dia inteiro... Então, essa angústia que os alunos iam partilhando comigo, eu fui separando, fui recolhendo e, até hoje, cito como exemplo sintomático o *post* de uma aluna minha no Twitter, termino o meu artigo com ele. Ela tinha 20 anos e uma filha de 5, ela foi mãe cedo, e ela colocou um *post* no Twitter em um sábado à noite, para mim é sintomático do que eu estou falando. Ela fala: "Esperando minha mãe ir para balada para eu conseguir estudar". Isso em um sábado à noite! A filha, que tem uma filha pequena, e deve ter uma mãe "quicando" que nem uma louca dentro de casa, quer que a mãe saia para dar sossego e ela poder estudar. Isso, para mim, é o exemplo mais claro do que eu estou querendo dizer. Então, esse jovem fica com todos os fardos. Ele é jovem de fato, mas todo mundo quer ser jovem por direito. Ele é invejado, porque ele é jovem de fato. De alguma maneira, o adulto que quer ser jovem por direito, joga um pouco do peso do poder em cima dele. Ele sabe disso, ele sente. Ele percebe que ele é desejado, ele é ambicionado, como ele é o objeto de ambição, de desejo. Mas ao mesmo tempo, ficou para ele um enorme fardo, porque, de certa maneira, só para fechar essa parte, ele herdou a pior fase da história. Por quê? Porque todo mundo quer ser jovem, mas no hedonismo, não na luta política. Mas a luta política é cobrada dele, do jovem de fato. Ele é que é "o alienado", ele que não quer lutar, ele que não valoriza todas as conquistas da juventude etc. Eu acho isso uma maldade extrema, e comecei a pensar sobre isso, solidária aos alunos. A partir disso, eu comecei a perceber algumas questões muito importantes. A primeira diz respeito à representação e, nesse sentido, acho que tem um caminho importante para a gente pensar. Você tem uma esfera midiática importante de representação dos jovens, onde essa questão do fardo sobre os jovens é central. Mas você também tem o lugar da recepção, da apropriação da representação, que nem sempre funciona como a gente quer. E aí, eu não vou seguir uma linha muito reta nesta fala, não. Vou começar com as minhas angústias, tá? Então, por exemplo, eu, em uma experiência curta em uma oficina, são duas aulas, para trabalhar com jovens em ONGs, comunidades, sobre juventude e mídia, no final eu passo o vídeo da Box 1824, que é um vídeo bastante esclarecedor, sobre o olhar geral que se tem sobre juventude, mas para mim, tem claramente uma representação que não condiz com a representação que aqueles meninos deveriam fazer da vida deles. E a primeira vez que eu passei esse vídeo, eu esperava discutir isso e, no entanto, eles se sentem totalmente representados. Meninos que são muito pobres, sendo que o vídeo, a meu ver, traz uma ideia de juventude de classe média , no entanto eles se sentem perfeitamente representados. E aí, eu tentei ser esperta, porque a gente sempre cai nesse erro! Na oficina seguinte, eu quis "pegar" os meninos. Porque na primeira oficina eu fiquei muito sem graça, repassei esse vídeo e depois eu peguei um outro do You Tube, que é sobre a história do *hip hop*, que é de depoimentos de meninos pobres. Dei um choque. Dei um choque porque eles se viram representados no primeiro, mas a realidade deles era do segundo. Daí eu me arrependi demais, porque acabou a aula e eles se deprimiram muito. Daí eu falei: "não posso fazer isso". São os choques de representação, e isso não é justo com eles. Daí mudei, eu não passo mais vídeo nenhum! Deixo para eles a incumbência de se representarem. E, na representação proposta por eles, vem sempre a representação da classe média, mesmo que não seja a realidade. Comecei a ver que o problema de representação era mais meu do que deles, já me deu uma outra crise. A representação midiática não era tanto um problema para eles. Mas se não é o problema, qual é o problema? Claro que é um problema. Não estou dizendo que não é, mas não é na fala deles. No discurso deles, não era um problema. Aí eu pensei, o segundo problema, a escola. A escola é um problema, sem dúvida. A escola é um problema, porque a escola nega todos os formatos de cultura de massa. Todos. Eles se sentem desvalorizados. Aí atinge, principalmente, os meninos que têm isso como uma opção clara de cultura. Então a escola nega tudo que eles assistem. Eu entendo o porquê. Porque, no jogo de poder, isso é uma flexibilização que o professor tem muita dificuldade de fazer. A escola nega o uso de todas as ferramentas midiáticas. Não pode fazer trabalho com o celular, por exemplo. Eu participei de um evento no ano passado, promovido pelo Paulo Carrano, chamado Juventudes Conectadas, e a plateia era composta por alunos de escolas. E tinham alunos de uma escola particular de ponta, que eu não lembro o nome, e alunos de uma escola pública, que eu também não lembro o nome. Os alunos da escola particular tinham laptop na sala de aula e a tecnologia para eles era um ganho. Eles entendiam que aquilo era um jogo do professor com eles. E podia usar o laptop sem nenhuma restrição. Podia usar Twitter, Facebook, em sala de aula, não tinha problema. Entendia-se que isso era parte da cognição contemporânea. Os meninos da escola pública não tinham nem computador, então, obviamente, você tinha claramente uma diferença em torno do lugar, do uso da tecnologia. Mas não era só a questão do uso, era a questão de como você vai, de certa maneira valorizar ou não a experiência cognitiva em torno das ferramentas digitais, que são importantíssimas. Isso vai aparecer tanto para os meus alunos, que são alunos de classe média, quanto com os meninos de periferia com os quais eu tenho trabalhado. A questão das mídias digitais hoje é central. A escola é um problema, mas é um problema mais para mim, porque eles já descartaram a escola. Claro que é um problema, vocês estão entendendo, né? É um problemão, mas não é um problema que aparece na fala deles. Eles acham que a escola não diz muito respeito a eles. A escola, eu entrei na escola... Tem que passar por aquilo, é uma "desgraça da vida", que tem que passar e uma hora vai embora! Não aparece como uma fala problemática. Família, nem preciso falar que não aparece mesmo como fala problemática. O que aparece como fala problemática? Que é onde eu quero chegar. Aparecem duas palavras, que eu acho que hoje eu entendo, estou pensando sobre isso. Eu estou aqui, hoje, na experiência de pensar junto, tá? São palavras importantíssimas relacionadas ao consumo: ansiedade e afeto. São as palavras que aparecem, são as questões. Ao meu ver é o que estou dizendo. Não que as outras não sejam um problema, eu acho muito problemático, mas acho que estamos tentando chegar no problema pelo lugar errado, pensando um pouco na dimensão da estética e da ética novamente. Os meninos têm muita, muita ansiedade com o futuro, com o presente, com o passado, com tudo. Isso aparece o tempo todo nas suas falas. Eles não sabem o que vão ser, eles não sabem o que eles vão fazer, eles não sabem se vão casar, se não vão casar... Isso é um pouco geracional, toda a juventude é um pouco assim, mas nessa isso é mais forte, vou dar um pequeno exemplo. De uns 5 anos para cá, alguns dos meus alunos surtaram de verdade, estão tomando remédio tarja preta, tiveram que ser internados... Isso, para mim, me alerta, é algo que eu não estou entendendo bem. Não é só aquela ansiedade que todo jovem tem: "Ah o que eu vou fazer...", a gente aqui já teve vinte anos. Alguns aqui de vocês têm, eu os invejo, mas eu não tenho mais, já estou com quarenta e pouco. Eu lembro de uma ansiedade, vou trabalhar, não vou, vou casar, não vou casar... Mas eu não surtei por isso, nem meus colegas. Muitos jovens hoje surtam. Tomam remédios. São internados. E não é um ou dois não, são muitos. Isso me alertou. Então, a ansiedade me parece algo crucial. E eu pego todos os autores que trabalham com consumo, e vão dizer que essa é a questão chave do consumo. Porque o consumo é insaciável, ele não pode ter expectativa, ele não pode ser satisfeito. Se eu entendo que juventude, como espírito do tempo contemporâneo, está colada ao consumo, então as coisas não podem estar separadas. Eu acho que elas são fortemente ligadas. A questão do afeto.

Outra dimensão importante. Todos os autores que vão trabalhar com consumo e vão trabalhar com a ideia da contemporaneidade, vão falar que o afeto é algo muito problemático, porque as relações se constroem em cima de pontes, então a possibilidade de perdê-las evita que você as monte. E se você as monta, você monta de uma maneira que você não tenha muita perda naquilo. Por incrível que pareça, quando eu comecei a entender isso, eu entendi a evasão dos meus alunos no momento em que eles estavam mais afetivamente ligados ao curso. Que eles estavam gostando mais do curso. Porque você desmonta o namoro antes que ele fique sério, você sai do trabalho antes que você comece a depender muito dele. Você sai do curso de mídia, antes que aquilo vá te deprimir depois. Custei a entender, porque é um mecanismo difícil de entender. Que é o oposto, geracionalmente, de como a gente pensava. Aí pensei sobre isso e resolvi pensar três séries de livros para adolescentes muito famosas que eu tive o prazer de ler. Amo as três, por motivos diferentes, *Harry Potter*, *Percy Jackson*, com seus heróis mitológicos, e *Jogos Vorazes*, que eu acabei de ler agora com meus sobrinhos. Bom, e onde ficam essas três histórias, histórias de muito sucesso? Eu tenho profunda inveja e admiração por quem consegue escrever para essa faixa etária hoje. Porque eu, se fosse jovem hoje, não estudaria, ficaria o dia inteiro na Internet. Deus não dá asa a cobra. Eu não tenho dúvida que eu ficaria o dia inteiro. Já sou viciada, imagina se eu tivesse vinte anos. Então, quem consegue fazer uma pessoa nova sair das redes e ler, para mim, já é merecedor de todo prêmio do mundo. Essas três séries têm uma coisa em comum. Todas elas envolvem jovens ansiosos e com dificuldade de afeto. Todas envolvem! E o crescente de dor. De dor muito dura. Não sei como esses personagens, os três personagens principais das três séries, frente às agruras que eles sofrem, não surtam. Eu surtaria. No *Jogos Vorazes*, é um passo além. Não sei se alguém já leu, mas as pessoas surtam mesmo. É muito triste. Muito triste. Uma das coisas mais tristes que eu já li na minha vida. Pensei até em fazer um papel de tia educadora e falar para minha cunhada não deixar meus sobrinhos lerem o último volume, mas depois falei: "eu não posso fazer isso", mas pensei em fazer porque aquilo é um desalento. Não tem redenção final, como tem em *Harry Potter* e em *Percy Jackson*. É tristeza mesmo. Veja, fez um sucesso estrondoso, os meninos amam, ficam malucos e não são séries que se passam em torno de redes sociais, em torno de tecnologia de ponta. Ao contrário, envolvem mundos muito tradicionais, muito ligados a uma ideia de comunidade, redes muito face a face de contato. Não sei. Tem algo aí, que às vezes eu acho que não estamos entendendo muito bem. Tem três palavras que nos interessam muito, nós que pesquisamos juventude, que são representação, mediação e atuação. E, talvez, eles não estejam preocupados com isso. Eu estou ficando em dúvida, se a gente está acessando o lugar certo, um pouco nesse sentido. Para finalizar, eu fiquei pensando um pouco, também, nas redes sociais em si. Eu falei, eu uso muito, acompanho bastante, sou bem viciada. Eu fico pensando, é um novo lugar de ativismo? Sem dúvida, de um outro tipo de ativismo. Por exemplo, a questão do cartaz, como ele se proliferou e como ele serve às mais diversas causas. Eu fiquei pensando e pensando no cartaz, que é uma coisa que me fascina, porque o cartaz, ele implicava claramente uma posição política nos anos 60. O cartaz era importante. E quando o Belchior escreve lá, na música *Velha Roupa Colorida*, que a Elis consagra, ele pergunta: "Nunca mais você saiu na rua em grupo, o dedo em V, cabelo ao vento, amor e flor, cadê o cartaz?". A pergunta do "cadê o cartaz?" dele marca o fim de uma época, certo? E o cartaz reaparece agora nas redes sociais. E eu fiquei pensando nesse "cadê o cartaz?" do Belchior, quando, outro dia, por causa da greve, que a gente está sempre se matando lá nas redes sociais, alguém colocou uma chamada para um evento e alguém colocou: "Cadê o cartaz? Cadê o cartaz?".Esse é o lugar onde o cartaz é convocado de novo. Mas tem que entender que a rua mudou de lugar, não é mais aquela dos anos 60. Para esses meninos não é mais aquela. Não sei se para todos os meninos. Para os meninos da periferia, as quebradas são importantes. Eles precisam dos cartazes na rua. De certa maneira, é um novo tipo de ativismo, sem dúvida, não acho que seja o único, porque eu acho que isso acaba corroborando em uma certa ideia de lugar de classe média, mas é também. É um novo lugar de sociabilidade? Sem dúvida. As redes sociais, não tenho dúvida que elas constroem pontes, que elas estão ali por isso. Criam uma esfera de circulação, sem dúvida. É uma nova forma de fluir as práticas culturais diversas? Sem dúvida nenhuma. A televisão adquiriu um novo sentido sendo vista pelas redes sociais. Devolvendo um pouco um certo lugar da experiência coletiva, da cerimônia, não é isso? A cerimônia coletiva, que você partilhava na sala do seu vizinho. Eu lembro quando eu estava no interior e só tinha televisão na casa da minha tia. A gente ia ver lá e era um chuvisco horrível! Quando estava um pouco melhor, a minha tia falava: "Tá um tapete!", eu me lembro dessa expressão, "tá um tapete". Quando eu vejo uma televisão bonita, eu falo "tá um tapete". Então, essa experiência coletiva da televisão, as redes sociais devolveram. Então, eu vejo que é uma nova ágora social, um lugar de troca, mas, para mim, na minha experiência, que é o que eu estou trabalhando nesse novo artigo, é um grande vazador de ansiedade. Onde as pessoas explicitam a sua ansiedade o tempo todo, elas estão agoniadas. O que vão fazer? Me incluindo, isso genericamente. Todas as suas angústias, todas as suas esperas, expectativas. E um grande jogo em torno do capital de afeto. Eu acho que a grande questão na rede, mais do que ser ativista, voltando à generalização, vocês estão entendendo, tem casos e casos. Mas mais do que ser ativo, mais do que fazer amigo, mais do que você comentar e fluir a cultura e mais do que você mostrar a sua ansiedade, é mostrar como você é legal. Certo? Como você é *cool*, como você é descolado, como no fundo você é bacana. Acho que esse é o grande capital em jogo, nas redes sociais. E acho que talvez a gente esteja entendendo pouco a dimensão disso. Bom, são entradas que eu estou tentando capturar e trouxe aqui para partilhar. Onde vai dar, eu não sei, mas a minha dúvida é se a gente não está usando as questões e os métodos, e isso me inclui, de outra geração para tentar entender uma geração nova, eu estou com dúvida quanto a isso. Eu não sei o que a gente faz com isso. Mas eu estou partilhando aqui as minhas angústias. Obrigada.

Apresentação oral[1]
MAPEAR OS JOVENS

Sílvia Borges[2] e Veranise Dubeux[3]

Boa tarde a todos. Só para avisar que nós duas temos vinte minutos, então vamos fazer uma divisão, alternando as falas. Eu, como professora da ESPM Rio, gostaria de agradecer o convite do CAEPM para estar aqui hoje em São Paulo, participando deste evento. O que eu e a Veranise vamos apresentar, na verdade, são alguns projetos que a ESPM vem desenvolvendo ao longo dos últimos três anos para tentar entender um pouco mais quem são esses jovens alunos. Falando um pouco da angústia, que a Ana Enne mencionou, de estar na sala de aula, é exatamente isso que a gente percebe e que foi nosso ponto de partida. Eu acho

---

1   O texto aqui apresentado não é uma transcrição *ipsis verbis*, mas um registro elaborado a partir das transcrições do áudio captado durante o evento. Buscou-se, contudo, manter a maior fidelidade possível à fala, assim como preservar sua característica de linguagem oral.

2   Doutora pelo Programa de Pós-Graduação em Ciências Sociais da UERJ. Professora titular e coordenadora do Núcleo de Pesquisa da ESPM Rio. Lidera o grupo de pesquisa Consumo e Sociabilidades, registrado no CNPq. Coordenou as pesquisas Viver de moda: a moda como profissão para jovens no Rio de Janeiro e Pegada Hídrica, esta última sobre o consumo de água entre crianças e adolescentes cariocas, desenvolvida pelo Centro de Altos Estudos da ESPM (CAEPM). É coautora dos livros: *Juventudes e gerações no Brasil contemporâneo* (Sulina, 2012); *Consumo: cosmologias e sociabilidades* (Mauad, 2009); *A ambientalização dos conflitos sociais* (Relume-Dumará, 2004); *A cidade estratégica* (DP&A, 2001).

3   Doutora em Engenharia pela COPPE/UFRJ e especialista em modelagem matemática e análise quantitativa aplicada, professora titular da ESPM Rio e professora do curso de Administração da PUC-Rio. No Centro de Altos Estudos da ESPM (CAEPM), coordenou as pesquisas Projeto Jovem e Faça História com a sua História, sobre o comportamento dos jovens universitários. É coautora de capítulos do livro *Juventudes e gerações no Brasil contemporâneo* (Sulina, 2012).

que tem uma coisa que, para o professor, pode ser angustiante: a gente envelhece. Eu comecei a dar aula com vinte e poucos anos, e eu já passei dos quarenta, mas meus alunos continuam tendo 18, 20 anos – o que é uma injustiça com a gente. Um grande medo do professor é ir se distanciando demais daquele universo dos jovens. Então, tem essa vontade de quem é professor universitário, de quem está na sala de aula, de nunca se afastar demais dos nossos jovens alunos. A ESPM, como instituição, procura entender melhor o jovem, quais são as suas expectativas com relação à família e ao trabalho, quais são as suas angústias, como são os seus estilos de vida. Por conta disto, como eu falei, ao longo dos últimos três anos, a gente vem mais fortemente desenvolvendo de maneira organizada pesquisas sobre os jovens. E o que a gente vai mostrar hoje são três projetos: o Projeto Jovem, o documentário Faça História e o ciclo de debates Juventudes Brasileiras.

Vou passar para Veranise que vai falar do Projeto Jovem, do documentário Faça História e depois eu volto para falar do Juventudes Brasileiras.

Veranise Dubeux

Boa tarde! Antes de tudo, queria agradecer a todos pelo convite. Eu faço parte da ESPM, trabalho mais com a parte quantitativa, minha formação é toda quantitativa. Sou a estatística do projeto. De tudo que foi falado aqui, o que mais me chamou atenção e me deixou mais relaxada, foi quando nosso colega (palestrante) relatou a margem de erro de 2% de sua pesquisa! Bom, como é que eu me inseri nesse projeto? O Projeto Jovem começou em 2007, e a convite da professora Lívia Barbosa e da Letícia Veloso, começamos a fazer um projeto de pesquisa quantitativa no qual pretendíamos entender o universo dos nossos alunos a partir de uma série de questões. Não só perfil econômico, social, estilo de vida, o que eles consumiam, mas também o que eles queriam embasados na sociedade que estavam inseridos. Como pensamos nesse projeto, denominado Projeto Jovem? Era um projeto ambicioso, por se tratar de um estudo longitudinal. Nós fizemos duas pesquisas. Na entrada em 2008 no primeiro e no segundo semestres e no primeiro semestre de 2009, na qual conseguimos 1700 respondentes, e isso dá mais ou menos 60%

dos nossos alunos, foi muito bom! Fizemos um excelente trabalho descritivo para Escola, mostrando o que o aluno que entrava na ESPM espera, qual era o perfil deste aluno. Os resultados da entrada foram muito interessantes e, na época, uma coisa que chamou muito atenção é que, o ídolo desse aluno, é a família. Achávamos que nosso jovem poderia ser um pouco diferente de outros jovens, de outras gerações. O material também está disponível no site da ESPM, para quem estiver interessado. Bom, aí passado algum tempo, 4 anos, entrevistamos novamente os alunos, em 2011, que são esses alunos que já estavam saindo da ESPM. Nesta fase da vida deles, entra uma série de questões de carreira, trabalho e fizemos um levantamento com trezentos e poucos respondentes. Os resultados deste questionário, que denominamos "questionário de saída", já estão sendo analisados. Não dá para falar sobre todos os resultados, é muita coisa. Focamos, por exemplo, nas expectativas desses jovens e, principalmente, na relação das expectativas dos alunos que estavam entrando na ESPM com aqueles que estavam saindo. É muito interessante, vemos aquele que quer ficar rico e isso, com o passar do tempo, cai. Você esta se formando, no mercado de trabalho a realidade é outra. "Eu não vou ficar rico assim que eu me formar". Há questões que desmistificam aquela ideia de que, ao sair da faculdade, o jovem estará empregado, com a melhor profissão, realizado... Outra coisa interessante, esta geração está sempre em busca de alguma coisa nova que os realize profissionalmente. E paralelo a esse projeto, eu acabei me engajando em outro, que é o Projeto Faça História – que não tem nada a ver com quantitativo, um documentário, que acompanha há quatro anos, 11 jovens. Cinco deles da unidade da ESPM Rio, quatro da unidade da ESPM de Porto Alegre e duas alunas aqui da unidade de São Paulo. Na verdade, como funciona? Terminou a primeira etapa, porque a maioria dos participantes já está se formando. Fazíamos pelo menos duas entrevistas por ano com um roteiro trabalhado junto a antropólogos, sociólogos e pesquisadores da ESPM. Além destas entrevistas, os participantes se filmavam. Todo este material era trabalhado semestralmente. Como havia dito, estamos finalizando a primeira parte do documento, com isso, vamos entregar para esses alunos 90 minutos compactos dos últimos 4 anos na ESPM. O CAEPM agora inicia a segunda etapa do projeto, que é entrevistar esse alunos nos próximos 4 anos. Uma entrevista ao ano, fora as auto filmagens, que é quando esses jovens já estão no mercado. É muito interessante. Tem sido um aprendizado para mim, até porque eu sou de uma área quantitativa, então é importante porque muita coisa que eu vejo dos números, se retrata nas falas das entrevistas. Tenho uma visão totalmente positivista, que os números não provam, eu consigo ver isso claramente com o documentário, então isso me ajuda muito a entender algumas dispersões dos resultados ou mesmo correlações não esperadas. Foi muito rico trabalhar com antropólogos e sociólogos. Está sendo muito rico. E dessa troca surgem trabalhos paralelos, como esse que fiz com a professora Sílvia Borges. Eu tenho desenvolvido alguns artigos com a Sílvia Borges. O projeto sobre sustentabilidade e algumas informações sobre jovens geraram artigos interessantes. Trabalhei também com a professora Lívia e a professora Letícia em cima dos dados quantitativos, os artigos gerados tratam do uso e do consumo de música. Temos muita informação sobre consumo digital. Vale ressaltar que o banco de dados e o documentário, estão embasados no fato que, para ESPM, entender o que ela está agregando a este jovem é fundamental. Acho isso muito importante, muito rico, um investimento muito grande da Escola. Creio que pouquíssimas instituições façam o mesmo. Vou passar a palavra para professora Sílvia, ela vai relatar como obtivemos informações de jovem pertencentes a outros universos.

Sílvia Borges

Bom, é o seguinte, feitos esses dois trabalhos, que falavam de um universo mais interno – e a gente tem, obviamente, que reconhecer que os alunos na ESPM têm um perfil muito específico. A gente está falando de jovens de classe média alta, de moradores de grandes cidades, então é óbvio que a gente sabe que não é só esse o jovem brasileiro. Então, em função disso, a gente fez esse terceiro projeto que eu queria falar para vocês. Qual era a ideia? Era a gente trazer jovens de fora da ESPM, para participar desse projeto. Então foi um ciclo com seis temas. Ele foi realizado aqui em São Paulo e lá no Rio de Janeiro, entre os meses de maio e novembro do ano passado. Então, nós tínhamos seis temas. Pela ordem: música, relações afetivas, moda, consumo e cidadania, esportes, e conhecimento e carreira. Eu queria falar um pouco da escolha desses temas. A gente queria temas sobre os quais já houvesse uma produção acadêmica brasileira sobre a relação do jovem com essas questões: moda, música, cidadania, consumo, relações afetivas. Então, a gente fez um levantamento para ver onde estavam essas pessoas, onde estavam esses especialistas para falar desses temas. A estrutura do evento era a seguinte: além de trazer esses especialistas, tinha um vídeo no qual a gente levantava algumas questões que queríamos que fossem as questões mais polêmicas a serem debatidas e tinhamos jovens no palco. Então, esses jovens foram selecionados, eram jovens de fora da ESPM, de 16 a 24 anos, que tinham alguma relação com esses temas que seriam debatidos. Havia uma diversidade de jovens, de classes sociais diferentes, de orientações sexuais diferentes, vindos de famílias diferentes, com visões de mundo diferentes. E o que a gente queria é que essas questões – esportes, cidadania etc. – fossem discutidas de uma maneira que saísse um pouco do que a gente escuta na mídia. Por exemplo, o esporte como o salvador dos jovens de periferia, como o futebol sendo a única possibilidade de ascensão social para uma classe mais alta. Não era isso que a gente queria discutir. A gente queria discutir outras questões, como por exemplo, qual a importância do esporte na vida de um jovem? O esporte como uma relação de sociabilidade, como uma maneira de manter um certo padrão estético. Quais são os esportes importantes para os jovens? O Brasil continua sendo só o país do futebol ou tem outros esportes nos quais a juventude está mais interessada? Até mesmo a questão de política, que já foi discutida aqui. A gente queria fugir daquela ideia de que o jovem atual é um jovem alienado. Então a gente partiu da ideia de que há novas formas de participação política, realmente, essa geração não é como a geração de 68, como a geração de 70, mas existem outras formas de participação, quer dizer, na verdade a gente questionava se existem novas formas de participação política, ou coisas como o cuidado com questões do meio ambiente, a participação em uma ONG, fazer trabalho voluntário etc. Será que os jovens veem isso como participação política, como uma atuação política? Então a gente queria trazer à luz outros tipos de questionamento. E agora queria fazer algumas análises sobre aquilo que tivemos nos eventos do Juventudes Brasileiras. Eu acho que esses eventos foram importantes porque nos deram oportunidades de analisar algumas questões que são relevantes. E eu queria destacar, rapidamente, algumas delas. A primeira, que também já foi dita aqui, especialmente pela professora Sílvia Borelli, de que não há antropólogo que não coloque juventude no plural. É o reconhecimento de que é uma categoria heterogênea, de que você tem múltiplas maneiras de ser jovem no Brasil. Então o título do nosso evento já dava um pouco dessa dimensão, já estava falando de juventudes brasileiras, no plural. E isso ficou muito bem representado para a gente nos nossos jovens debatedores e nos jovens da plateia também. A gente teve jovem de tudo que foi estilo, de tudo que foi jeito e isso foi bastante interessante. Gostaria, rapidamente, de ler o trechinho de uma citação do Gilberto Velho, que é um antropólogo bastante conhecido que faleceu há poucos meses, ele fala justamente sobre isso: "Colocar a juventude no plural expressa a posição de que é necessário qualificá-la, percebendo como uma categoria complexa e heterogênea na busca de evitar simplificações e esquematismos". Então era muito difícil falar "o jovem brasileiro é assim, de um tal jeito, porque, ao contrário, há múltiplas formas de ser jovem nesse país e no mundo inteiro. Então essa é uma primeira análise que a gente faz e parte dessa ideia de que o evento reforçou essa multiplicidade de ser jovem. A outra análise é a de que a gente tinha uma audiência maciçamente externa. Então, eram de 80 a 90% da plateia de pessoas de fora da ESPM (não alunos, não professores, não funcionários). Foi um evento com público externo à Escola. A gente fez também um levantamento para saber qual dos eventos tinha dado mais público e vimos que, disparadamente, foi o evento sobre Moda. E depois, eu fui fazer uma pesquisa sobre esse interesse do jovem pela moda e o que percebi muito foi o interesse profissional por moda. Óbvio que a gente via muitos jovens "estilosos" na plateia, mas a gente percebia que era um interesse da moda como profissão. O segundo evento, em termos de quantidade de público, foi Relações Afetivas, acho que, corroborando essa questão da angústia do jovem apresentada na fala anterior da Ana Enne. Eles queriam falar, queriam se expressar sobre as questões de família e de relacionamento. Uma última questão que eu queria colocar, é que a gente fez uma avaliação, também, da participação desses jovens que a gente convidou como debatedores, e fizemos uma autocrítica porque a gente achou que essa participação dos jovens, que esperávamos que fossem tão questionadores, tão debatedores, ficou aquém do que a gente esperava. Eles tinham a tendência a concordar com o que os especialistas falavam sobre eles. A nossa ideia era falar sobre os jovens, mas falar também com os jovens, então esse jovens eram entrevistados antes dos eventos. Eu entrevistei todos eles antes de selar o convite para participar. Aqui em São Paulo, a professora Lívia Barbosa entrevistou os participantes locais. Nas entrevistas eles eram incríveis, soltíssimos, falavam sobre tudo; às vezes a gente ficava até de cabelo arrepiado pensando "será que ele vai falar isso no palco, será que a gente deixa, será que a gente faz alguma censura", mas, enfim, estava tudo liberado, podiam falar o que eles quisessem. Nas entrevistas eles eram incríveis, questionavam tudo e no palco deu aquela travada. Depois, a gente até entrevistou alguns dos participantes alguns meses após a participação no evento e eles mesmos reconheciam: "Eu achei que fui mal. Eu achei que ia falar mais, não sei o que aconteceu, eu travei". Aí vem essa nossa autocrítica, porque, talvez, a gente os tenha colocado em uma posição de certa intimidação. Porque vinham aqueles especialistas, como o antropólogo Roberto DaMatta, aquelas pessoas de peso falar sobre eles e eles só falavam depois. Então, eles ficavam realmente mais acanhados, mas, claro, isso também variava de jovem para jovem, de tema para tema, pois eles realmente suscitaram mais questões para o debate, mas enfim, foi uma experiência muito interessante de falar com os jovens, como eu disse, de perfis tão diferentes do que são nossos alunos na ESPM. Bom, era isso que a gente queria apresentar a respeito dos projetos sobre – e com – os jovens que estamos desenvolvendo na ESPM.

QUESTÕES DO PÚBLICO

Rose de Melo Rocha[1]
(mediadora do painel no evento)

Vou avançar aqui rapidamente para comentar o que na verdade atravessa as falas e eu não poderia deixar de manifestar uma posição a esse respeito, porque além de estudar juventude, eu tenho me dedicado às teorias da comunicação e do consumo. A primeira coisa é a necessária distinção entre consumo e consumismo, porque muitas vezes vocês estão falando de críticas não ao consumo propriamente, mas a práticas consumistas, ao consumismo que é hoje uma patologia que atravessa regiões do nosso país e do mundo e que incide muito fortemente sobre a juventude. E me parece que vem se fazendo uma crítica ao consumo, por nós da área da comunicação, da antropologia, das ciências sociais de modo geral, que está colocada fora de lugar. Por quê? Porque, por anos, a crítica ao consumo recaiu, fortemente, sobre uma crítica ao consumo de massa. Isso é um equívoco. Hoje em dia, é impensável. A gente conversava sobre esse tema na reunião com os líderes de pesquisa do PPGCOM da ESPM. A crítica ao consumo de tênis, ao produto de luxo é um equívoco. Não é essa crítica que nós devemos fazer. E, na minha impressão, que não é impressionista, é uma impressão de experiência de fato, a grande crítica que deve ser feita é ao consumismo, é à adicção e à esses processos

---

1   Coordenadora do Programa de Pós-Graduação em Comunicação e Práticas de Consumo da ESPM dedica-se à investigação das relações entre consumo e cena midiática na perspectiva das culturas juvenis brasileiras e das políticas de visibilidade contemporâneas. Por isso integrou, até 2013, o Grupo de Trabalho Juventud y nuevas prácticas políticas en América Latina do Conselho Latino-americano de Ciências Sociais (CLACSO). Recebeu o Prêmio de melhor tese de 1998 pela Intercom.

de medicamentalização da nossa vida. E em especial, a como esses processos estão incidindo sobre a juventude. Eu estou terminando de escrever sobre isso para um evento que vai acontecer agora em novembro para UFRJ. É um evento sobre felicidade, e eu proponho uma associação entre duas drogas, que eu acho que são as drogas que fazem do consumismo uma questão de saúde. São as duas drogas que atravessam a juventude e a gente encontrou isso nas pesquisas. Elas se chamam Prozac e Crack. As duas estão no título desse artigo, inclusive. São de fato essas, por aí que eu entendo que deva ser feito uma crítica realmente séria sobre o consumismo junto à juventude. Era esse o meu comentário. Eu queria entender um pouco o que vocês pensam sobre isso. Antes do comentário dos nossos convidados eu queria então convidar o público a fazer suas questões. A gente faz uma rodada de questões e, na sequência, a gente faz o comentário de cada um de vocês.

Isabel Orofino

Boa tarde a todos. Eu sou a professora Isabel Orofino do PPGCOM da ESPM São Paulo e gostaria de colocar duas questões. Uma para Ana e outra para o colega da Box, Gabriel. Para Ana, me pareceu muito curioso o modo como você realiza a sua pesquisa com esses jovens, que estão em diferentes cenários, ora é o espaço da universidade, ora é o espaço da ONG e eu fiquei curiosa de saber como você trabalha isso metodologicamente. Se a gente poderia pensar em uma espécie de pesquisa ação, ou em uma pesquisa participante. E eu também gostaria que você falasse sobre essa sua prática de extensão, que parece bastante interessante para gente que está na universidade. E para o Gabriel, se você poderia explicar um pouquinho melhor como foi construída essa amostra de vocês. Qual foi exatamente esse cenário que vocês cobriram e como é que vocês desenharam isso e deram um tratamento metodológico?

Questão do público

Boa tarde, eu sou aluna da ESPM São Paulo e na verdade, eu estou bem surpresa, pois esperava ver mais alunos aqui, mas enfim eu queria fazer uma pergunta que não é diretamente para uma pessoa, sintam-se a vontade para responder. É sobre os movimentos estudantis que a gente vê na América Latina, como, por exemplo, a Primavera Chilena, os movimentos estudantis no Chile, assim como no Brasil, onde também existe um movimento estudantil. A minha pergunta é mais diretamente relacionada à mídia que, a meu ver, mascara esses movimentos e coloca de uma forma deturpada os objetivos dos movimentos estudantis, dos pensamentos dos jovens em relação a isso. Então, apesar de todos quererem ser jovens por direito, ainda existe uma representação na mídia do jovem como um rebelde sem causa. Então a pergunta é: não seria necessário que a mídia tivesse um novo olhar para os jovens de hoje, uma nova compreensão; ou então, como o jovem poderia reconstruir a sua própria imagem na mídia em geral, ou como ele poderia se inserir de uma forma mais objetiva, mais clara, em relação à política mesmo?

Questão do público

Na verdade são duas perguntas. Para Ana, na verdade era só perguntar se você pode falar o nome do seu artigo para gente, porque eu achei super interessante para ler depois. E para Sílvia Borelli, acho que você comentou que vocês começaram esse estudo de pesquisa em 2002 e na verdade ficou uma dúvida para gente se vocês geraram durante esse período alguns resultados, se isso está divulgado e onde? Porque eu acho que a juventude mudou muito, de 2002 até agora. Então gostaria de saber se isso é um estudo contínuo e que vocês divulgam os resultados, ou se é um estudo que ainda está em aberto e vai ter um resultado. É isso. Obrigada.

Mônica Rebecca Ferrari Nunes

Boa tarde a todos, eu sou a Mônica, também professora do PPGCOM da ESPM São Paulo, e a minha questão, não é exatamente uma questão, mas é o pensar junto, a partir do que a Ana Enne trouxe, quando fala dessa relação que me parece absolutamente pertinente entre ansiedade e afeto. E como você trouxe exemplos pessoais tão legais, eu vou relatar brevemente uma situação que eu vivi ontem com a minha filha de 13 anos. Eu cheguei em casa e ela falou assim: "Mamãe, eu estou muito aflita e preciso conversar com vocês sobre um problema". "Qual o problema, filha?" "É sobre a revista *Capricho*, eu preciso saber qual é o tamanho do meu peito". Porque a revista *Capricho* dava opções de sutiã para tipos específicos de peitos e tinha lá pequeno, médio e grande. Eu falei: "Seu peito é pequeno e ela achou um sutiã". Então existe uma regulação dessas mídias e a Revista *Capricho* é um exemplo clássico. E o que me parece interessante é que depois de toda a minha fala: "Mas todos os peitos são normais, você tem 13 anos, o seu peito isso, o seu peito aquilo", ela lê para mim o que a revista diz: "Todos os peitos são normais, mas se você é muito encanada com isso, existem cirurgias corretivas…" A própria revista oferece uma ambiguidade que é geradora de ansiedade, sem dúvida. Gostaria de saber se você acha que isso tem a ver e se você acredita que essa representação midiática interfere diretamente nesse fluxo de ansiedade e necessidade de afeto? É isso.

Gabriel Milanez

Bom, a primeira pergunta é em relação à metodologia do Sonho Brasileiro. Bom, na Box, a gente trabalha com pesquisa qualitativa. Temos um núcleo de pesquisa quantitativa também mas, nesse caso, como era um estudo nacional, muito abrangente, a parte quantitativa foi terceirizada pelo Datafolha. Bom, na fase qualitativa, inicialmente a gente teve que dar um recorte ao estudo. Como foi muito bem pontuado aqui, as juventudes são plurais e precisamos definir qual o recorte de jovem que a gente trabalharia nesse estudo. Então, primeiro houve um recorte etário, de 18 a 24 anos, e também a nossa pergunta, que era olhar para esse novo Brasil. A primeira pergunta que a gente colocou foi "quem é o jovem que está transformando de alguma forma a sua realidade coletiva?". Inicialmente os nossos pesquisadores foram a campo, a gente tem uma técnica que a gente chama de "invasão de cenários", em que, ao invés da gente recrutar os nossos entrevistados com pranchetas nas ruas, com questionários fechados, utiliza entrevistas qualitativas. Então, nós nos inserimos nos cenários onde potencialmente esses jovens possam estar. Não importa qual seja o assunto. Para cada assunto, escolhemos alguns cenários, esses pesquisadores vão, fazem uma entrevista qualitativa com as pessoas. Entendem um pouco e seguem muito pela rede de relações também. "Você conhece alguém que é assim ou assado?" "Ah, tem meu primo". Já liga para o primo e o primo leva para outro lugar. Então a gente vai indo muito pela rede das pessoas e encontramos alguns jovens mais representativos. Nesse primeiro momento, a gente foi construindo as características desses jovens, que seriam os jovens transformadores. Fizemos observações de campo e tentávamos alimentar o modelo que depois desembocou no que a gente chamou de *jovem ponte*. Em um segundo momento, fizemos os grupos de discussão e as entrevistas quantitativas com esses jovens. Infelizmente não dá para fazer no Brasil inteiro, nós escolhemos então, Rio, São Paulo, Porto Alegre e Recife. Em cada um desses lugares nós fizemos quatro grupos de discussão onde a gente chamava um desses jovens com seu grupo de amigos e fizemos também entrevistas individuais em profundidade. A gente ficava o dia inteiro e foi conhecer as atividades desses jovens em lugares muito variados. A partir de tudo isso, nós construímos a análise qualitativa e algumas das principais conclusões. Depois nós fomos verificar em uma amostra representativa de toda a população brasileira. Então, somente com esse recorte dos *jovens ponte*, fomos olhar o que a população, o que o jovem brasileiro de 18 a 24 anos, de todo os padrões sociais pensa. Aí sim utilizamos o questionário fechado. Foram quase 1800 entrevistas em 23 estados, 173 cidades com uma representação de todas as classes sociais e com algumas possibilidades de leituras por sexo, por região, por classe social. E o estudo semiótico que eu mencionei, foi um estudo paralelo e complementar que a gente desenvolve com o Professor Osmar Gonçalves da Federal do Ceará, que também era da PUC de Minas. Ele faz uma coleta histórica, de materiais culturais ao longo do tempo e a partir da análise desses materiais culturais que a gente começou a coletar lá nos anos 60. Então entra tudo: revista, capa de disco, filme, enfim, uma série de produções culturais. Ele coleta uma base absurda de materiais e a partir daí começa a fazer algumas observações, tira alguns valores que estão impregnados, estão cristalizados, digamos assim, naquela produção cultural. Em linhas gerais foram essas as metodologias que a gente utilizou.

Sílvia Borelli

A gente faz uma articulação daquilo que a gente chama de dados macro, estatísticos, quantitativos, sobre juventude. Por exemplo, o censo vai mais devagar, mas outros estudos caminham mais rapidamente. É óbvio que o grande motor do processo de transformação, do ponto de vista da informação do dado macro, está, sem dúvida, relacionado ao jovem e à cultura digital. Nós já estamos em processo de término, no ano que vem, da quarta etapa. Então, 2002/2004 foi a primeira etapa, que foi o convite que recebemos da Colômbia para trabalhar concepções de vida e morte. Na verdade, nós pegamos concepção de vida e morte como mote, mas trabalhamos uma parte com a concepção de juventude, outra com juventude e consumo, outra com juventude e experimentação de violência. Então essa foi a primeira etapa. Os resultados estão publicados em várias revistas e temos um livro que se chama *Jovens na Cena Metropolitana*, que foi publicado, com atualizações, em 2009 pela Editora Paulinas e essa etapa da pesquisa foi financiada pela FAPESP. Depois nós tivemos 2005/2006, toda a primeira parte foi uma parte de muita coleta de material e de imagens. Fizemos uma reflexão sobre como pensar a imagem no contexto. Uma iconografia juvenil. E também as sonoridades, com a ideia de paisagem sonora e uma série de coisas. Supondo obviamente que o imagético e o sonoro eram dois eixos fundamentais nesse contexto cultural de relação da cultura com as cidades. A terceira etapa começou a partir do momento que entramos na CLACSO, em 2007/2010, quando claramente o desafio era pensar novas práticas de políticas juvenis na América Latina e nós entramos com a proposta de relação cultura e política. Somos financiados e vinculados à CLACSO e nosso grupo foi aprovado por mais um triênio, 2011/2013. Nós temos um site www.pucsp.br/jovensurbanos e temos também um blog com vários textos disponíveis. Você pode achar essas publicações na internet e também nos nossos Currículos Lattes, que têm os links todos. Bom, mas eu queria também colocar rapidamente uma observação sobre os movimentos estudantis na América Latina, que são uma parte da nossa preocupação. Uma coisa é pensar esse modelo de movimento estudantil que formou essa concepção de juventude que é o a década de 1960, que é a do jovem transformador, responsável por ser o motor da história etc. Esse é um modelo que claramente transforma a juventude, juventude no singular, em sinônimo de jovem universitário. E, com certeza, qualquer outra concepção de juventude nos anos 1960 estava subsumida a essa ideia de jovem como sinônimo de estudante universitário, classe média etc. O que vai acontecer é que nós vamos ter uma diversificação das concepções de juventude que, porém, não rompe totalmente com essa concepção anterior, porque até hoje, no imaginário do que significa prática política juvenil, existe certa nostalgia em relação a esse modelo do estudante universitário: "Lá sim que se fazia política, lá sim que se fazia" enfim, jovem tinha participação. O que de certa forma a gente considera equivocado, porque a participação juvenil e diversidade de concepções de identidade de juventude, vai exatamente acontecer no momento de fragmentação. Que é fragmentação do conhecimento, que é fragmentação do mercado, que é fragmentação da vida cotidiana, isso que nós estamos chamando de micro políticas, micro territórios etc. Do ponto de vista histórico, pensar os movimentos estudantis atualmente significa descentrar e redimensionar a perspectiva teórica e metodológica em relação a um modelo de movimento estudantil da década de 60. Com certeza, os estudantes retomam e eu acho que a tradição do Chile é forte e nós temos companheiros chilenos que estudam isso no grupo da CLACSO, e o movimento estudantil no Chile surge e ressurge com os estudantes secundaristas. Os "pinguinos", os pinguins, os meninos vestidinhos de uniforme. O nosso colega Oscar Aguilera fez um trabalho muito bom nesse sentido. O que acontece é que a mídia e a opinião pública se dividem ao olhar para esses novos movimentos, porque no fundo, no fundo, ressurge a nostalgia daquele modelo dos anos 60. Será que é esse o modelo do estudante que, de novo, vai recuperar a participação estudantil? Mas sem dúvida, esses movimentos estudantis de hoje têm que ser pensados sob uma nova perspectiva. A perspectiva, por exemplo, da mediação das redes sociais. Não há qualquer possibilidade de pensar só grandes reivindicações "macro". É óbvio que eles estão reivindicando educação, mas no bojo da reivindicação, há questões particularmente ligadas à juventude. Então, eu só queria fazer essa observação com relação às, digamos assim, narrativas midiáticas. Eu gosto de falar assim, às "narrativas midiáticas". Há uma série de trabalhos de ONGs tentando discutir o próprio texto jornalístico, televisivo etc. Vou dar o exemplo da ANDI, Associação Nacional de Direitos da Infância, que tenta rediscutir, no âmbito do jornalismo, aquilo que seria uma adequação a uma concepção de criança e de infância. Então, acho interessante que a gente atue no sentido de pensar esse redimensionamento de narrativas midiáticas. Está em nossas mãos.

Ana Enne

Vou começar com a questão sobre o nome do artigo. Eu não me lembro! Você quer um milagre, vou tentar, é algo como "Conceito de Juventude Como Espírito do Tempo". É algo assim. Quanto à outra pergunta, eu gostaria de trabalhar de uma outra maneira. Eu trabalho hoje com os jovens de periferia e práticas de comunicação. Não tem nada da questão do afeto, trabalho com práticas de comunicação. E o jovem de periferia faz trabalho social para valer. São os jovens ponte. Tem um artigo meu sobre isso e desse eu lembro o título, porque é um pedaço de um rap: "A Favela tá Atuando e Dispensando os Dublês". Esse eu lembro porque é uma frase de um rap, é uma frase de uma música "clássica". E eles estão entendendo que atuando com mídia independente, ao invés de odiar a mídia, você vira mídia. Então esses movimentos que eu acompanho na baixada fluminense são movimentos de jovens. Não que eles não sejam ansiosos e não estejam preocupados com afeto, eles estão. Só que eles resolveram tomar a luta para eles. Resolveram ocupar o espaço urbano, tomar as mídias sociais, mas em um sentido muito político. Um sentido político contemporâneo, diferente, mas não totalmente diferente, não é tudo novo. Tem uns resíduos de tradição, como a Sílvia Borelli chamou a atenção, mas eles estão brigando por outra situação. Então, o que eu

Brasil: múltiplas identidades

vejo, eu acho sim que a gente pode sonhar que a mídia... Amanhã, por exemplo, é o lançamento da Revista *Vida de Proletário*, uma revista de esquerda ligada a um movimento universitário que quer fazer outra mídia. Eu vejo que eles estão lutando para tomar a mídia, porque não adianta esperar que a mídia gorda, tradicional, ideológica, mude. Não vai mudar. O papel da grande mídia não é esse, então você tem que disputar o espaço da representação.

E voltando à pergunta da Isabel [Isabel Orofino] e o que a Rose [Rose de Melo Rocha] falou, eu acho que a questão passa pela adicção, que a questão está ligada a um sintoma. Eu particularmente acho o consumo uma dimensão muito positiva da vida cotidiana. Acolhe as identidades, ajuda a gente a se achar no mundo, mas o consumismo é um problema sintomático. Assim como essa ideia de juventude ansiosa que aflora, adoentada e sedenta de afeto é um sintoma e de certa maneira se todo mundo quer ser jovem por direito, as pessoas levam o pacote completo. Elas também estão ficando ansiosas. Eu, para ilustrar, sou uma pessoa que tem três regras em relação à internet. Parece brincadeira, mas não é. Eu sei onde estão as minhas adicções. Uma eu não consigo vencer, que é a adicção da comida. Essa eu ainda não resolvi, mas as outras eu vou tentar resolver. Eu não compro livro pela internet, porque eu sou viciada em livro, se eu abrir essa porta não fecho mais. Eu não jogo na internet, porque eu já fico mais ou menos quatro horas por dia na rede, se eu for jogar, não vai ter como. E eu não compro iPhone, porque eu não vou conversar com mais ninguém. Eu já abro o celular a cada dez minutos e só não abro mais porque meu celular é ruim. Então, eu criei umas regras para poder lidar com uma coisa que eu sei que me vicia. Eu sei que não é brincadeira. Se eu deixar, eu me torno uma consumista e não uma consumidora. Eu sei que eu vou estourar o meu cartão de crédito em livros na internet. Não compro. É uma interdição meio boba, mas funciona comigo. Percebam, são paliativos, porque, na verdade, isso tem muito mais a ver com as aflições, com a ansiedade. E terminando, volto à extensão e à questão do campo. Campo é um lugar que eu adoro. Ele tem o papel de desestabilizar, dá cada trombada na gente que as vezes a gente até custa a se levantar. Por exemplo, quando eu fui dar umas aulas em uma comunidade bem carente lá do Rio, eu fiz um PowerPoint, que é uma coisa que eu não sei fazer direito. Ou ele fica meio bobo, ou fica esquisito, mas eu estou tentando. Fiz o PowerPoint e me preparei para chegar lá e falar uma linguagem acessível. Bolei várias estratégias e levei uma assistente. Então estou lá, no primeiro momento, me apresentei e falei: "Essa aqui é a Andressa, a minha assistente". E uma menina falou: "Professora, pobre não tem assistente não, tem bucha!". Acabou comigo! Eu não tinha mais nada para fazer. No primeiro momento, é o lugar do ridículo que você fica. Aí eu relaxei e falei: "Então, bucha, segura aí!", Os meninos botaram uma foto no Facebook e escreveram: "Olha a bucha!". Então o campo ele te desmonta um pouco. Quando eu cheguei para fazer a pesquisa das práticas de comunicação, todo mundo me pedia contrapartida. Você vai me dar o quê? Você vai fazer o quê? Daí novamente eu pensei: "Vou fazer uma coisa legal", daí eu chegava lá, bolava umas coisas maneiras. Eu dou aula de Sociologia, então, bolava uma abordagem de consciência crítica, Marx, pensando em revolucionar. Mas quando eu chegava lá eles falavam: "Dá um curso de Jornalismo para fazer *lead*?". Fui percebendo que havia um problema. E fiz um acordo, eu dou um curso muitas vezes do que eles querem, que é muito instrumental, mas também eu bolei uma oficina de crítica midiática. Eu pego o programa do Luciano Huck e faço crítica midiática, ensino para os meus meninos que Luciano Huck faz sucesso porque ele explora duas matrizes residuais, o grotesco e o melodrama. Eu quero que eles entendam isso, para não acharem que são idiotas porque estão vendo aquilo e chorando. Para eles entenderem porque aquilo fala com eles. Porque vai falar. Se a escola tem escrúpulos de usar os resíduos, a cultura de massa não tem. Então vai falar, os resíduos falam. E finalmente respondendo a pergunta que para mim, é a mais angustiante de todas, eu preciso achar uma metodologia para trabalhar com os jovens. E percebi, por exemplo, que eles se soltavam mais na pesquisa quando eu ligava a filmadora. Eles falavam para filmadora e não achavam que era eu. E a filmagem ficava toda tremida, porque era só uma maneira de eu sair da cena. E isso me deixou impressionada, porque você se solta para falar com uma máquina e se prende para falar com uma pessoa. Uma pessoa mais velha. Uma amiga pesquisadora perguntou para mim se não havia uma maneira de deixá-los mais à vontade, porque somos mais velhos do que eles, se não teria uma maneira de parecer mais jovem. Eu respondi: tem, manda a bolsista. Porque não tem outra. Eu mando a bolsista, porque eles não vão olhar para mim e me achar mais jovem, não tem como. Por mais que eu faça graça. Quer desconstruir, manda alguém da mesma idade. Vai ter perda nas perguntas? Vai, mas vai ter ganho na espontaneidade. É um pouco de jogo que você faz. Continuo pensando nas metodologias, como eu vou fazer. Na hora que a gente achar um pouco esse caminho, talvez amplifique um pouco o escopo dessas pesquisas.

Questão do público

Boa tarde. Eu sou aluno do quarto ano de publicidade e eu sou monografista. Minha pergunta é um pouco geral, para ver quem pode me ajudar com o meu tema. Eu vejo que os jovens, não todo mundo, mas a maioria dos jovens está mergulhada em uma crise de paradigmas e aí acaba voltando para si mesma, acaba se reconhecendo em Tim Burton e Lady Gaga. Diante disso, minha pergunta é: como a cultura/mídia reflete essa ansiedade, esses medos e essas angústias?

Rose de Melo Rocha

Gostaria de comentar essa questão. Na mídia, existem dimensões ideológicas. É importante se fazer a crítica da mídia e acho que a crítica vai bem por essa linha de pensar os formatos e não propriamente os conteúdos. Mas a mídia também somos nós. A mídia coloca em circulação representações sociais que já existem. Às vezes, eu brinco com os alunos quando eu dou aula de teoria da mídia na graduação e pergunto se alguém saiu da sala agora e encontrou a mídia no corredor. Ela é uma pessoa? A mídia não é essa entidade propriamente. São representações sociais colocadas em circulação. Agora, é justo e legítimo que a gente se pergunte sobre quais representações sociais, quais os imaginários sobre juventude que estão sendo colocados em circulação e que estão recebendo eventualmente essa chancela da mídia massiva. Eu posso dizer que são radicalmente diferentes das representações imaginárias que aparecem, por exemplo, na mídia digital e nas redes sociais capitaneadas pelos próprios jovens. Eu tenho estudado isso e acabei de mandar, ontem, um projeto para um edital do governo. Estou ansiosa para ver se vou ter algum tipo de financiamento governamental. Eu estou estudando as marchas juvenis e o projeto se chama: "Você marcha para quê?" Eu estudo a memória visual que esses jovens "marcheiros" produzem e o meu corte foi 2011. A gente está percebendo, por outro lado, que às vezes há coincidências. Eu usei como exemplo, nessa escrita do meu projeto, o debate que houve a propósito da mobilização dos "pinguinos", que circulou em uma rede que chama ASPM América Latina – Associação Para Estudo da Música Popular na América Latina. Porque os "pinguinos", como parte da estratégia de mobilização, usaram uma coreografia que vinha do *mainstream*, como, por exemplo, Michael Jackson, e jovens e alguns estudiosos ficaram chocados. Como assim, entretenimento e política? Quer dizer, a gente tem que romper as antigas ideias de "fazer política". É política? É óbvio que é. Eu falei há pouco tempo, no nosso simpósio da CLACSO, sobre uma marcha que aconteceu aqui em São Paulo, mais virtualmente que na prática. Na prática foram duas pessoas, mas no Facebook, quatro mil pessoas participaram, que foi a Marcha dos Bons Drinks e o Pablo, que é um colega nosso argentino disse: "Ah vocês brasileiros...". Eu fiquei brava com o Pablo e disse que marcha dos Bons Drinks foi feita a partir da Luisa Marilac, uma transexual brasileira que vive na Itália, acho que vários de você devem conhecer os bons drinks da Luiza Marilac via cultura digital. Eu disse: Essa marcha e essa figura, a Luisa Marilac, coloca em circulação uma representação muito interessante do transexual e um debate de questões sérias. Mas é também muito engraçado, a performance da Marilac é curiosíssima. Ela funcionou como um viral, você tem a Luciana Gimenez de Marilac, tem um comercial da Xuxa dublado como a Marilac, quer dizer, no limite entre o riso e a política. Achei que a gente tinha entendido isso mas, às vezes, volta a ideia de política sisuda. E também, no debate sobre a mídia, temos que lembrar que se trata de um discurso. É um discurso que está em circulação e que a gente acha que é verdadeiro.

Questões do público

Boa tarde. Eu sou estudante de publicidade e eu gostaria levantar uma questão sociocultural. Como uma pessoa de classe média alta, que tem condição de fazer parte de toda essa tecnologia, de ter um *smartphone*, de frequentar uma faculdade e ter tudo isso, pode dar boas influências para as pessoas que não tem tantas condições, que não tem tantos exemplos na família? Como que ela pode incentivar essas pessoas a se importar mais com o ser e não com o ter? Porque eu vejo muitas vezes, nas periferias, que as pessoas têm celulares de marca, mas elas não se importam com fazer uma faculdade, com estudar, com essas coisas. Qual a opinião de vocês a respeito disso, qual seria uma boa solução?

Sílvia Borelli

O consumo também é meu campo de estudo, mais do que juventude até. E o que a gente pensa, pelo menos do ponto de vista antropológico, é que o consumo tem racionalidade. Ele tem uma racionalidade econômica, mas ele também tem uma racionalidade que é cultural, que é simbólica. Eu posso dar vários exemplos de pesquisa que eu fiz, de pessoas muito simples, de renda muito baixa, no Rio de Janeiro. Conheci uma mulher que passava fome, que desmaiava – a ponto da dona da empresa achar que ela estava grávida – economizando dinheiro para poder comprar uma fantasia de carnaval. Porque era tradição da família. O bisavô era fundador da escola de samba e ela preferia desmaiar de vez em quando, mas ter dinheiro para comprar a fantasia. E tem outros exemplos, da classe mais alta, de um empresário que estava falido, mas não vendia o seu helicóptero. Então, como se explica isso do ponto de vista de uma racionalidade econômica? Os economistas falam de comportamento do consumo irracional. Nós, antropólogos e sociólogos, falamos de uma racionalidade diferente. Se a gente chega nessas residências de classe mais baixa, é possível que eles tenham uma televisão melhor do que algumas pessoas de classe média têm. Não existe nenhuma cartilha de consumo. Não existe consumo certo e consumo errado. Não existe uma maneira correta e uma maneira errada de consumir. A gente tende a achar que nossos comportamentos de consumo, nossos padrões, as nossas ideias de consumo são as mais corretas, mas a gente tem um olhar meio etnocêntrico de outras práticas. A gente que faz parte da classe média vai pagar uma escola para os nossos filhos e vai ter um plano de saúde, mas para outras pessoas, outras coisas são mais importantes. De repente, ter um objeto de consumo para se inserir em um grupo social. É difícil falar em práticas mais corretas e práticas menos corretas de consumo. Além disso, não se pode falar de uma única classe média. A nova classe média e a "classe C", elas têm comportamentos diferentes. Eles estão entrando nas universidades particulares, que são as universidades que eles têm acesso e que têm mensalidades mais baratas. Eles estão sim, tentando acesso à educação. É difícil a gente generalizar.

Rose de Melo Rocha

É muito complicado ter uma visão moralista sobre o consumo. Eu acho que as pessoas têm autonomia e liberdade para consumirem o que bem entenderem e se elas puderem. Porque o rico é o único que tem direito a consumir? De fato, não acredito nessa postura. E o consumo da tecnologia, o acesso ao uso de objetos de consumo, como por exemplo, o celular, tem sido fundamental para a ampliação da consciência de mobilização estudantil, juvenil até, para ir além do estudantil, no Brasil de Norte a Sul. A gente vê isso efetivamente. O consumo da música tem sido objeto de acesso a discursos da diferença. O consumo de telenovela tem sido também um lugar de circulação não só da reprodução, mas também da produção de novos sentidos sociais. E, de fato, quando a gente pensa em nova educação para o consumo, que é importante, a gente não está pensando em moralizar. Eu, como mulher de classe média, professora universitária, não tenho autorização para legislar sobre a vida do outro. Mas, eu posso, acho que podemos juntos, problematizar esses usos que se fazem dos objetos de consumo. Que não são só materiais. São também objetos culturais, simbólicos, ideias etc. Não existe algo tão linear. Se o consumo promove a exclusão e promove, em alguns casos, a inclusão pelo consumo, ele é legítimo. Quem somos? Por que nos julgamos iluminados para legislar sobre o que as pessoas consomem? Podemos problematizar, obviamente. Mas, não com uma visão moralista sobre o consumo, que de fato não nos ajuda. A nenhum de nós.

Bom, eu preciso encerrar, agradecer a presença de todas e de todos hoje aqui nessa tarde. Cumprimentar o CAEPM pela promoção desse magnífico evento, que nos ajuda a pensar o Brasil. Essa é uma boa contribuição. Pensar o nosso país, a complexidade do nosso país, cultural, política e econômica. Agradeço muito aos membros aqui dessa mesa tão produtiva e agradeço as questões que vocês fizeram também. Muito obrigada.

Brasil na Novela

Quase tão antiga quanto a própria televisão brasileira, a telenovela em nosso país se constituiu, ao longo de seus 61 anos de existência, como o principal, mais popular e longevo gênero de ficção televisiva a penetrar nos lares e, por que não dizer, no coração dos brasileiros. Diferentemente de suas congêneres latino-americanas, as telenovelas brasileiras combinaram em seu tecido melodramático os diversos fios de um diálogo vivo com a sociedade e com as discussões nela presentes, tornando-se, ao longo do tempo, um lócus privilegiado para a discussão de temas candentes da sociedade brasileira, refletindo e refratando valores, discursos, identidades. Enfim, entre os fios da trama, observa-se a produção de sentidos de identidade de uma comunidade imaginada.

Artigo
NOTAS SOBRE A TELENOVELA BRASILEIRA

Maria Immacolata Vassallo de Lopes[1]

Uma introdução sobre o CETVN e o OBITEL

Desde sua criação, em 1992 (com outro nome), o CETVN – Centro de Estudos de Telenovela da ECA-USP – desenvolve estudos sobre a história, a recepção e o consumo de telenovelas e demais formatos ficcionais no Brasil. Ao longo de sua existência, consolidou-se como um centro de referência nacional e internacional nos estudos da produção brasileira televisiva. O CETVN é composto por professores, pesquisadores e alunos do Programa de Pós-Graduação em Ciências da Comunicação da USP e institucionalmente vincula-se ao Departamento de Comunicações e Artes da ECA-USP. É certificado pela Comissão de Pesquisa da ECA e possui registro no Diretório de Grupos de Pesquisa do CNPq.

O CETVN apoia e desenvolve pesquisas na área da ficção televisiva. Promove seminários, cursos e outras atividades de natureza científica objetivando divulgar estudos nessa área. Realiza projetos próprios e em parceria com outros centros de pesquisa nacionais e internacionais sobre telenovela e outros formatos de ficção televisiva. Possui acervo documental com material audiovisual, matérias de

---

1 Professora Titular da Escola de Comunicações e Artes da USP, coordenadora do Centro de Estudos de Telenovela da USP e também diretora da Revista MATRIZes. Atua nas áreas de epistemologia e metodologia da comunicação, recepção e ficção televisiva, sendo fundadora e coordenadora do OBITEL (Observatório Ibero-americano de Ficção Televisiva) e da rede de pesquisa OBITEL-Brasil. É pesquisadora 1A do CNPq.

jornais e revistas especializadas, roteiros, sinopses, publicações particulares; base de dados de teses e dissertações sobre ficção televisiva defendidas em programas de pós-graduação em Comunicação no Brasil; e biblioteca especializada em teleficção com obras de autores nacionais e internacionais. Uma especificidade sua é ter promovido parcerias com empresas de comunicação, como o Programa Globo Universidade da Rede Globo e o grupo IBOPE Mídia, desenvolvendo um frutífero diálogo entre a academia e os profissionais da comunicação.

Desde 2005, o Centro coordena o projeto do Observatório Ibero-americano de Ficção Televisiva (OBITEL), uma rede internacional de pesquisa que realiza a análise anual da produção, audiência e repercussão sociocultural da ficção televisiva na América Latina e Península Ibérica. Esses estudos se baseiam em metodologia unificada, análises específicas e comparativas da ficção televisiva em doze países ibero-americanos e realiza o monitoramento permanente da programação de ficção dos canais nacionais de televisão aberta de cada um desses países. Os resultados dessas análises são publicados no *Anuário Obitel* em três línguas: português, espanhol e inglês.

Por meio do CETVN e do OBITEL, foi possível dar início a uma rede nacional que envolve investigadores de diversas universidades brasileiras, o OBITEL BRASIL. Esta rede existe desde 2008 e reúne atualmente oito equipes de pesquisadores de diversas universidades brasileiras, de diferentes estados, que se dedicam ao estudo da ficção televisiva e contam com apoio financeiro das agências federais e estaduais de fomento à pesquisa. Fato por si só revelador da importância que os estudos de ficção televisiva alcançaram no campo da Comunicação.

Artefatos de trabalho 1: os conceitos de telenovela "brasileira" e de telenovela como "narrativa da nação"

Neste *Iº Ciclo ESPM de Comunicação e Marketing – Novo Brasil: Múltiplas Identidades* para falar sobre *o Brasil na Novela e a Novela no Brasil* , gostaria de discutir alguns pontos em que venho trabalhando nos últimos anos e, para isso, quero começar salientando a importância de conceituar, ou seja, de definir o que entendo por "telenovela brasileira". Assim, vou partir do princípio de que, no Brasil, a telenovela se constituiu como *narrativa da nação*. A noção de *narrativa da nação* não foi pensada especificamente para a telenovela, mas pode, certamente, ser aplicada a ela. Para Anderson (1983), quando os estados modernos surgiram, nasceu, com o desenvolvimento da imprensa, o imaginário sobre um leitor de jornal que, no ato de sua leitura, comunga com todos os outros leitores um mesmo ritual por meio do qual compartilham os fatos ocorridos no dia anterior, reportados pelo jornal. Nesse momento, tal leitor passa a se sentir partícipe, compartilhando aqueles fatos com todos os outros leitores. O discurso jornalístico, assim distribuído, cria um conjunto de leitores, unidos, em uma verdadeira *nação*, que nada mais é do que uma representação compartilhada de fatos, de dados, ou, segundo esse autor, de uma *comunidade imaginada*. Essa é uma concepção fundamental para nossa abordagem da telenovela, pois, dessa forma, a nação deixa de ser apenas uma figura política isolada, deixa de ser o Estado instituído e se transforma em uma representação compartilhada, ou seja, passa a ser uma questão cultural. Surge, portanto, a ideia de pertencimento, de enraizamento; a ideia do encontro coletivo em que os múltiplos aspectos individuais não impedem que, juntos, em tal *comunidade imaginada*, possam se tornar participantes de uma mesma coletividade.

A nosso ver, a telenovela hoje, mais que o jornal, ou que o telejornal, sintetiza esse imaginário compartilhado sobre a nação. E realiza isso por ser um produto distinto, assim como um produto da alta cultura, como a tragédia, como o romance. Mas é importante salientar que tratamos aqui de um produto ficcional da televisão e não do cinema, nem do teatro e nem da literatura. A narrativa ficcional televisiva brasileira se apresenta como um *recurso comunicativo e cultural* estratégico na (re)criação e consolidação de identidades culturais compartilhadas, configurando-se como *narrativa da nação*. Narrativa que possuiu a maior audiência, preferência e repercussão dentro do contexto televisivo do país. Dessa premissa deriva nossa hipótese sobre o caráter étnico da teleficção brasileira (LOPES, 2010), ou seja, a sua constituição como *gênero nacional*. O monitoramento feito nos últimos anos pelo OBITEL reafirma, também, no espaço ibero-americano, a importância da ficção televisiva como um denso território de redefinições culturais.

A ficção televisiva é um gênero da televisão, sendo a telenovela um de seus formatos. Outros formatos ficcionais são a minissérie, a série, o "caso especial", a "soap opera", a microssérie. A ficção televisiva, e a telenovela especificamente, têm a capacidade de captar, expressar e atualizar permanentemente as representações do Brasil como nação, ou seja, uma comunidade nacional imaginada. Por exemplo, se saíssemos em busca do personagem Tufão, de *Avenida Brasil* na vida real, não o encontraríamos, ou seja, não existe um Tufão, mas o da telenovela nos remete àquilo que pode ser chamado de "brasileiridade", um modo de ser brasileiro. Quando mostramos nosso país para os outros, queremos realmente buscar aquilo que mais nos tipifica como "país profundo". Acabamos de ver um exemplo disso na abertura das Olimpíadas de Londres, neste ano de 2012, e que achei excepcional. Ora, o que os ingleses escolheram de mais profundo para mostrar em um evento global, ao vivo, através da televisão? As bandas de rock. Estamos falando da maior potência industrial do século XIX, mas foi sobre a música e os grandes ídolos, vivos e mortos, que se pautou seu discurso televisivo. Era o que de mais representativo eles tinham para apresentar como valor identitário.

A novela *Avenida Brasil* foi um marco. Nós que estudamos telenovela, identificamos diversas obras também como marcos, *Beto Rockfeller* (Tupi), uma produção de 1968, foi o primeiro. É a partir do roteiro, do modo de interpretação, das externas, em uma época em que a transmissão era, ainda, em preto e branco, que começa o que poderíamos chamar, propriamente, de telenovela brasileira. A partir desse marco, começa a história, pois até então havia uma espécie de pré-história da telenovela como a entendemos atualmente. Voltarei a falar sobre *Beto Rockfeller* (Tupi, 1968) mais adiante.

A telenovela brasileira teve, até os anos 70, uma clara contribuição da TV Tupi e, em seguida, a TV Globo passou a investir no formato até alcançar uma hegemonia que permanece até hoje – tanto que, quando falamos, definimos a telenovela brasileira, pensamos imediatamente na novela da Globo. Estamos falando de uma narrativa nacional, portanto de um fenômeno de gosto nacional, de audiência nacional que exige que nós, estudiosos da Comunicação, estudemos cada vez mais. Há 50 anos, a telenovela vem narrando o país imaginado, em capítulos diários. Um encontro marcado todos os dias, um ritual, que começou em 1963, na extinta TV Excelsior e que permanece, marcando o nosso jantar, nossa rotina e nossas conversas com os mais variados temas como: o capítulo de ontem, a última semana da telenovela ou, ainda, um vestido da personagem. O extraordinário desse caminho é a circulação de interpretações, desde o bate papo que a gente tinha e tem, até a movimentação intensa que vem ocorrendo nas redes sociais, a "nova sala" para onde se deslocou o burburinho diário sobre a novela.

A circulação dessa narrativa da nação levanta a discussão de um outro conceito, o de *repertório compartilhado*. A ficção passa a ser um lugar privilegiado onde se narra a nação, "nação representada, nação imaginada" (ANDERSON, 1983), "nação disseminada" (BHABHA, 1997, 2001). Falamos, portanto, da constituição de um *repertório simbólico compartilhado*. E, se até pouco tempo atrás a audiência comentava a telenovela com um familiar na mesma sala, ao mesmo tempo em que falava ao telefone, hoje esse comentário tem mais vias e audiências. Além das pessoas continuarem falando face a face, ainda "tuitam" sobre a novela e fazem comentários e charges no *Facebook*, tudo ao mesmo tempo. São novos modos de compartilhar da recepção e, certamente, produtores e escritores estão atentos a esse movimento. O repertório é compartilhado a partir dos autores e suas temáticas. Uma novela de Benedito Ruy Barbosa tem suas características específicas, uma outra telenovela, escrita por Duca Rachid e Thelma Guedes, tem outras. O autor vai se fazendo, vai criando seu repertório, compartilhando seus temas. Já a audiência começa a dominar a gramática desse produto, a reconhecer se está bem feita, mal feita, se tal coisa passa ou não passa por seu crivo, e critica até mesmo os aspectos técnicos. Quando a telenovela conquista a audiência e mobiliza um conjunto de fatores, como a *Avenida Brasil* fez, é possível enxergar com clareza o poder e o alcance desse produto. Não são todas as novelas que atingem esse patamar mas, nas que chegam lá, temos alguns indicadores empíricos que atestam, tais como: ser tema de capa de revistas de prestígio de grande circulação, assunto de discussão em editoriais de jornais e pauta de conversas nos mais variados meios e ambientes. Isso não acontece independentemente do momento histórico e político que o país esteja passando. Esse é um tema fascinante e nós chegamos a essa compreensão da telenovela, justamente, pelos estudos de recepção. Neste momento, é possível observar uma nova comunidade de produtores e de receptores que passam a entrar em uma relação extremamente particular dentro deste aqui e agora.

Particular, porque a telenovela brasileira é muito específica. Como já mencionei, no OBITEL, realizamos uma análise comparativa entre a produção ficcional de 12 países ibero-americano. E na comparação é que surge a particularidade, a especificidade, além daquilo que é comum. Podemos notar, então, que tipo de relação cada público mantém com a telenovela produzida em seu país. Um dos dados importantes mostra que no horário nobre, todos esses países exibem uma ficção. No caso, por exemplo, da Espanha é uma série, nunca é uma telenovela. Entre nós, no Brasil, é uma telenovela. Em todos os outros países da América Latina é uma telenovela, ou seja, ela é a ficção que fala de nós. O Uruguai não produz telenovela, mas lá, no horário nobre, quase sempre é exibida uma telenovela brasileira. Podemos dizer que queremos, cotidianamente, uma ficção que fale de nós e, mais do que isso, queremos ver nosso próprio rosto às nove horas da noite. Por essa razão, esse espaço da novela se torna um espaço que debate o público e o privado da nação, há uma relação umbilical entre a família e a sociedade. Nesse sentido, o assunto fica mais sério ainda.

Esse espaço de debate social não ocorre apenas no Brasil, apresenta-se como uma característica internacional e, portanto, nos leva a pensar na questão da própria televisão como espaço de debate, por meio de uma narrativa de ficção. Isso gera, ainda, um circuito de discussão muito mais amplo, em que observamos novos espaços públicos propondo ideias, discutindo ideias, no espaço público formado pelas redes sociais onde hoje a ficção é objeto de comentários e de debates.

Artefatos de trabalho 2: os conceitos de telenovela como "recurso comunicativo"

Voltando a *Beto Rockfeller* (Tupi, 1968), essa telenovela representou um marco por ter iniciado um processo de ruptura que fez com que a narrativa ficcional ficasse cada vez mais próxima da realidade do país. Não que espelhasse a realidade, refiro-me à questão de uma nova representação, uma nova forma de captação da imagem, com uma proximidade de falar de aspectos que todos identificam, ou seja, a questão da história que se apresenta cada vez mais com caráter de verossimilhança, tanto no que, mas também no como, é tratado. Rompe-se com a narrativa fantasiosa. Lembro, aqui, a reiteração que fizemos da hipótese de Guillermo Orozco de que "na telenovela, o uso da técnica (de verossimilhança) tem o objetivo muito evidente de construir as emoções que o gênero narrativo exige. Construindo ritmos através do uso das câmeras, do texto verbal ou, ainda, do próprio ritmo da edição" (LOPES *et al.*, 2002: 363). Ora, os telespectadores percebem claramente a diferença entre a falsidade e os momentos verossímeis. Assim, a partir da mudança de modelo proposta por essa telenovela, a partir da verossimilhança passou a ser possível falar de qualquer grupo social, como enfermeiros, jornalistas, advogados. Alguns autores de telenovela lançam mão até de acompanhamento especializado para orientarem-se sobre algum grupo social que vai ser representado na narrativa, como suas práticas, modos de ser e de ver. O público pode criticar, por exemplo, quando o personagem jornalista, Zé Bob, da novela *A Favorita* (Globo, 2008), criticaram e disseram que aquela redação onde ele trabalhara está toda errada, e que tinha que tinha que ser mais real, esquecendo que aquilo é uma redação de ficção! "Não! Tem que ser real" é o que se exige. Por essa razão, vemos a telenovela brasileira constituir um *recurso comunicativo* por sua capacidade particular de junção da matriz melodramática com o tratamento naturalista, fundamento da verossimilhança de suas narrativas e do efeito de credibilidade que alcançou. E mais, que essa "particular estratégia de hibridação de ficção e realidade" é percebida com intensidade crescente ao longo de sua história (LOPES, 2009: 32).

Em termos de estilística, estamos tratando de uma ficção que caminhou já para uma narrativa realista e, mais, tem se tornado uma narrativa naturalista (XAVIER, 2005). Fatores como os próprios atores, a familiaridade, o modo de interpretar, as técnicas profissionais utilizadas, interferem na questão da ficção e da realidade, realmente alcançando um nível que, de fato, podemos chamar de verossimilhança "à brasileira". E é essa naturalização, justamente, que permite o debate de questões relacionadas às temáticas sociais como as drogas, a violência, as minorias, a mulher. Vemos que a telenovela é capaz de apresentar e debater a violência doméstica, por exemplo, a orientação sexual, o vício de drogas. Mas será que a telenovela faz com que todo país aceite os homossexuais, que acabe com a violência com a mulher e resolva a questão dos viciados? Claro que não, e nem seria viável cobrar esse tipo de providência a uma ficção. Mas, se ela for capaz de levantar essas e outras questões, apresentá-las para o debate (apesar dos insistentes dizeres que aparecem ao final de cada capítulo de que não existe nenhuma relação com a realidade), minha segunda tese é que ela se apresenta como um *recurso comunicativo*, como uma alavanca que, uma vez acionada, coloca à disposição da sociedade temas, questões, assuntos para políticas públicas, para políticas de inclusão. E essa alavanca é acionada cotidianamente, alimentando a agenda de debates. Não devemos ser mal-entendidos, pois não afirmamos aqui que a telenovela vai fazer políticas públicas, mas como *recurso comunicativo*, ela já está lá. É possível ver na novela essa série de questões como a homossexualidade, o feminino, a violência, o racismo e, a partir desses pontos, é possível espalhar o subtexto da tolerância, do respeito à diversidade. Por exemplo, ela é muito clara quando trata de novos arranjos familiares, dos vários tipos de homossexualidade, e está adensando o tema das identidades locais (periferia, morro, subúrbio).

As temáticas sociais e o consequente *merchandising social* são importantes recursos comunicativos que consistem na veiculação em tramas e nos enredos das ficções de mensagens socioeducativas explícitas, de conteúdo ficcional ou real. Entendendo-se por "mensagens socioeducativas" tanto as elaboradas de forma intencional, sistematizadas e com propósitos definidos, como aquelas assim percebidas pela audiência que, a partir das situações dramatúrgicas, extrai ensinamentos e reflexões capazes de mudar positivamente seus conhecimentos, valores, atitudes e práticas. A mera ocorrência de um fato na trama (gravidez, consumo de álcool, agressão doméstica, discriminação racial, acidente etc.) não caracteriza o *merchandising* social. Para que ocorra é necessário que haja, por exemplo, referência a medidas preventivas, protetoras, reparadoras ou punitivas; alerta para causas e consequências associadas ou quanto a hábitos e comportamentos inadequados; valorização da diversidade de opiniões e pontos de vista etc. (LOPES, 2009: 38).

> O discurso do *merchandising* social confirma a telenovela como discurso "híbrido", como "forma cultural" que dialoga com seu tempo histórico, respondendo a exigências que provêm do tecido social. No caso, uma forma de inclusão social, de educação informal através do melodrama, da telenovela, de um bem cultural de acesso popular (LOPES, 2009: 39).

Nossa telenovela é responsável pelo caráter, senão único, pelo menos peculiar, de "narrativa nacional" que se tornou um "recurso comunicativo" comunicando representações culturais que atuam, ou ao menos tendem a atuar, para a inclusão social, a responsabilidade ambiental, o respeito à diferença, a construção da cidadania (LOPES, 2009: 22). Essa característica começou a ser construída a partir da novela *Beto Rockfeller* (Tupi, 1968) e esse marco trouxe a trama para o universo contemporâneo das grandes cidades brasileiras. O uso de gravações externas introduziu a linguagem coloquial, o humor inteligente, uma certa ambiguidade dos personagens e, principalmente, um repertório de referências compartilhado pelos brasileiros. Sintonizou as ansiedades liberalizantes do público jovem, tanto masculino como feminino, recém-chegado à metrópole, em busca de instrução e integração nos polos de modernização. As convenções que passaram a ser adotadas daí em diante baseiam-se no fato de que cada novela deveria trazer uma "novidade", um assunto que a diferenciasse de suas antecessoras e fosse capaz de "provocar" o interesse, o comentário, o debate de telespectadores e de outras mídias, incluídas as mídias sociais, o consumo de produtos a ela relacionados, como livros, discos, roupas etc. Essa ênfase na representação de uma contemporaneidade sucessivamente atualizada é visível na moda, nas tecnologias, nas referências a acontecimentos correntes. Mas é visível também e, especificamente, na evolução no modo como o amor, o romance, a sexualidade e a relação homem-mulher passaram a ser representados nas novelas dos anos 1970 em diante. (LOPES, 2009: 25).

Assistimos a uma "novela emblemática": *Avenida Brasil*. De tempos em tempos, surgem essas novelas emblemáticas, que sintetizam um certo momento como, sem dúvida alguma, também foram *Roque Santeiro* (Globo, 1985) e *Vale Tudo* (Globo, 1988), que representaram um momento fundamental de nosso país, de nossa história, captando, cada uma a seu modo, o Brasil profundo. A primeira criticava, em forma de sátira, a combinação de religiosidade, política e mando econômico no microcosmos da cidade de Asa Branca. A segunda falava do país que queremos, com ética, moral através da história de uma mãe e sua filha, mas, no final, o vilão dava uma "banana" para o telespectador. Tudo, nessas duas novelas, refletia momentos de rupturas e de transição.

Agora temos a ascensão da Classe C no país. Observamos que Classe C na telenovela tem sido tratada já há algum tempo, com destaque em diversas obras de Aguinaldo Silva em que são apresentadas histórias e conflitos de personagens do subúrbio. Aliás, o subúrbio está na ficção televisiva há muito tempo, como por exemplo, há décadas, na série *A Grande Família* (Globo, 1972-1975; 2001- 2014). Mas *Avenida Brasil* sintetiza de alguma maneira esse momento específico do Brasil e que inclui a emergência da "nova classe C", 40 milhões de pessoas que entraram no mercado de trabalho e de consumo. Não é à toa que, atualmente, as telenovelas têm voltado a mais de 40 pontos de audiência. Dentro desse quadro, a ficção se destaca como um dos produtos mais reconhecíveis entre as práticas midiáticas dessa classe média, uma vez que, o que está em jogo não é apenas a recepção e o índice de audiência, mas o "drama do reconhecimento" que envolve a tomada de decisões para fazer uma programação televisiva para uma classe média que procura ser retratada pelo menos nas três principais telas: televisão, telefone e computador (LOPES, 2012: 28). Nesse sentido, a decisão por parte das redes em tornar a programação da televisão mais popular não deve ser entendida como simplificação ou produção de conteúdos mais apelativos, mas antes como um processo bastante difícil de incluir novos protagonistas e novas demandas nessa programação (LOPES, 2012: 130).

O sucesso e o impacto de *Avenida Brasil* decorreram de um conjunto de fatores que, no nosso entender, elevou o grau de exigência do público e da crítica a um novo patamar. Patamar que se caracteriza pela adoção de recursos narrativos e estéticos que colocaram *Avenida Brasil* como uma espécie de divisor de águas em termos de telenovela. Abordou temas e problemas já vistos em outras telenovelas, mas o fez incorporando e traduzindo, de maneira excepcional, o *esprit du temps* de um país no qual estão ocorrendo grandes mudanças sociais que criam espaços simbólicos nos quais repercutem os discursos de novos protagonistas.

Tudo isso nos leva a pensar que, ao contrário do que alguns pensam, não há um esgotamento da telenovela, mas antes, uma renovação, pois segundo Buonanno (2004), cada país cria um modelo muito particular de contar suas histórias televisivas.

E o Brasil veio criando o seu modelo de *storytelling* ao longo dos anos em um processo de interação permanente com o seu público e renovando-se para acompanhar o tempo vivido pela nação, espaço matricial de suas histórias.

Concluindo, gostaria de dizer que o trabalho de pesquisa com a telenovela que o CETVN fixou desde os anos 1990 precisa, cada vez mais, de pessoas como as que eu vejo aqui, dispostas a levar essa pesquisa à frente, com um interesse imenso. Pessoas apaixonadas pelo objeto de estudo, apaixonadas pela telenovela, porque acreditam nesse produto e no que ele representa para o nosso país.

Referências

ANDERSON, B. *Imagined communities: Reflexions on the origins and spread of nationalism.* Londres: Verso, 1983.

BHABHA, H. *O local da cultura.* Belo Horizonte: Ed.UFMG, 2001.

BHABHA, H. (Ed.). *Nation and narration.* Londres: Routledge, 1997.

BUONANNO, Milly. La qualità della fiction. Dal prodotto all'ambiente produttivo. In: BUONANNO, Milly (org.) *Realtà multiple. Concetti, generi e audience della fiction tv.* Napoli: Liguori, 2004.

LOPES, Maria Immacolata Vassallo de; OROZCO GÓMES, Guillermo (orgs). *Transnacionalização da Ficção televisiva nos países Ibero-Americanos.* Anuário Obitel 2012. Porto Alegre: Sulina, 2012.

LOPES, Maria Immacolata Vassallo de. A telenovela como narrativa da nação: para uma experiência metodológica em comunidade virtual. In: *Signo y Pensamiento* 57 · Eje Temático volumen XXIX · julio - diciembre 2010. Disponível em: <http://www.scielo.org.com/pdf/signo/v29n57/v29n57a09.pdf>. Acesso em: 29 de abril de 2013.

LOPES, Maria Immacolata Vassallo de. Telenovela como recurso comunicativo. In: *MATRIZes*. Ano 3, n° 1, ago./dez. 2009. Disponível em: <http://200.144.189.42/ojs/ index.php/MATRIZes/article/viewFile/7391/6764>. Acesso em: 29 de abril de 2013.

LOPES, Maria Immacolata Vassallo de; BORGES, Sílvia Helena Simões; RESENDE, Vera da Rocha. *Vivendo com a telenovela: mediações, recepção, teleficcionalidade*. São Paulo: Summus, 2002.

XAVIER, Ismail.*O discurso cinematográfico: a opacidade e a transparência*. São Paulo: Paz e Terra, 2005.

Artigo

O PAPEL DOS AUTORES NA CONSTITUIÇÃO
DA TELEDRAMATURGIA COMO SISTEMA SIMBÓLICO

Maria Cristina Palma Mungioli[1]

Introdução

Em primeiro lugar, gostaria de agradecer aos organizadores do *I Ciclo ESPM de Comunicação e Marketing* o convite para integrar o painel *O Brasil na Novela, a Novela no Brasil* e poder debater com os colegas e com o público presente uma pequeníssima parcela de um tema que tem feito parte das pesquisas sobre telenovelas: a questão da identidade ou das identidades brasileiras. Na verdade, trata-se mais de uma conversa sobre um formato televisivo que, diariamente, ao dialogar com milhões de pessoas, coloca em marcha processos de produção de sentido de identidades instaurados pelas envolventes tramas narrativas.

Tenho como ponto de partida a compreensão do gênero teledramatúrgico como lugar de memória (MOTTER, 2000-2001), como espaço de construção de significados e, por conseguinte, como uma das formas pelas quais se constitui (em) a(s) identidade(s) brasileira(s) que forja(m) os sentidos de uma nacionalidade

---

1   Doutora em Ciências da Comunicação pela Escola de Comunicações e Artes da USP, onde se tornou professora dos cursos de graduação e pós-graduação (stricto sensu), desenvolve pesquisas em comunicação, linguagem televisiva, ficção televisiva, notadamente telenovelas e minisséries. É coordenadora do Grupo de Pesquisa Ficção Seriada da Intercom e do Grupo de Interesse Ficção Televisiva e Narrativa Transmídia da ALAIC. É pesquisadora do Centro de Estudos de Telenovela (CETVN) da ECA-USP e do Observatório Ibero-americano de Ficção Televisiva (OBITEL).

(LOPES, 2004). Nacionalidade impregnada pelas imagens de um Brasil visto, sentido e compreendido não apenas pelas imagens de TV em sentido estrito, mas também, e principalmente, por todo o universo discursivo que a envolve. É nesse universo que busco elementos para discutir alguns aspectos da telenovela brasileira e sua relação com a produção de sentidos identitários. Para isso, procuro pensar a telenovela a partir da constituição de um grupo de autores conscientes da função social de seu trabalho de criação artística preferencialmente no formato televisivo telenovela.

No livro *Formação da Literatura Brasileira*, Antonio Candido se propõe a analisar a literatura brasileira como sistema. E apresenta algumas características dessa abordagem: "a existência de um conjunto de produtores [literários], mais ou menos conscientes do seu papel; um conjunto de receptores, formando os diferentes tipos de público (...); um mecanismo transmissor, (de modo geral, uma linguagem, traduzida em estilos)." Esses três elementos dariam lugar a um "sistema simbólico por meio do qual as veleidades mais profundas do indivíduo se transformam em elementos de contato entre os homens, e de interpretação das diferentes esferas da realidade" (1975, p. 23-24).

Entre os elementos acima relacionados, gostaria de abordar, devido aos limites desta exposição, o primeiro deles, ou seja, a existência de um conjunto de autores "mais ou menos conscientes do seu papel". Proponho essa abordagem, por acreditar que, se temos hoje uma teledramaturgia reconhecida nacional e internacionalmente em suas especificidades de linguagem e estilo, isso se deve a um conjunto de autores, diretores e produtores que, principalmente, a partir da década de 1970 e início dos anos 1980, dedicaram-se à telenovela e à teledramaturgia em geral não apenas como possibilidade de expressão artística, mas, também, como possibilidade de produzir trabalhos que repercutissem de maneira a transformar a realidade brasileira.

Cabe lembrar que essa proposta de abordagem tem relação direta com a perspectiva defendida por Bakhtin (2003, 2010) de compreender a obra estética como um enunciado concreto e, como tal situa-se em um momento sócio-histórico ao qual responde.A discussão em torno da concretude do enunciado e de seu caráter responsivo é basilar na obra de Bakhtin para a discussão do princípio dialógico da linguagem e da estética. Em Estética da criação verbal, p. 300, Bakhtin afirma: "em realidade (...) todo enunciado, além do seu objeto, sempre responde (no sentido amplo da palavra) de uma forma ou de outra aos enunciados do outro que o antecederam (...). Uma visão de mundo, uma corrente, um ponto de vista, uma opinião sempre têm uma expressão verbalizada. Tudo isso é discurso do outro (...) e este não pode deixar de refletir-se no enunciado. O enunciado está voltado não só para seu objeto, mas também para os discursos do outro sobre ele".

Em nosso caso, esse enunciado concreto é a obra teledramatúrgica que, situada em um contexto sócio-histórico, reflete e refrata as relações de poder, as culturas, as formas de cognição e de fruição estética existentes no universo da indústria cultural brasileira.

Longe da pretensão de esgotar o tema, o breve panorama que se segue tem como objetivo principal delinear alguns aspectos que marcaram a constituição e a consolidação da telenovela e da teledramaturgia brasileiras no cenário televisivo.

Construindo um estilo brasileiro de contar histórias[2]

Em geral, considera-se a telenovela *Beto Rockfeller* (1968-1969) como o divisor de águas entre a teledramaturgia com roteiros de autores estrangeiros (argentinos, venezuelanos, mexicanos, cubanos) e a nacional. Um estilo brasileiro que ganha corpo e importância a partir da década de 1970. Entre os autores do

---

2   Sobre o papel da televisão na constituição de um sentimento de nacionalidade, de pertencimento a uma comunidade e de integração nacional (sobretudo na América do Sul e no Brasil) destacamos os estudos de Martín-Barbero (in: *Dos meios às mediações: comunicação cultura e hegemonia*) principalmente na terceira parte do livro. Também devem ser considerados os textos pioneiros acerca das telenovelas brasileiras e suas inter-relações com o sentimento de nacionalidade apresentados no livro de Renato Ortiz, Sílvia H. S. Borges e José M. O. Ramos, *Telenovela: história e produção, 1988*. Além de livros como: *O carnaval das imagens*, de Michele & Armand Mattelart, *Elogio do grande público*, de Dominique Wolton. São Paulo: Ática, 1996 e *Os exercícios do ver*, de Jesus Martin-Barbero e German Rey, *Ficção e Política: o Brasil nas minisséries*, de Narciso Lobo e a tese *Minissérie Grande Sertão: Veredas: gêneros e temas construindo um sentido identitário* de nação de Maria Cristina Palma Mungioli.

primeiro grupo, destaca-se a cubana Glória Magadan[3] como autora exemplar de um modo de narrar marcado não apenas pela exacerbação de elementos melodramáticos, mas também pela criação de histórias e personagens distantes da vida dos brasileiros. Suas histórias não dialogavam com a situação do país e dos brasileiros de então. É a partir do final da década de 1960, com a já referida *Beto Rockfeller* e com trabalhos, principalmente, de Janete Clair na Globo (*Véu de Noiva*, veiculada entre 1969-1970, por exemplo), que temas e ambientes mais próximos dos brasileiros começam a ganhar corpo nas tramas das telenovelas. Até então, com exceção de algumas produções que experimentavam uma aproximação com a realidade brasileira, havia predominância de histórias adaptadas de telenovelas (ou mesmo de radionovelas) cubanas, argentinas e de clássicos da literatura em especial da literatura estrangeira. Sob a condução de executivos de agências de publicidade, eram replicadas no Brasil as produções que haviam obtido sucesso em outros países. Esse cenário começa a mudar em meados dos anos 1960, quando a telenovela se torna "programação obrigatória das emissoras, elemento fundamental na distribuição dos horários e dos custos" e "responsável pela elevação dos índices de audiência" (ORTIZ *et al.*, 1988, p. 63).

Entretanto, as transformações observadas nas telenovelas fazem eco à constituição de um gênero que se torna, a partir de meados da década de 1960, a "nova mania nacional" (ORTIZ *et al.*, 1988, p. 62) e ganha cada vez mais espaço na grade de programação e na vida da população que começa a pautar suas atividades diárias de acordo com o horário das telenovelas (ORTIZ *et al.*, 1988). Assim, a telenovela começa a fazer parte do cotidiano do telespectador. O próximo passo do gênero e, talvez, a razão do seu sucesso ainda maior junto ao público foi colocar o cotidiano na telenovela. Essa passa a ser a marca constitutiva da telenovela brasileira a partir da veiculação de *Beto Rockfeller*, de Bráulio Pedroso, na TV Tupi. Surge a preocupação de situar história e personagem no cotidiano brasileiro, ancorando-os no tempo e no espaço; além disso, o protagonista, Beto Rockfeller,

---

3   Glória Magadan chega ao Brasil em 1964, contratada "como supervisora da seção internacional de novelas da Colgate-Palmolive de São Paulo" (ORTIZ *et al*, 1988, p. 60), sendo pouco depois contratada pela Globo para escrever telenovelas.

encarna o anti-herói, o homem sem caráter. Assim, "tecido de reiterações e recorrências o cotidiano participa na construção da personagem marcando-a por hábitos rotineiros, cuja sucessão demarca sua individualidade, sua existência enquanto ser e lhe garante similitude com o real." (MOTTER, 2003, p. 32).

Surge na narrativa ficcional não apenas a vida narrada na sucessão do tempo como produto resultante das horas registradas no relógio, mas o tempo impregnado de valores (FORSTER, 1998) que perpassam as relações sociais e humanas do cotidiano. Busca-se, então, o "retrato da realidade" e a "fidelidade à realidade" (ORTIZ *et al.*, 1988, 94). Assim, no final da década de 1960, a narrativa ficcional de televisão penetra no cotidiano dos brasileiros, não apenas pela criação de hábitos de assistência diária, mas principalmente pela possibilidade de se verem retratados na telenovela, embora com fortes traços de estereotipia, hábitos, gestos, gostos, falares brasileiros. A ambientação das histórias ganha traços urbanos (LOPES, 2004), refletindo nas tramas ficcionais as transformações do país que vivia sob o impacto do milagre econômico (1969-1973)[4] fundado em relevantes investimentos na indústria com reflexos importantes na migração maciça de um enorme contingente humano do campo para a cidade.

Telenovela e função social

Considerada como a época áurea da telenovela brasileira (ALENCAR, 2004), a década de 1970 é também o período em que se começa a observar a importância da telenovela não apenas como produto comercial, mas também como produto simbólico na construção de uma imagem do Brasil e dos brasileiros. Datam dessa época estudos acadêmicos pautados pelo pensamento

---

4 Segundo Boris Fausto, *História Concisa do Brasil*, p. 268: "O período do chamado 'milagre' estendeu-se de 1969-1973, combinando o extraordinário crescimento econômico com taxas relativamente baixas de inflação. O PIB cresceu na média anual de 11,2% no período, tendo seu pico em 1973, com uma variação de 13%. A inflação média anual não passou de 18%. (...) Um dos setores mais importantes do investimento estrangeiro foi o da indústria automobilística, que liderou o crescimento industrial com taxas anuais acima de 30%. A ampliação do crédito ao consumidor e a revisão das normas de produção, autorizando a fabricação de carros de tamanho médio, atraíram fortes investimentos da GM, da Ford e da Chrysler".

frankfurtiano "no interior de um debate marxista, já significativo nas décadas anteriores, mas apropriado e adaptado, nesta época, com o objetivo de interpretar, criticamente, o modelo de modernização e os processos de industrialização da cultura no Brasil" (BORELLI, 2001, p. 30). No interior desse quadro, segundo Borges (2001, p. 30), observa-se o *preconceito acadêmico* diante do fenômeno das telenovelas" devido ao "fato de que, neste debate, cultura sempre foi considerada sinônimo de culto, erudito".

Esse também é o período em que, vivendo sob o rigor da censura imposta pela ditadura militar aos meios de comunicação e às manifestações artísticas em geral, autores que, até então, haviam se dedicado à televisão de maneira esporádica (na criação de roteiros para teleteatros, por exemplo) passam a se dedicar integralmente à televisão. Para alguns desses autores, trabalhar na televisão é a forma de garantir seu sustento e de fazer valer sua voz e, por que não dizer, suas convicções políticas. Ou seja, são autores que encontram na telenovela uma forma de discutir, através de personagens e histórias, não só amores românticos, mas também problemas (dos) brasileiros. De certa maneira, pode-se dizer que para alguns autores a ficção de televisão, sobretudo a telenovela passa a ter uma função social. Antonio Candido afirma que:

> Considerada em si, a função social independe da vontade ou da consciência dos autores e consumidores de literatura. Decorre da própria natureza da obra, da sua expressão no universo de valores culturais e do seu caráter de expressão, coroada pela comunicação. Mas quase sempre, tanto os artistas quanto o público estabelecem certos desígnios conscientes, que passam a formar uma das camadas de significado da obra. O artista quer atingir determinado fim; o auditor ou leitor deseja que ele lhe mostre determinado aspecto da realidade. Todo este lado voluntário da criação e da recepção da obra concorre para uma função específica (...), e que se poderia chamar de função ideológica, tomado o termo no sentido amplo de um desígnio consciente, que pode ser formulado como ideia, mas que muitas vezes é uma ilusão do autor, desmentida pela estrutura objetiva do que escreveu (1965, p. 55).

Assim, a correlação entre o pretendido e o alcançado, perpassada pela dimensão ideológica, não se realiza pela criação e atuação do autor ou do público envolvido, mas é o resultado de uma série de injunções presentes na sociedade. Embora a função ideológica não possa ser "controlada" nem por autores, produtores ou telespectadores, deve-se salientar que se trata de um "desígnio consciente". É esse desígnio que podemos encontrar nos depoimentos de alguns dos principais autores de telenovelas das décadas de 1970 e 1980. Um desses autores é Jorge Andrade em cujas palavras, a seguir, nota-se a constatação da importância da televisão e de seu imenso poder como meio de comunicação.

> Para mim, a televisão não é apenas o mais importante meio de comunicação dos tempos de hoje, mas o mais extraordinário para a conscientização e educação do povo. Sendo isso, acho que o trabalho como uma novela deve conscientizar e educar e não apenas divertir, ou o que é pior, alienar. Quando digo conscientizar e educar, quero dizer que ela deva escolher temas e conflitos de nossa realidade imediata e conduzi-los ao debate, à polêmica e à contestação. (*Amiga TV*. Rio de Janeiro, 15 mai. 1976, p. 12)

Jorge Andrade compõe juntamente com Dias Gomes, Bráulio Pedroso, Walter George Durst e Lauro César Muniz um seleto grupo de autores que conduziu ao longo da década de 1970 experimentações, principalmente, na Globo, no horário das 22h – mas também em outras emissoras como Tupi e Bandeirantes – que influenciaram e influenciam até hoje a teledramaturgia nacional.

Um traço comum une esses autores, a clara postura de oposição ao regime ditatorial militar. Em alguns casos, como o de Jorge Andrade, esta oposição estava no ato apartidário de contestação de seus textos. Em outros, como Dias Gomes e Walter George Durst, havia a ligação, em maior ou menor grau, com o Partido Comunista Brasileiro. Tais posicionamentos também lhes dava um certo olhar crítico sobre o mundo. Nos referidos autores, encontramos uma determinada consciência com relação ao papel social da televisão, em geral, e da telenovela, em particular.

É nesse sentido que Dias Gomes dimensiona o papel dos autores dentro do sistema produção:

> Quando fui para a Globo, a intenção da emissora não era modernizar o gênero e até me foi dito isso pelo Boni. Recebi uma espécie de recomendação de que a Globo não tinha nenhum interesse em mudar a filosofia de suas novelas. Tudo aconteceu por pressão dos autores e de Daniel Filho (SILVA JÚNIOR, 2001, p. 88).

Já Lauro César afirma que:

> Eles [Boni e Daniel Filho] queriam o melhor de mim, como do Dias Gomes, do Jorge Andrade, do Walter George Durst, do Bráulio Pedroso. Jamais nos imaginariam fazendo um tipo de melodrama de fácil comunicação. Queriam realmente renovar a linguagem da telenovela. Tenho plena convicção disso (FÍGARO, 2000, p. 84).

Cabe destacar, ainda, duas autoras que, ao longo da década de 1970 constituíram, juntamente com os autores anteriormente mencionados, o que para muitos foi a chamada época de ouro da telenovela brasileira (ALENCAR, 2004). São elas Janete Clair e Ivani Ribeiro. Autoras que, em horários menos "experimentais", introduziram, obtendo sucesso de público, temas "difíceis" que ganharam repercussão nacional como, entre outros, a questão agrária, ambiental, indígena.

É, portanto, na década de 1970, que as transformações temáticas e narrativas da telenovela colocam em marcha a produção de sentidos de Brasil e de brasilidade calcada sobre uma matriz melodramática que se redimensiona, conforme destaca Lopes (2009, p. 26):

> Alçada à posição de principal produto de uma indústria televisiva de grandes proporções, a novela passou a ser um dos mais importantes e amplos espaços de problematização do Brasil, indo da intimidade privada aos problemas sociais. Essa capacidade *sui generis* de sintetizar o público e o privado, o político

Brasil: múltiplas identidades

e o doméstico, a notícia e a ficção, o masculino e o feminino, está inscrita na narrativa das novelas que combina convenções formais do documentário e do melodrama televisivo.

É nesse sentido que acredito ser possível utilizar a conceituação de Antonio Candido quanto à constituição da teledramaturgia como sistema. Sistema simbólico por meio do qual é possível interpretar as diferentes esferas da realidade.

Telenovela como sistema simbólico

Nesse contexto, a obra teledramatúrgica dos autores anteriormente mencionados tem especial importância para a constituição de um modo de narrar brasileiro, de um modo de pensar a produção televisiva em sua dimensão social. É claro que esses objetivos devem ser analisados e matizados dentro de um quadro e de um modo de produção característicos da indústria cultural. Indústria que, como enfatiza Morin (2005), está sujeita às injunções típicas das produções dessa esfera econômica que prevê de um lado produtividade por parte de seus trabalhadores e alta lucratividade como resultado final e, de outro, criatividade constante para que esses objetivos se concretizem. Trata-se de um jogo constante entre criatividade e produtividade, entre repetição e inovação. É nessa perspectiva que as palavras dos autores acima mencionados fazem sentido.

Palavras que são ação; um agir no mundo, um agir a partir de uma produção estética que não se furta a pensar a realidade; pensá-la para questionar, para transformar. Parte desse questionamento surge nas telenovelas ao colocar a fábula em contato estreito e direto com os problemas que afligem os indivíduos seja em suas relações familiares, seja em suas relações sociais e de classe. É o trabalhar com esse mundo vivido por pessoas que existem (mesmo que sejam personagens) que a obra estética ganha sua dimensão social e responde à nossa necessidade como seres humanos que somos: necessidade de nos enxergarmos no outro, de nos vermos a partir do olhar do outro. Ou seja, a obra artística permite esse deslocamento, o exercício da alteridade de que fala Bakhtin (1993, 2003).

A preocupação em discutir o Brasil, os brasileiros continua presente ao longo da década de 1980 nesses autores, mas também em outros que começaram a escrever telenovelas tanto nos anos 1970 quanto no início dos anos 1980. Destacamos, entre eles, Gilberto Braga, Aguinaldo Silva, Glória Perez, hoje autores consagrados com estilos próprios e abordagens temáticas características, que também trabalharam em parceria ou sob a supervisão de autores como Dias Gomes, Lauro César Muniz, Janete Clair. Também na década de 1980, Manoel Carlos, um pioneiro da TV brasileira, passa a integrar esse time de autores da Globo, que conta também com Benedito Ruy Barbosa, Walther Negrão e Sílvio de Abreu.

Engana-se, porém, quem acredita que atualmente, sob os efeitos mais fortes da globalização sobre a criação televisiva, a preocupação de mostrar o "Brasil aos brasileiros" tenha terminado. Ao contrário, é interessante notar que mesmo atualmente alguns autores e diretores mantêm-se preocupados com a ideia de demonstrar, de forjar ou mesmo, como alguns dizem, de resgatar os valores identitários da nação brasileira. É o que se depreende, por exemplo, das palavras de Luiz Fernando Carvalho em entrevista concedida, no início de 2005.[5] Ao responder à pergunta sobre que Brasil queria representar na TV, o diretor disse:

> Um Brasil que, apesar dos problemas, das injustiças ainda sonha. Não é um sonho puro e simples, mas um sonho que nos ajuda a despertar. A função da arte é despertar as pessoas. Aí eu não separo por categorias, é função da TV, do cinema, do teatro.

Ou ainda, quando Carvalho fala da adaptação de romances da literatura brasileira nas minisséries do Projeto Quadrante:[6]

---

5 Entrevista publicada no jornal *O Estado de S. Paulo*, de 14.01.2005, Caderno 2, p. D10.

6 O projeto, idealizado por Luiz Fernando Carvalho, tem como objetivo adaptar para a televisão obras literárias representativas de cada uma das grandes regiões brasileiras buscando criar um painel da gente brasileira por meio do qual se poderia pensar a brasilidade. Informação disponível em: http://quadrante.globo.com/. Acesso em: 25/02/2012.

> Quadrante é um projeto que trago há mais de vinte anos comigo. Trata-se de uma tentativa de um modelo de comunicação, mas também de educação, onde a ética e a estética andam juntas. Eu proponho, através da transposição de textos literários, uma pequena reflexão sobre o nosso país.

Também Maria Adelaide Amaral demonstra sua convicção quanto à importância da teledramaturgia para o Brasil se conhecer: "As minisséries históricas são uma grande oportunidade de o Brasil conhecer o Brasil, e você sente que o público espera por elas. Em vários estados do país cruzei com pessoas que me diziam isso". (TV Globo, 2008, p. 163).[7]

Os fragmentos dos discursos de Carvalho e Amaral permitem-nos constatar, mesmo atualmente, matizes da mesma preocupação com a função social da teledramaturgia[8] encontrada em autores que escreveram nas décadas de 1970 e 1980.

Dentro desse quadro, vale lembrar que a telenovela é uma obra estética perpassada por todas as pressões da indústria cultural que, conforme lembra Morin (2005), deve sempre fazer frente às injunções das pressões pela repetição e pela inovação. Repetição e inovação que devem ser pensadas, na televisão, como as duas faces de uma mesma moeda, e um dos pontos mais complicados da intrincada equação do sucesso de um programa ou de uma emissora. Nesse sentido, deve-se enfatizar que a importância e a repercussão da telenovela, no contexto televisivo brasileiro, relaciona-se diretamente à longevidade do formato planejado a médio e longo prazos dentro de um modelo de produção característico da TV Globo e o seu famoso padrão de qualidade.

Além disso, cabe ainda enfatizar que, por compreendermos a telenovela como obra estética, não a vemos como "espelho" ou "reflexo da realidade". Porque a obra estética pressupõe uma intencionalidade e, portanto, possui um

---

7 Mais recentemente (e mesmo neste painel em que discutimos a telenovela brasileira), as autoras de *Cordel Encantado* (TV Globo, 2011), Duca Rachid e Thelma Guedes enfatizaram a importância de se trabalhar com a temática identitária brasileira.

8 Tratamos desse tema na tese de doutorado "Minissérie Grande Sertão: Veredas: gêneros e temas criando um sentido identitátio de nação"; e nos artigos: "A função social da minissérie Grande Sertão: Veredas" e "Ecos da memória e da nação na minissérie Queridos Amigos".

caráter ideológico no sentido bakhtiniano, na medida em que dá ênfase à determinada imagem, palavra ou som permitindo determinadas leituras e interditando outras. Daí a necessidade de analisarmos as telenovelas de maneira contextualizada, como parte de um interdiscurso no qual se observam as narrativas como discurso que se atualiza dando possibilidade de se compreender o que Bhabha (2003, p. 199) propõe ser o conceito de nacionalidade "(...) como uma forma de afiliação social e textual (...)". É esse tipo de filiação textual que a telenovela proporciona em nosso país.

Com o intuito de finalizar reproduzo uma fala de Dias Gomes sobre a importância das telenovelas brasileiras como território de experimentação, de trabalho e de tratamento de problemas brasileiros:

> A telenovela foi a única trincheira que nós conseguimos, a única barricada que conseguimos levantar, contra a invasão dos enlatados americanos. [...] Não houvesse a telenovela, e os horários das 6 às 10 estariam importando para nós uma cultura que não é a nossa, deformando a cultura brasileira. E nós estaríamos também mandando royalties para fora. Estamos criando campo de trabalho, de experimentação brasileira (GOMES, 1975).

Considerações

Acredito que esse breve relato permitiu entrever, na adaptação daquela condição proposta por Antonio Candido para a literatura, a teledramaturgia como um "sistema simbólico por meio do qual as veleidades mais profundas do indivíduo se transformam em elementos de contato entre os homens, e de interpretação das diferentes esferas da realidade." Sistema constituído sobre o trabalho criativo de "um conjunto de produtores (...), mais ou menos conscientes do seu papel" que encontram nos formatos (telenovela, minisséries, séries) "(...) um mecanismo transmissor, (de modo geral, uma linguagem, traduzida em estilos)" (1975, p. 23-24).

Na televisão ou, mais precisamente, na teledramaturgia, a constituição desse sistema simbólico ocorreu em razão da construção de uma identidade nacional por meio da linguagem e da estética teledramatúrgicas – com abordagem de temáticas genuinamente brasileiras. Assim, autores dotados de consciência da função social de seu trabalho e imbuídos de um projeto estético-temático, tais como Dias Gomes, Walter George Durst, Bráulio Pedroso, Lauro César Muniz, Jorge Andrade, Janete Clair, Ivani Ribeiro estabeleceram os pilares que sustentam o gênero teledramatúrgico brasileiro. O fruto desta empreitada é uma teledramaturgia reconhecida e prestigiada por nós e pelos estrangeiros, atenta às problemáticas da sociedade brasileira e se configurando como um espaço para sua análise e discussão em escala nacional.

Referências

ALENCAR, Mauro. *A Hollywood brasileira: panorama da telenovela no Brasil*. Rio de Janeiro: Senac-Rio, 2004.

BAKHTIN, Mikhail M.(2010) Para uma filosofia do ato responsável. São Carlos: Pedro & João Editores.

_____. (2003) Estética da criação verbal. São Paulo: Martins Fontes.

_____. *Questões de literatura e de estética (a teoria do romance)*. 3ª. Ed. São Paulo: Hucitec/Editora da UNESP, 1993.

_____. *Estética da criação verbal*. São Paulo: Martins Fontes, 2003.

BHABHA, Homi K. *O local da cultura*. Belo Horizonte: Ed. UFMG, 2003.

BORELLI, Sílvia H. S. *Telenovelas brasileiras*: balanços e perspectivas. In: *São Paulo em Perspectiva*. v. 15, nº. 3. São Paulo, jul./set., 2001.

CANDIDO, Antonio. *Literatura e Sociedade*. São Paulo: Cia. Editora Nacional, 1965.

CANDIDO, Antonio. *Formação da literatura brasileira: momentos decisivos*. Vol. 1. Belo Horizonte: Editora Itatiaia; São Paulo: Editora da Universidade de São Paulo, 1975.

FAUSTO, Boris. *História Concisa do Brasil*. São Paulo: EDUSP, Imprensa Oficial do Estado, 2001.

FORSTER, Edward M. *Aspectos do romance*. São Paulo: Globo, 1998.

FIGARO, Roseli. Uma linguagem nova para a telenovela. In: *Comunicação & Educação*. São Paulo, ano VI, nº 17, p. 18-90, jan-abr 2000.

GOMES, Dias. A telenovela é a última trincheira (depoimento a João Antônio, Hamilton Almeida Filho e Paulo Patarra). Revista *EX*, 1º set. 1975.

LOPES, Maria Immacolata Vassallo de. Para uma revisão das identidades coletivas em tempo de globalização. In: LOPES, Maria Immacolata Vassallo de. *Telenovela: intercionalização e interculturalidade*. São Paulo: Loyola, 2004.

_____. Telenovela como recurso comunicativo. *Matrizes*. Ano 3 – nº 1 ago./ dez. 2009. Disponivel em: http://www.matrizes.usp.br/index.php/matrizes/ article/view/127/207

MORIN, Edgar. *Cultura de massas no século XX*: o espírito do tempo 1: neurose. Rio de Janeiro e São Paulo: Forense, 2005.

MOTTER, Maria Lourdes. Telenovela: documento histórico e lugar de memória. In: *Revista USP*, São Paulo, n. 48. p. 74-87, dezembro/fevereiro 2000-2001.

_____. *Ficção e realidade: a construção do cotidiano na telenovela*. São Paulo: Alexa cultural, comunicação & cultura - ficção televisiva, 2003.

MUNGIOLI, Maria Cristina P. Ecos da memória da nação na Minissérie Queridos Amigos. *Communicare*. Vol. 10, no. 2 – 2º. Semestre de 2010. p. 54-69

MUNGIOLI, Maria Cristina Palma. *Minissérie Grande Sertão: Veredas: gêneros e temas construindo um sentido identitário de nação*. Tese de doutorado defendida na ECA-USP. Setembro, 2006.

ORTIZ, Renato.; BORGES, Sílvia. H. S.; RAMOS, José Mario. M. *Telenovela: história e produção*. São Paulo: Brasiliense, 1988.

SILVA JR., Gonçalo. *Pais da TV*. São Paulo: Conrad, 2001.

Revista *Amiga TV*. Rio de Janeiro, 15 mai. 1976, p. 12 (entrevista de Jorge Andrade).

TV GLOBO. *Autores: histórias da teledramaturgia*. São Paulo: Editora Globo, 2008.

Apresentação oral[1]
O BRASIL DE CORDEL ENCANTADO

Duca Rachid[2] e Thelma Guedes[3]

Duca Rachid

Aproveitando o que a Cristina Mungioli disse sobre o papel dos autores de novela que construíram um estilo brasileiro de narrativa, a gente nunca buscou nenhuma inovação ao fazer Cordel Encantado. Não houve a intenção de escrever uma novela revolucionária ou "completamente diferente", justamente porque a gente acha que não existe nada tão novo ou tão revolucionário quanto Janete Clair, quanto Dias Gomes, quanto Walter Durst, quanto Túlio de Lemos, Osman Lins, entre outros. Quer dizer, temos essa bagagem, essa herança. Nosso trabalho tem uma paternidade que se deve a todos esses autores e a muitos outros.

---

1 O texto aqui apresentado não é uma transcrição *ipsis verbis*, mas um registro elaborado a partir das transcrições do áudio captado durante o evento. Buscou-se, contudo, manter a maior fidelidade possível à fala, assim como preservar sua característica de linguagem oral.

2 Duca Rachid é o nome artístico de Maria do Carmo Rodrigues Rachid. Apesar de ser paulista, estreou na carreira televisiva em Portugal, escrevendo um programa infantil. Foi colaboradora de Walcyr Carrasco em O Cravo e a Rosa e A Padroeira. Adaptou, em 2006, a novela O Profeta, ao lado de Thelma Guedes, com quem também dividiu a autoria de Cama de Gato, Cordel Encantado e Joia Rara. É formada em jornalismo pela PUC-SP.

3 Carioca e filha de pernambucanos, Thelma Guedes vive em São Paulo há mais de 20 anos. Cursou Letras na USP, é escritora e roteirista de TV. Lançou em 2010 o livro de contos *O Outro Escritor*. Escreveu as novelas Cordel Encantado, Cama de Gato e Joia Rara, com Duca Rachid. Colaborou nas novelas: Vila Madalena, Esperança, Chocolate com Pimenta e Alma Gêmea. Fez, com Duca Rachid, a adaptação da novela O profeta.

Eu sempre morei na periferia, passei a minha infância e uma boa parte da adolescência em São Miguel Paulista, onde não havia teatro, não havia cinema e as minhas únicas possibilidades de olhar para o mundo eram por meio dos livros, da telenovela e da televisão. Então, eu acho que sou uma pessoa muito formada pela televisão e, por sorte, por essa geração de autores que inovou e que trouxe uma brasilidade para ficção televisiva.

Além dessa paternidade, a ideia de Cordel Encantado surge também de uma característica nossa, de gostar de personagens que estão deslocados do seu universo. Assim, surgiu a vontade de fazer a história de uma princesa perdida, que teria sido criada em um lugar completamente diferente de onde nasceu. Então pensamos que daria muita história, essa princesa de conto de fadas ter sido raptada por cangaceiros. Era uma mistura de universos muito interessante. Esse contraponto entre dois mundos, da realeza europeia e do rei do cangaço. Mundos que aparentemente são tão diferentes, mas que são iguais no sentido de que são universos atemporais, com ritos e símbolos próprios. Além disso, esse é um enredo típico do Cordel.

Thelma Guedes

É uma história espelhada. A princesa que não sabe que é filha de um rei europeu. Um jovem que também não sabe que é filho do rei do cangaço. Por isso o espelho, pois nossa monarquia é o cangaço.

Duca Rachid

E essa referência à nossa realeza, à nobreza do sertão, acho que também vem de uma questão muito constitutiva de nós duas. Nós somos grandes leitoras de autores nordestinos. Admiramos muito esses autores. Temos ligações com a região. A Thelma tem pais pernambucanos. Eu viajo praticamente todo ano para o nordeste, tenho uma ligação afetiva muito forte com aquelas pessoas e, talvez, essa ideia tenha surgido e dado tão certo por ser realmente constitutiva do que sou. Uma pessoa formada por autores nordestinos. Eu me lembro de ler Jorge Amado escondido da minha mãe e quando eu vi Gabriela se materializar em imagens na televisão foi como uma revelação, um encantamento. Pensei: é isso que eu quero fazer, quero contar essas histórias.

Então, eu acho que talvez o sucesso dessa novela se deva a uma ideia feliz, que conseguimos converter em uma história verdadeira a partir das referências que nos constituem. Pois, uma novela sempre surge de uma primeira ideia, um *flash*, um personagem ou uma situação dramática. Desta vez, veio de uma princesa de conto de fadas, perdida em um lugar completamente diferente. E fomos agregando coisas. Eu acho que deu certo por ser tão verdadeiro. E acho também que temos muito a creditar para Amora Mautner e Ricardo Waddington que criaram aquele tratamento de sonho e, ao mesmo, tempo realista, para valer. Isso deu uma verdade muito grande à novela. Era um conto de fadas, mas tinha um drama e as pessoas tinham que acreditar naquilo. Imagina a gente fazer uma novela em que um cara anda de coroa na cabeça em cena e o outro de chapéu de cangaceiro. Os dois reis. Se não fosse "de verdade", as pessoas não acreditariam no drama daquele homem. E a gente teve um elenco excepcional. Foi um encontro feliz entre a produção, direção e uma história com elementos que são constitutivos da nossa formação, além de trabalhar com arquétipos brasileiros muito fortes, muito presentes no nosso imaginário. Assim como com os arquétipos dos contos de fada.

Thelma Guedes

E arquétipos da literatura universal também. A gente percebeu que podia usar qualquer coisa, assim como o cordel que mistura várias referências. Aliás, foi uma ideia muito feliz trocar o título, que inicialmente era "Pisa na Fulô". Um diretor da emissora disse "Ah gente, esse nome não quer dizer nada! O que é pisa na fulô?". Foi bom ele não ter gostado, porque quando a Duca chegou ao nome Cordel Encantado, percebemos que, de fato, era melhor e resumia bem a novela. E que nele cabia tudo, como cabe em um cordel, que fala de todos os temas, de todos os personagens. Usa todas as referências antigas, futuras imaginadas e presentes, tudo ao mesmo tempo.

Mas antes de continuar, eu queria agradecer à ESPM e à Globo Universidade, que faz um trabalho muito importante de aproximar a universidade de nós autores e de todos aqueles que fazem a novela. Fazendo essa ponte entre o mercado e a universidade que eu acho muito importante. Eu venho da universidade, fiz Literatura na USP, mas sou um bicho meio esquisito, porque eu era estudante de Letras, fazendo mestrado e que sempre amou telenovela, então às vezes, era olhada de maneira meio torta. Acho que por ignorância de quem olhava, porque todo preconceito tem uma ignorância por trás, uma falta de compreensão. Porque eu tenho um orgulho enorme de escrever telenovela. É uma oportunidade de, em vez de ficar criticando o veículo, tentar fazer o melhor dentro dele e atingir milhões de pessoas. Em um só momento você fala com milhões de pessoas. Trata-se de uma oportunidade e uma grande responsabilidade, que a gente assume cada vez que se propõe a contar uma história. Eu, como a Duca, venho do subúrbio e era meio estranha, porque lia muito e via novela. Lia de tudo. Lia *Seleções*, mas também lia *Tesouro da Juventude*. E de tudo a gente aproveita alguma coisa. Falando de referências podemos chegar até a pré-história da telenovela, com a Gloria Magadan, por exemplo, pois vejo nos nossos trabalhos um pouquinho dela. Ela construía histórias que não tinham nada a ver com nossa realidade, telenovelas como Sheik de Agadir, que era dela, e eu amava aquilo. Eu era menina e a maioria das pessoas nem sabem de quem eu estou falando, mas Glória Magadan fez Sheik de Agadir e fez Gata de Vison, que falava da máfia. Era tudo super fantasioso, mas foi muito importante para minha formação. Naquele saco de gatos, eu consegui pegar uns gatos bacanas, juntar e fazer coisas novas. E acho que até hoje a gente está fazendo isso. Depois, eu fui para universidade e hoje tenho um carinho enorme pela universidade, porque essa menina suburbana, que lia de tudo, que via telenovela, só sistematizou o seu conhecimento, suas leituras, só entendeu o que é escrever, o que é fazer literatura, na universidade. Meu objetivo sempre foi ser escritora, mas nunca pensei que fosse escrever para a televisão. Foi ao contrário do que aconteceu com a Duca, que quando viu Gabriela teve esse *insight* "quero escrever para televisão". Isso nunca me passou pela cabeça. Amava telenovelas, fugia da faculdade para assistir Pantanal escondida dos meus amigos. Sempre amei televisão, mas meu objetivo era ser escritora de livros. Hoje, escrevo livros, mas escrever para a TV se tornou a minha atividade principal.

Também lemos muito. A Duca mais do que eu. Ela chega e fala: "Li tantos livros no feriado" e eu li um só e estou na metade. Mas, o importante é que a gente usa todas essas referências. E eu não consigo separar o mundo dos cultos dos demais. Tudo para mim é uma grande fonte para escrever histórias.

É importante também destacar que quem realmente é escritor quer escrever histórias em qualquer veículo e da melhor maneira possível. A gente julga pela qualidade do que é veiculado e não pelo veículo. É claro que a televisão é, até hoje, um veículo comercial, mas uma parte não anula a outra. Sobretudo porque a televisão integra a nossa cultura e tem papel importante na sociedade. Existe um papel social e a gente tenta cumprir com responsabilidade esse papel, pois sabe que a novela chega lá no Xingu, chega a lugares diferentes, para públicos diferentes, com compreensão diferente. Por isso, o autor de televisão tem que ter um olhar generoso para o seu público, saber com quem está falando. E eu acho que a gente teve essa felicidade de conseguir falar com um público amplo, porque o Cordel Encantado foi compreendido por quem não conhecia O Homem da Máscara de Ferro de Dumas, não conhecia a história de Francisco de Assis, não conhecia o Sebastianismo. Não estava explícito, mas tocou o coração dessas pessoas. Tocou também porque trabalhamos com arquétipos que estão entranhados na nossa nacionalidade e são assuntos que estão na literatura de cordel. E também na nossa humanidade.

Lembro que a gente estava em um restaurante, quando trabalhava na Pisa na Fulô, e vimos um cara muito esnobe destratando um garçom. A gente começou a brincar e desconstruir esse cara. "Já pensou esse sujeito no deserto, sem dinheiro, sem cartão de crédito, sem carro, sem celular para chamar o motorista" e daí a gente falou "vamos fazer isso?". Foi assim que nasceu a novela Cama de Gato.

Duca Rachid

Acho que o que fazemos é uma tentativa de recuperar uma certa humanidade, a verdade dos personagens, recuperar o que é importante, é essencial e acho que isso atinge as pessoas. A novela Cama de Gato, por exemplo, tratava de uma questão que tem se pensado muito, que é uma falência da ética. Já a novela Cheias de Charme está tratando, de uma maneira bem leve, da relação patroa e empregada. Tem uma personagem, que é Ligia, de que gosto muito, que é uma advogada formada, mas explorada pelo patrão também. Essa interdependência que se faz da empregada com a patroa, a patroa com a empregada, isso é real. Eu acho que a gente está em um momento muito feliz de novelas.

Thelma Guedes

A Cheias de Charme é realista, é verdadeira. É tudo muito colorido, muito *over* e, por isso, que dá certo, pois a novela está falando de sentimentos reais. Assim como no Cordel Encantado. Às vezes o realismo não é aquele mais óbvio, é um realismo que tem todo o nosso sonho, o sonho de uma nação. Não sei se é pretensão nossa falar isso, mas eu acho que a realidade às vezes não é óbvia.

Duca Rachid

Como Brogodó era uma cidade fictícia e o Reino de Seráfia era fictício, a gente não quis se deter a fatos históricos, mas era importante respeitar minimamente aquela época, aquele universo da virada do século, envolvendo o coronelismo.

E tinha uma coisa peculiar em relação ao conto de fadas. Quando a gente fazia as discussões em grupo, que a Globo sempre promove, cerca de um ou dois meses depois que a novela está no ar, tinha um grupo de telespectadores que não embarcava no conto de fadas. Era uma minoria, mas era interessante porque eram pessoas que tinham uma realidade muito dura, com objetivos muito imediatos, do tipo "O que é que eu vou comer hoje, onde é que eu vou arrumar dinheiro para comer hoje?", e gente que não conhecia contos de fadas e achava que a gente se inspirava na Disney para fazer a novela. Outro aspecto curioso era em relação ao tratamento de imagem de 24 quadros, como no cinema. Tinha gente que falava assim: "Não gosto daquilo não! Fui lá, comprei uma TV de plasma e aquilo é tudo escuro, aquela luz escura", pois o padrão de qualidade deles era do programa Zorra Total, com a luz chapada do vídeo.

Thelma Guedes

Para terminar gostaria de dizer que a gente gostaria que houvesse mais homens interessados, falando de novela. Eu lembro que Cordel tinha muitos noveleiros, a gente conversava com os taxistas, por exemplo, e eles adoravam. E dizer também que a gente está muito feliz em poder estar aqui em contato com alguns professores discutindo seriamente a telenovela e está disponível para responder as perguntas depois.

Depoimento[1]
NOVELA BRASILEIRA: MAGIA E CULTURA

Lucia Chamma[2]

Agradeço à ESPM e ao seu Presidente J. Roberto Whitaker Penteado o convite para participar deste seminário. Após as excelentes explanações tenho pouco a acrescentar. A novela brasileira é um produto cultural, social e econômico da maior importância. Cultural, porque leva informações sobre história, costumes, folclore, ampliando o repertório de conhecimento dos mais variados tipos de pessoas. Social, porque atinge grotões inimagináveis no fundo do Brasil, através do sinal "plim-plim" da Globo. Econômico, porque além de empregar milhares de pessoas, é produto exportado e consumido mundialmente.

A novela é um gênero literário dificílimo de ser realizado, envolvendo trabalho árduo, emocional e físico. Não é só entretenimento. Bastaria que fosse e essa foi a primeira proposta do folhetim quando surgiu na imprensa. José de Alencar, publicado em capítulos em jornal, não achava que fazia literatura, mas apenas contava uma história.

Acredito profundamente que hoje a nossa novela, com a qualidade dos autores, diretores, atores, que possui, é produto refinado da maior importância! Por

---

1   O texto aqui apresentado não é uma transcrição *ipsis verbis*, mas um registro elaborado a partir das transcrições do áudio captado durante o evento. Buscou-se, contudo, manter a maior fidelidade possível à fala, assim como preservar sua característica de linguagem oral.

2   Lucia Chamma é carioca, escritora, poeta e artista plástica. Se auto define uma contadora de histórias. Entre outros livros, publicou *Era uma vez um elefante amarelo*, *Bico de Lacre*, *Porão das Ervas*. Seu verbo costumeiro é inventar: poesias, romances, colagens, pinturas. É uma telespectadora aficionada por novelas.

exemplo, no Cordel Encantado, Duca e Thelma, inventaram uma maneira de trazer parte da história brasileira como um conto de fadas. A verdade é que o nosso conto de fadas não passa por odaliscas, mas por Marias Bonitas e Capitão Herculano, o rei do Cangaço. Maria Bonita é a nossa princesa e Herculano, o príncipe desejado, a virilidade exposta.

E Cordel Encantado, além de inaugurar uma nova forma de contar histórias, também traduz em realidade desejos e esperanças. Alguns personagens por sua estrutura marcante e fascinante mimetizam-se em pessoas reais, passam a ser de verdade, como Tufão, na Avenida Brasil, e Herculano, no Cordel.

Cordel inaugura uma nova técnica de filmagem, como explicou Thelma, que são os 24 quadros, uma textura que se usa em cinema. O produto final fica belíssimo! Então, a novela nos dá também um apuro estético através da tecnologia moderna e de ponta. Esse cuidado estético, que a Globo possui, introduz uma educação no olhar, no gestual.

Por outro lado, temos alguns autores que marcaram uma diferença conceitual e temática. Marcílio Moraes com coragem e propriedade situou Vidas Opostas na favela. Foi a primeira vez que se trouxe para a televisão uma novela cujo epicentro, tema e situação eram a favela carioca. Isso não era mostrado de forma tão aguda quanto Marcílio Moraes mostrou. Acabou se tornando natural, a sala de jantar era o barraco. A partir de Marcílio, outros autores passaram a abordar o tema naturalmente. Avenida Brasil, por sua vez, traduz com genialidade, a situação das classes ascendentes, dos hábitos suburbanos, dos costumes da Baixada, da fala, da língua portuguesa reinventada. Ipanema deixa de ser Ipanema, vira Panema! O subúrbio é lírico! Para encerrar, sintetizaria minha fala da seguinte forma: a novela brasileira é magia e cultura.

QUESTÕES DO PÚBLICO

Márcia Perencin Tondato[1]
(mediadora do painel no evento)

Antes de abrir espaço para perguntas do público, a moderadora apresenta uma visão geral da pesquisa realizada pela equipe Obitel-ESPM [*Observatório Ibero-americano de Ficção Televisiva*], constituída por professores e alunos do Programa de Pós-Graduação em Comunicação e Práticas de Consumo da ESPM, um braço do Obitel-Brasil,uma rede de magnitude nacional, com participação de equipes das principais universidades públicas e privadas, dedicada ao estudo da ficção televisiva. Da equipe Obitel-ESPM alguns membros já realizavam pesquisas sobre telenovela antes de fazerem parte do PPGCOM-ESPM como, por exemplo, a professora Maria Aparecida Baccega que já participava do Centro de Estudos de Telenovela na ECA, a professora Maria Isabel Orofino, e a própria professora Márcia Perencin Tondato, moderadora deste evento. Desde 2008, o Obitel-Brasil, sob a coordenação da professora Immacolata [Maria Immacolata Vassallo de Lopes], propõe um tema-problema que é explorado por cada equipe das diversas instituições. Os estudos disso resultantes são publicados no formato de coletâneas, das quais participam também a equipe do PPGCOM-ESPM. Em 2011, o tema proposto dizia respeito à Transmidiação, sobre o que seguem algumas informações. A equipe Obitel-ESPM trabalhou com a telenovela Viver a Vida, de Manoel Carlos, que teve como protagonista de um dos

---

1 Doutora em Comunicação pela Escola de Comunicações e Artes da Universidade de São Paulo (2004), Mestre em comunicação pela UMESP (1998). Márcia Perencin Tondato é docente do Programa de Pós-graduação em Comunicação e Consumo da ESPM-SP. Pesquisadora do Observatório Iberoamericano de Ficção Televisiva (OBITEL). Membro da Rede CRICC – South African Critical Research in Consumer Culture Network. Atualmente, é pós-doutoranda em comunicação da UnB.

núcleos dramáticos a personagem Luciana (Alinne Moraes), a modelo que sofre um acidente e fica tetraplégica. Para realizar o estudo, foram estabelecidos alguns recortes, organizados em subgrupos de pesquisa: o Portal da Superação (Vander Casaqui; Tânia Hoff; Rose de Melo Rocha e João Carrascoza); o Blog Os Sonhos de Luciana (Gisela Castro e Marcia Tondato); o Globo.com e a Globo Marcas (Maria Ap. Baccega e Fernanda Budag); recepção por crianças (Maria Isabel Orofino). O foco mais amplo dos estudos foi a "conversa" da telenovela com as novas tecnologias e com o consumo, midiático e material. Por exemplo, a Globo Marcas tem à venda todos os produtos que aparecem nas telenovelas. No caso das confecções, existe um diálogo muito próximo, em um processo que envolve o "modelito" que aparece na novela, já lançado na Rua 25 de Março, no Brás e em outros centros comerciais e depois aparece na Globo Marcas. Sintetizando os resultados, a partir da pesquisa com crianças, foi produzida uma web novela com os alunos de uma escola da periferia fazendo uma releitura na novela, aproximando-se da realidade deles. O estudo sobre o blog Sonhos de Luciana centralizou-se no consumo e na leitura que as mulheres da classe C faziam com recursos de poder "interagir com a personagem" por meio das postagens. Na época, o público que frequentava os blogs não era exatamente a mulher da classe C, aquela dona de casa, mais ocupada, que cuida dos filhos e tudo mais, mas foi impressionante descobrir a relação delas com a telenovela. Acessando o Blog, pelo expresso nos depoimentos das entrevistadas, observamos que elas esqueciam totalmente que aquele "diálogo" se dava dentro de um produto ficcional. Conversavam com a Luciana, contavam histórias, compartilhavam suas histórias: "Olha, eu também passei por esse momento", "Eu também estou na cadeira de rodas", "Tem alguém na minha casa com esse problema e você é um exemplo". No Portal da Superação, as pessoas também davam depoimentos de reconstrução que foram analisados a partir de diversas perspectivas. Havia a reconstrução mais positiva, mais otimista, das pessoas que conseguiram superar uma dificuldade, um problema físico, um acidente. E também o que não foi tão positivo, envolvendo problemas de depressão. Por este breve relato, podemos perceber como é rico esse produto televisivo. Nesta pesquisa, trabalhamos com uma equipe composta por oito pessoas, cada uma fazendo um recorte e muito ainda ficou para ser estudado.

Falando mais especificamente sobre a questão do consumo e da ampliação do conjunto de consumidores que ocorre há algum tempo no país, observamos que a telenovela tem uma função "educativa", atuando não apenas como entretenimento, mas também como informação. Como outro exemplo, tivemos O Rei do Gado, que levantou a discussão sobre o momento político do país, o Movimento dos Sem-Terra. Então, a novela é informação, entretenimento e é também educação, no sentido do movimentar as competências do público. Também nesse sentido, a classe C, retratada na novela Avenida Brasil, sempre existiu, sempre esteve ali. O que acontece agora é que essas pessoas estão tendo a oportunidade de acesso material, financeiro, porém o desejo sempre esteve presente. E é interessante porque eles querem produtos, eles almejam alguma coisa da classe AB, mas de uma maneira diferente. E a novela traz isso, é a moda, é o eletrodoméstico, é o celular, é a tecnologia. Enfim, esse é um pouco do trabalho que a gente faz lá e agora, então, abrimos espaço para as perguntas.

Gisela Castro

Eu sou a Professora Gisela Castro que a Márcia falou e faço parte do grupo de professores do Programa de Pós-Graduação em Comunicação e Consumo da ESPM e do grupo Obitel ESPM. Eu queria pedir para vocês comentarem um pouco mais sobre função pedagógica e a pedagogia social da telenovela. Meu grupo de pesquisa trabalha com cultura digital e observamos que as telenovelas têm sido espaço em que são representadas e apresentadas, para uma grande parte do público, aparatos, modos de ser, modos de comunicar, típicos das redes sociais e da cultura digital e que não fazem parte necessariamente da vida de um espectador médio de telenovela. Gostaria que comentassem isso, como a telenovela está contribuindo para inserir esse telespectador no universo digital.

Maria Immacolata Vassallo de Lopes

Se retomarmos a raiz do melodrama e mais ainda do folhetim, fica clara a função educativa daquelas histórias para as classes populares. Portanto, é da raiz dessa narrativa, que é popular, esse caráter educativo. Eu estudei isso com relação ao rádio e acho que é uma coisa muito interessante, dependendo da maneira como você a trata. A fala predominante é que pelo fato do Brasil ser um país de classes e de grandes distâncias, expor a vida das classes de cima para as de baixo pode induzir ao consumismo. Mas isso é a simplificação de uma questão complexa, que envolve o reconhecimento de um modo de vida que está ao alcance de uma nova classe média. Algo que se manifesta pelo consumo, o que é natural. As pessoas que têm um novo trabalho certamente vão consumir mais coisas, inclusive comprar aparelhos de televisão maiores e assistir TV paga.

Nesse sentido, vale destacar que na TV paga existe um predomínio das séries americanas e nossos estudantes do audiovisual estão fascinados por séries norte-americanas. Há mestrados e até doutorados sobre essas séries e pouca atenção-para as séries brasileiras e menos ainda para a telenovela brasileira. Parece que a familiaridade faz com que a gente não olhe com atenção para o produto nacional e procure complexidade nas séries norte-americanas. A telenovela tem 200 capítulos, com excelente padrão de qualidade e mais de 20 histórias que se cruzam. Ela é complexa, ela já é transmídia, ela tem o humor, tem o drama, tem o policial e a tal fantasia. Fazemos muita análise de filmes, mas análise televisiva quase não existe. Outro dia eu estive em uma banca sobre Dias Gomes e achei excelente descobrir que ele foi autor de rádio, saber sobre a militância dele, coisa que poucas pessoas sabem.

Thelma Guedes

E eu acho mais grave o preconceito que se tem, por exemplo, com a Janete Clair, pelo fato dela ser mais popular, de que ela falava mais ao coração: como se não fosse bom ser abrangente, falar com muitas pessoas. Como se isso fosse um demérito. Eu acho uma coisa incrível, você conseguir falar e tocar o coração das pessoas. Falando dessa coisa de classe C, eu lembro que na novela Pecado Capital, o protagonista Carlão morava no Meier e ficava com o dinheiro que encontrou no taxi. Era um protagonista absolutamente fora do padrão, fazia coisas fantásticas e morria no final! Janete Clair como autora fazia uma grande inovação sem que fosse reconhecida. O Dias Gomes ainda teve certo reconhecimento mas, mesmo assim, ainda há um preconceito forte.

Duca Rachid

Eu acho que as novelas atuais têm incorporado muito da linguagem, da temática, do ritmo das séries americanas. O que o João [João Emanuel Carneiro]faz em A Favorita e na própria Avenida Brasil tem muito a ver com isso.

Maria CristinaPalma Mungioli

Muito parecido com a Janete Clair, que também trabalhava a estrutura da sua telenovela desse jeito. Ela não deixava tudo para o final e tinha pontos de virada ao longo da história. Eu acho que a Avenida Brasil é muito próxima dessa estrutura que a própria Janete Clair trouxe naquela época, claro que com outra dinâmica. O João traz questões morais e éticas muito fortes, como ela trazia. Eu vejo também muita semelhança em termos de temática. É claro que ele tem um estilo próprio, é um autor de grande capacidade, mas a gente vê semelhanças com esse grande novelão lá da década de 70.

Thelma Guedes

Em relação à inovação, às vezes, os jovens – e eu fui assim – começam já querendo inovar, mas hoje a gente não tem essa pretensão. Porque você só inova quando você conhece o cânone para propor uma ruptura. Você rompe mantendo o cânone. É um salto dialético. Não pode romper simplesmente quebrando e ficando no vazio. Então, acho que tentamos, de forma consciente ou inconsciente, usar as nossas referências, nossos mestres, como Janete Clair, Dias Gomes, Ivani Ribeiro, até a Glória Magadan, o Lauro Cesar Muniz, o Marcílio Moraes que também trabalhou em Roque Santeiro como coautor. Esses e muitos outros são os nossos mestres.

Quanto à pergunta sobre a inclusão digital, eu me interesso muito, mas em Cordel Encantado, uma novela de época, não dava para botar ninguém com computador, infelizmente. Cabe quase tudo, não cabe tudo! Mas eu me interesso muito, eu entro no *Facebook*, porque eu acho que a gente tem que estar antenado, tem que manter esse diálogo com o jovem. A internet é uma realidade e a gente tem que enxergá-la. Eu acho que a primeira novela que está fazendo isso de uma maneira brilhante é Cheias de Charme. Quando elas lançaram o clipe das domésticas, eu corri para ver na internet.

Gisela Castro

Você e mais de um milhão de telespectadores. Isso foi incrível! Foi o que deflagrou a minha vontade de estudar essa novela.

Thelma Guedes

Genial, aí está a inclusão. Todo mundo quer ter um computador. Isso é a inclusão positiva. Não vejo a internet, com olhares tortos, como muitos, eu acho que é um diálogo. É verdade que no Facebook está todo mundo sempre feliz, é pertinente essa crítica. Ninguém posta "eu estou sofrendo" e se alguém postar todo mundo diz: "Ah, cala a boca". É um pouco o retrato da nossa sociedade. Uma sociedade onde a gente tem que estar feliz, mas essa é outra conversa. Eu sou muito fã das mídias digitais. Acho que em uma outra oportunidade a gente pode fazer esse trabalho, no caso de Cordel era um negócio extra e a gente não tinha tempo de se dedicar a isso.

Duca Rachid

A gente teve muita resposta dos cordelistas, chegamos a ganhar uma medalha da Academia Brasileira de Cordel, o que foi uma honra para nós. Queríamos fazer um concurso de cordelista em um programa como Faustão ou Luciano Huck, ou no site, mas não deu certo por questões de produção. A gente queria muito ter essa resposta do público. Houve coisas legais, que infelizmente a gente não pode responder, por falta de tempo. Senti muito não termos podido responder às escolas onde as crianças começaram a escrever literatura de cordel. Não só no Nordeste, no Paraná também, foi uma loucura!

Thelma Guedes

Até coloquei no meu site, quem quiser ver pode dar uma olhada no www.thelmaguedes.com.br. Tem essas crianças vestidas de Jesuíno, vestidas de princesa, escrevendo cordéis a respeito de Cordel Encantado.

Maria Cristina Palma Mungioli

Pegando um gancho nisso que você está falando e para recuperar o que a Gisela perguntou, eu acho que a telenovela consegue ensinar e mostrar algumas coisas sem ter aquele caráter didático. Quando eu falo didático, falo no sentido chato da coisa: "Olha, isso aqui é o certo e isso aqui é o errado". A gente vê muito essa questão em Cheias de Charme, com a tecnologia. Porque um está mexendo e o outro não sabe e já faz uma brincadeira, uma piada. São mostradas coisas em diferentes facetas, de diferentes modos. E isso é muito bom, porque não dá a receita pronta, mas indica caminhos para se pensar. E ainda em relação ao Cordel Encantado, tinha uma cena que eu achei linda, que mostra a Congada, uma coisa que pouca gente conhece, pelo menos aqui no Sul. Nesse sentido, que a gente fala do ensinamento, de mostrar não didaticamente "Olha, isso aqui é uma congada". Ela está dentro da cena e tem sentido na trama. Trata-se de evitar o didatismo. Você mostra diversas possibilidades e aí o público, o telespectador que está assistindo, é que vai pensar a respeito e vai eleger, construir o sentido que achar melhor, que achar mais conveniente. Essa pluralidade. É sobre essa pluralidade que eu iria falar.

Questão do público

Eu acho muito importante a questão do empoderamento feminino e que as mulheres passem a entender a responsabilidade delas em participar do processo político. E eu vejo muito pouco isso nas novelas. Então eu queria saber de vocês, se existe algum trabalho nesse sentido.

Thelma Guedes

Olha, eu não entendo de política e acho que a gente tem um trabalho mais no sentido ideológico do que estritamente político. Por exemplo, Cordel Encantado teve um papel não exatamente de falar de política, mas um papel ideológico de aceitação do povo, de enxergar o povo, de enxergar a sua história. Falar da cultura popular dos nordestinos, dos cordelistas. O Euclides [Euclides Marinho], por exemplo, tratou de política diretamente na minissérie O Brado Retumbante, que eu achei muito interessante. Mas eu não me sentiria confortável, não é a minha praia. Eu acho que o autor tem que saber exatamente qual a sua turma, qual sua língua. Sobre o que você sabe falar. Tenho mais uma preocupação ideológica, de ponto de vista, de visão de mundo, de como ver o mundo. O que você quer é mostrar a importância da política, o poder que a mulher, que as pessoas têm de mudar a situação. Acho que o Benedito Rui Barbosa, em alguns momentos, fez isso. Talvez agora, na nossa próxima novela, a gente faça um pouquinho.

Maria Immacolata Vassallo de Lopes

Podemos falar daquilo que acabou se chamando *merchandising* social, no sentido de que está dentro da trama e que funciona muito bem. De autores como Glória Perez, Manoel Carlos e Agnaldo Silva, que falou muito de política em Duas Caras e de uma maneira interessante. Porque na trama, Lázaro Ramos que interpreta o pupilo do dono da Portelinha, que era o Antônio Fagundes, rompe com ele e faz um discurso dizendo algo como: "Nós somos o voto, nós vamos conseguir... Não devemos ser capacho de ninguém... Nós não somos escravos".

Brasil: múltiplas identidades

E eu também queria dizer que isso tem acontecido no México e na Argentina. No México, é explorada toda a questão do narcotráfico, com a criação de novo gênero, que é a narconovela ou a narcosérie, com tudo sobre esse tema. Na Argentina, tem a questão dos Kirchner, mas principalmente no México, houve uma politização tremenda da novela, porque a Televisa apoiava um candidato e entrava gente na novela com camiseta, fazendo campanha.

Thelma Guedes

Eu prefiro, como você mesmo tinha citado, uma novela como Vale Tudo, que faz um retrato do momento questionando "É isso que vocês querem para o Brasil, uma banana?" Eu acho que você pega o público com essa pergunta.

Duca Rachid

A gente fala de política também em Cama de Gato, por exemplo, quando coloca a condição da faxineira invisível, dos trabalhadores invisíveis.

Isabel Orofino

Boa tarde! Sou a Professora Isabel Orofino do PPGCOM da ESPM, participo da rede OBITEL e já tive uma participação no Centro de Estudos de Telenovela da ECA USP. Trabalhei com a professora Immacolata que sempre observou como a mulher é citada e homenageada na nossa telenovela. Na própria Portelinha, não me esqueço da dançarina do poste, que no final disse assim: "Olha, eu não vou ficar contigo, líder da Portelinha, eu vou seguir a minha vida, vou seguir o meu caminho". Foi um gesto de emancipação, uma declaração ao feminismo importantíssima. Então, a reflexibilidade social está presente na novela brasileira de uma maneira muito interessante. Criando um agendamento político muito eficaz, do ponto de vista da orientação sexual, das classes sociais, do direito das crianças, das crianças desaparecidas... Então, a questão que eu queria colocar é um pouquinho diferente. A gente vem trabalhando com estudos de recepção e faz pesquisa de caráter etnográfico. Vai à comunidade assistir a telenovela com as pessoas para saber quais sentidos que as pessoas produzem, a partir do texto da telenovela. E nossa grande pergunta é, diante de uma nação tão plural, diversificada, de tantas classes e etnias, como é que o autor imagina o seu telespectador? Em algum momento isso acontece? Essa figura é uma figura idealizada? Ou uma das principais características e particularidades da nossa novela é ser uma obra em aberto, que vai sendo construída na medida em que o autor vai investigando como o público está reagindo. Vocês também investigam esse telespectador? Como é que vocês imaginam esse público receptor?

Questão do público

Queria só complementar para saber como vocês, autoras, lidam com algumas pequenas restrições que a gente imagina que aconteçam. Por exemplo, restrição da classificação indicativa, nem todos os temas podem ser abordados em todos os horários. Parece absurdo, mas Mulheres de Areia, hoje, não poderia passar às seis da tarde como passou. Eu não cresci traumatizado por ter visto Ruth e Raquel brigando, mas parece que, aparentemente, as crianças de hoje em dia podem crescer com esse trauma. E fora isso, eu queria saber como vocês levam em consideração os grupos de discussão, já que eles de fato acontecem, se eles mudam mesmo o destino da trama. O João Emanuel Carneiro já declarou que nem sempre agradar o telespectador é o caminho mais indicado, mas eu não sei o quanto vocês como autoras lidam com isso. E queria também que vocês comentassem a questão do beijo gay, da homossexualidade, que ainda é abordada com certo receio por parte de alguns autores.

Thelma Guedes

Em primeiro lugar, se você não ficou traumatizado, imagine que eu ouvia minha mãe contando histórias de cangaceiro degolado na hora de dormir. Sinceramente, eu fiquei traumatizada com outras coisas que minha mãe fez, mas não com essa. Eu adorava e eu queria mais aquelas histórias, porque os contos de fadas são superviolentos, então não é por aí. A criança tem uma violência, o ser humano não é um boneco e é importante você não esconder a violência, fingir que ela não existe. A criança tem que se deparar com isso, tem que saber o que é a morte e contar as histórias é uma maravilha para iniciar esse processo. Infelizmente, a gente tem que lidar com classificação indicativa e isso é muito chato. A gente tem que fazer uma ginástica danada para fazer cangaceiro sem arma.

Duca Rachid

No caso do Cordel Encantado, alguns criticavam o uso das armas pelos cangaceiros, em uma leitura que não cabia ali de maneira nenhuma. Fazer uma leitura realista de uma novela que era um conto de fadas, já era totalmente errado. Aqueles cangaceiros usam as armas, como o rei usa a coroa e a espada. Faz mais parte do figurino, da caracterização. Não tinha sentido fazer essa crítica realista. Muitos achavam violento a rainha morrer no primeiro capítulo. Ora, as rainhas dos contos de fada morrem! Picam o dedo e ficam envenenadas... Quer dizer, falta um preparo para fazer uma leitura cuidadosa. Isso é uma discussão longa, a gente poderia ficar a tarde toda aqui discutindo essa questão da classificação indicativa.

Thelma Guedes

Agora, só falando do telespectador, de quem é esse espectador idealizado, posso dizer que o primeiro telespectador sou eu. O que eu gosto. Eu e a Duca somos meninas suburbanas. A classe C somos nós. A gente sabe mais de classe C do que muitas pesquisas. Vai lá em casa e olha meu pai, a minha mãe, minha tia... Então eu sei exatamente o que é classe C. E, ao mesmo tempo, a gente põe o pé lá na Vieira Souto. Então, a gente conhece bem esses mundos. Assim como outros autores que a gente conhece. Um bom escritor de novela é um cara que tem esse olhar, porque existe essa figura que é a empatia, você se colocar no lugar do outro. Não é idealizar o outro, é se colocar e ouvir, ver, prestar atenção, estar na rua, não se isolar. O que acontece, às vezes, e a gente faz um esforço para não acontecer, é que a gente vai virando autor e para de andar na rua, para de ir ao supermercado, para de andar de ônibus. A gente tem que estar ligada. Isso é importantíssimo, você não perder esse contato, porque eu gosto dessas pessoas. Eu não quero me afastar desse universo. Eu adoro a casa do Tufão, amo. Me sinto em casa! Nós somos as primeiras telespectadoras e o público não é idealizado, porque a gente conhece bem esse espectador.

Duca Rachid

A gente ouve muito as pessoas. Afinal, é para elas que estamos escrevendo. Eu gosto de estar com o público. Na medida do possível, porque o trabalho é muito volumoso e demanda muito tempo, mas eu gosto de ver o capítulo em boteco, adoro conversar na padaria, conversar com gente no supermercado.

Thelma Guedes

E comentar como se a gente não fosse autora.

Duca Rachid

Isso me faz lembrar um episódio engraçado. Eu estava num restaurante que fica na Portuguesa de Desportos e chegou uma senhora que era uma fadista, Glória de Lourdes, indignada, falando assim: "Ah! é você que escreve o Cordel? Eu já estou pela raiz dos cabelos com aquela princesa. Ela só se mete em confusão. Ela prejudica a todos, mas que mulher encrenqueira". E foi ótimo! De fato, ela era encrenqueira mesmo, ela se metia em confusão. Então, eu gosto de ouvir esses comentários. Gosto de participar do *group discussion*, acho ótimo, a gente tem que ter esse retorno. Não dá para você escrever sei lá para quem, sem ter concretamente contato com essas pessoas. Odeio esse negócio de escritor na redoma de vidro, eu não sou absolutamente assim, tanto é que a gente trabalha em dupla. Eu não suportaria trabalhar sozinha. Se um dia a Thelma não estiver mais comigo, eu vou trabalhar com outra pessoa, porque eu não suportaria ficar confinada durante um ano, sozinha, escrevendo novela. Eu preciso dessa conversa, é o meu jeito. Preciso ter alguém para trocar ideias, até para brigar e discordar. Mas existe um pacto entre nós, que é o respeito pela história. Não mudamos radicalmente uma história, porque público não gosta disso ou daquilo. A gente muda sim, mas são mudanças pontuais.

Thelma Guedes

São coisas pontuais que não dizem respeito à essência da história. Porque em Cordel Encantado corremos um risco. Poderia não ter dado certo. O público poderia não ter comprado, como algumas pessoas que a gente viu no *group discussion*, que não compraram a história de sonho, porque não tinham isso no universo delas. Isso não interessava para elas. Se fosse isso em relação ao público em geral, a gente ia dizer: «Então vamos cortar essa história», porque era impossível mudar e tornar a novela uma Avenida Brasil.

Duca Rachid

Eu acho que a história é soberana, você deve respeitar a sua história. E quando a gente propõe uma história, a gente pensou muito nela, no quanto ela tem fôlego, no quanto ela pode interessar. A gente está buscando diariamente a verdade daquelas situações e daqueles personagens. Então, respeitar a sua história é muito importante.

Thelma Guedes

E mesmo quando a gente faz alguma mudança, a gente prevê isso até pela experiência. Cada vez mais, a gente vai prevendo possíveis situações que o público pode não comprar e já cria alternativas. A gente já vai com a nossa sinopse, com a nossa história pronta e com mudanças previstas. Então, por exemplo, nessa história do Cordel Encantado, a gente queria falar de uma relação amorosa em que a mulher tinha um casamento ótimo, com um cara incrível, mas ela se apaixonava por outro homem. E a gente criou propositalmente aquela questão, porque já previa "Vamos poder usar isto?", mas queria inclusive ver a reação das mulheres, pois há uma tendência muito conservadora no público. O público ainda tem seus valores. "Como pode aquela mulher com aquele homem maravilhoso, bom pai, pode se apaixonar por outro homem?". Então aquela história não foi adiante, e acho que foi a única mudança que a gente fez, mas já prevendo que isso poderia acontecer.

Duca Rachid

Por outro lado, em Cama de Gato, a gente criou um casal adolescente, a gordinha e o menino rebelde da escola, que no fim se apaixonavam. E o pessoal ficou bravo com a gente, porque a gente matou a gordinha.

Questão do público

Mas isso tinha a ver com o comportamento da atriz no *set*, não tinha?

Duca Rachid

Não. Tinha a ver com o fato de que se você for olhar as estatísticas sobre gravidez das adolescentes no Brasil e quantidade de mortes de grávidas adolescentes, não dava para propor um final feliz. Seria muito irresponsável da nossa parte.

Thelma Guedes

A gente tinha até uma sinopse com o rapaz que gostava da menina e de repente se via tendo que criar um filho e o aprendizado que isso significava para ele. Tinha essa história que a gente queria fazer. E aí, eu confesso que ficava assim: "Ah, vamos matar mesmo?". Fomos adolescentes gordinhas, então era a nossa vingança! A gente estava se sentindo vingada, o mais bonitinho gostava da gordinha e tal, e aí eu falava: "Tão bonito esse amor" e a Duca: "Temos que respeitar a nossa história". E daí eu cedi e a gente matou. E a menina estava se comportando mal sim! Mas não foi por isso, foi por causa da história.

Duca Rachid

Tem um monte de atrizes e atores que se comportam mal, muito mal, mas são ótimos e que a gente aguenta. Nesse caso, tinha uma história que já estava planejada e a gente não achava legal esse negócio de final feliz para uma gravidez adolescente. Era novela das seis, que minha filha assiste, e tinha uma história que a gente queria contar e para isso aquela personagem precisava morrer.

Thelma Guedes

Agora não vou fugir da última pergunta sobre o beijo gay... Na novela das seis não pode beijo gay, então não é um problema (risos e aplausos). Eu fugi!

Duca Rachid

Eu acho que a Adelaide [Maria Adelaide Amaral] fez essa relação gay, sem beijo, mas com toda a dignidade, porque ela mostrou o afeto e as pessoas todas torceram para que eles ficassem juntos. Talvez isso seja mais importante do que o beijo gay, sabe? Mostrar esse afeto, que as pessoas se amam apesar de serem do mesmo sexo. Ela fez isso com respeito e com dignidade e eu acho que foi muito legal.

Thelma Guedes

Agora, a gente não pode realmente esquecer que tem uma faixa do público que é conservadora e rejeita. Há um medo por parte de alguns atores, por parte da emissora, não sei. A gente nunca tentou e ninguém nunca proibiu a gente de fazer, mas eu acho que ainda infelizmente é uma coisa meio tabu. E qual é o papel da televisão? Esse negócio de estar na frente... Eu acho que a gente anda ao lado, dialogando com o público. Tem uma afirmação do Boni, que o pessoal sempre cita: "O autor tem que estar sempre um passo a frente do público". E não concordo. Eu torço para saber onde está o público, para estar ao lado dele. Eu quero estar ao lado do público. Não quero ensinar nada, quero estar dialogando com ele. Aliás, em Cordel, a gente usou a sabedoria do povo. A novela é o reflexo da sabedoria do povo. Então a gente devolveu a ele na novela, o que ele nos deu.

Brasil Visto de Fora

Pensar como o Brasil pode, no âmbito da comunicação e do marketing, experimentar novas maneiras de relação com o mundo. Por meio de diferentes aportes teóricos e práticos, somos convidados a tomar o conceito de identidade não como o que define e aprisiona, mas como algo de que se possa fazer uso, abordando a imagem do país no exterior, sob as vertentes da comunicação empresarial e de Estado, da literatura, das marcas comerciais e da mídia. Discutindo questões como: quais as representações do Brasil no exterior hoje? No que o Brasil está se tornando? Como se comunica e é percebido no ambiente global?

Artigo
O BRASIL VISTO DE FORA

Paulo Nassar[1]

Anação é um personagem e um mito moderno, que transita socialmente suas imagens e informações na forma de metanarrativas e micronarrativas. Por metanarrativas, entendemos a narrativa institucional que busca um relato central, agregador de grande conhecimento, referencial e definitivo sobre determinado tema. As metanarrativas de nação enfraquecidas pelas críticas contemporâneas às ideias iluministas absolutas de verdade, razão e progresso e pelo advento das narrativas que expressam o mundo além das nações, entre outras, – aqui pensadas no plural na medida em que as instituições e outros protagonistas na contemporaneidade são plurais e dotados de poder comunicacional – são abundantemente veiculadas pelas fontes oficiais, principalmente governos, com objetivos diplomáticos, políticos, cívicos, econômicos, culturais, turísticos, entre outros. As narrativas de nação são também veiculadas de forma abrangente, nos formatos de micronarrativas, sendo estas os relatos de milhões de pessoas, em seus papéis destacadamente de cidadãos nativos, viajantes e turistas. As meta e micronarrativas são estruturadas a partir da história nacional e da experiência cotidiana dessas fontes – instituições e indivíduos – com o ser nacional.

---

1   Professor da Escola de Comunicações e Artes da USP, onde coordena o Curso de Relações Públicas, o Grupo de Estudos de Novas Narrativas (GENN ECA-USP) e leciona no Programa de Pós-Graduação Stricto Sensu. É diretor da Revista *Comunicação Empresarial* e autor dos livros *O que é Comunicação Empresarial* e *Relações Públicas na construção da responsabilidade histórica e no resgate da memória institucional das organizações*, entre outros. É idealizador do Brazilian Corporate Communications Day, organizado pela Associação Brasileira de Comunicação Empresarial (Aberje), da qual é diretor-presidente.

Uma dessas formas da nação se apresentar ao mundo é a narrativa de sua origem, sempre mitológica, por isso abrangente, onde cabe quase tudo. Na origem, a nação é natureza. Deste ventre imenso é parido seu nome. Argentina é mineral; Brasil é árvore; Venezuela é água. O início de cada nação é quase sempre liberto do documento fidedigno. É nascimento sem certidão precisa. Seus marcos e protagonistas fundadores têm as auras dos heróis e dos anti-heróis. Os territórios profanos se transformam em terras sagradas.

Nesse contexto simbólico, vale o papel que é ancorado na imaginação que chegou até nós, que se fez literatura oficial. O Brasil, ainda colônia, é descrito pela carta de Pero Vaz de Caminha. O país tem o seu grito de independência ilustrado pela primeira vez em 1888, sessenta e seis anos depois de acontecido, pelo pintor romântico Pedro Américo (1843-1905). Pintor que é protagonista máximo de um romantismo tardio vivenciado sob o reino de Dom Pedro II, interessado em usar um nacionalismo pictórico, que transforma indígenas e outros protagonistas de suas telas em figuras helênicas, na sua tentativa de civilizar o país bruto aos olhos do mundo eurocêntrico, além de fortalecer a nascente identidade da nação brasileira.

São as grandes narrativas do Brasil, metonímicas, que tentam explicar o todo, a partir de um punhado de índios e poucos portugueses, em um pedaço de praia. Na tela de Pedro Américo, o grito não se transforma em som, salta do quadro para os olhos, imprime-se na cera da alma. Não importa o que não tenha sido de fato. Os Brasis de 1500 e de 1822 nascem míticos, e míticas são as narrativas desses momentos fundadores. Como narrativas de Estado, têm as suas serventias para criar primeiras identidades, conformadas apenas pelos limites das nobrezas portuguesa e brasileira. A quem servem as ideias de um lugar idílico e de um rompimento com Portugal, sem sangue, acontecido no quase nada, quase rio, riacho, na quase montanha, a colina? Identidades pensadas e legitimadas de fora para dentro. Parece que estamos, nos últimos cinco séculos, entre quatro paredes, como na peça de teatro escrita por Jean Paul Sartre, no qual os personagens presos em uma sala não têm espelhos para se olharem, conhecer os seus contornos, olhar e chegar no fundo de suas almas. Sem espelhos, o que nos define são os que

Brasil: múltiplas identidades

nos observam, nos desenham, nos descrevem, nos fotografam, nos filmam. Eles, os estrangeiros, sempre definindo o que somos a partir de suas referências e de suas culturas.

Em outra reflexão, feita em parceria com o professor Victor Aquino,[2] lembramos que

> neste contexto, a lembrança desse inferno de Sartre serve para evocar uma reflexão sobre a identidade cultural do Brasil. Identidade que começou a ser engendrada já no século XVI, de fora para dentro. Enquanto isso, a nós os habitantes dessa espécie de inferno concebido de fora para dentro, somos agraciados com uma identidade que nos vem sendo imputada. Nós que somos mestiços, uma permanente mistura fina de brancos, negros, índios, árabes, europeus e asiáticos. Mestiços de uma mistura que não aconteceu para branquear o negro, ou escurecer o branco, ou dizimar o índio. Seria conveniente ressaltar que a adoção do conceito e definição de mestiço e mestiçagem é proposital. Aliás, há quem não tenha o menor conhecimento dessa mistura que, vindo morar no Brasil, não aceite o termo, confundindo-o com uma espécie de racismo. Não. Pelo contrário, a mistura pode ser entendida como a reafirmação de si mesmo, no qual uma parte de um contém muitas partes dos demais que compõem a imensa rede de influências, etnias, culturas, religiões, ideologias e assim por diante. Somos, sim, um país de mestiços.

Contemporaneamente, além das narrativas dos outros sobre nós, além das narrativas de Estado sobre nós, além do que chamamos de metanarrativas nacionais, constatamos a produção e a veiculação de micronarrativas sobre o país criadas pelos milhões de brasileiros que atualmente circulam pelo mundo ou navegam nos mares digitais. Descrevendo, interpretando e opinando sobre o Brasil a partir da mensagem, do chiste digital e de conexões cotidianas estabelecidas pelo entretenimento, pelas migrações, pelo turismo e pelo negócio. São essas

---

2   NASSAR, Paulo; AQUINO, Victor. Imagem identitária e a falsa imagem da cultura que os "outros" projetam sobre nós. In: *Metáforas*, São Paulo, v.8, jul. 2010, p. 4.

narrativas todos os elementos que constituem o que as redes de relacionamento, integradas por públicos e outras sociedades, acreditam ser os elementos centrais duradouros e diferenciados de um país.

Comunicação Empresarial e Brasil

A partir desses elementos, o protagonismo empresarial na formação e projeção da imagem brasileira contemporânea acontece no contexto do movimento econômico e social que transforma o Brasil na sexta economia do mundo, fato que tem gerado um interesse global sobre o país, – que transcende as narrativas governamentais e, também, os enfoques estritamente econômicos – e gera perguntas sobre o que somos a partir de outros aspectos como, por exemplo, a indústria criativa, a comunicação empresarial, o ambiente institucional, alicerçado por um sistema democrático e eleições diretas, e abertura internacional propícia para a captação de investimentos estrangeiros e atração de talentos para o país. Na sociedade atual, as metanarrativas e micronarrativas de todo o tipo formam identidades e reputações territoriais, que podem se transformar em marcas, símbolos, ícones, índices, adensamentos ou desadensamentos territoriais e econômicos.

O Brazilian Corporate Communications Day

Entre as inúmeras iniciativas com o objetivo de promover uma narrativa positiva – mas não ingênua – e contemporânea do Brasil, o *Brazilian Corporate Communications Day*, iniciativa da Aberje – Associação Brasileira de Comunicação Empresarial, foi criado para disseminar as estratégias de excelência da comunicação brasileira em âmbito global e para estimular o relacionamento dos comunicadores empresariais brasileiros com os comunicadores das principais cidades mundiais. Promovido pela Associação desde 2010, o *Brazilian Corporate Communications Day* – já realizado em Nova Iorque, em 2010 e 2011, em Londres, em 2011 e 2012, em Santiago, Lisboa, Milão e Buenos Aires, em 2012 – é um espaço de disseminação de conhecimento sobre o Brasil que propositalmente apresenta histórias empresariais brasileiras, escolhidas no ambiente das melhores práticas de comunicação empresarial. Essas histórias afastam o país e seus cidadãos, comunicadores e empresários das percepções internacionais estereotipadas construídas a partir dos 5's: *Samba; Soccer; Sand; Sun; Sound*. A presença de diretores, gerentes e altos executivos da área de comunicação empresarial, além de investidores, membros de governos e das principais mídias especializadas locais, favorece o diálogo e um conhecimento atualizado sobre o país, que não esconde os seus problemas ligados à desigualdade social, violência no campo e nas cidades, entre outras mazelas brasileiras, mas um Brasil que tem uma face inovadora, empreendedora, internacional e altamente competitiva. As Relações Públicas Internacionais produzem narrativas *cross-cultural*, com o objetivo de estabelecer e manter relacionamentos com os públicos de diferentes sociedades.

O *Brazilian Corporate Communications Day* tem formado uma rede internacional de narradores que replicam as narrativas empresariais brasileiras excelentes nos ambientes das cidades globais. E, como consequência dessa ação, tem favorecido um ambiente relacional, de negócios, de conhecimento e conexões e trocas entre os participantes do evento. Entre os objetivos mais destacados, enumero, a seguir:

• a apresentação ao público de comunicadores empresariais dos países onde o evento tem acontecido as estratégias e práticas de comunicação empresarial bem-sucedidas, desenvolvidas no Brasil;

• a promoção de relacionamento e de troca de conhecimentos e de experiências entre profissionais brasileiros e internacionais;

• a promoção de informações para a imprensa de negócios e geral centros de pesquisa internacionais sobre a comunicação no contexto dos negócios no Brasil;

• a promoçãoda imagem do Brasil e das empresas convidadas com a exposição de seus casos e estratégias de sucesso. Embraer, Vale, Petrobras, Natura, Itaú, TAM são empresas participantes do evento e que assumem cada vez mais o papel de empresas brasileiras globais.

Na esteira dos *Brazilian Corporate Communications Day*, a Aberje criou a primeira publicação global da comunicação empresarial brasileira, editada inteiramente em inglês, a *BR.PR Magazine* (Brazilian Public Relations Magazine), que tem a comunicação empresarial brasileira como tema principal. A revista que é distribuída para os públicos internacionais, a partir dos *Brazilian Corporate Communications Days*, tem o objetivo de mostrar que os comunicadores empresariais brasileiros são criadores de design de políticas, planejamentos e operações comunicacionais e relacionais que são referências para o mundo. Não somos mais correias de transmissão do que é pensado fora do país, não. Somos só reprodutores de políticas e planejamentos e ações pensadas em outros tempos, mas também desenhamos, também fazemos *design* das nossas políticas, dos nossos planejamentos e das nossas estratégias comunicacionais.

Outra ação internacional da Aberje destinada a trabalhar a imagem da comunicação empresarial brasileira foi a criação de um prêmio internacional, em 2009, direcionado para o público acadêmico norte-americano, com o objetivo de reconhecer a melhor pesquisa, em nível de mestrado e doutorado, produzida nos EUA, que tenha como foco a comunicação empresarial realizada no Brasil e na América Latina. O *International Aberje Award* já caminha para sua quinta edição, cumprindo o seu objetivo de mudar a percepção dos pesquisadores internacionais, destacadamente os norte-americanos, sobre o que se faz em comunicação empresarial no Brasil. Até o momento, as universidades vencedoras desse prêmio foram a Michigan State University (2009), a Boston University (2010), a University of North Carolina (2011) e a University of Scranton (2012).

Ainda no âmbito de todas as etapas do *Brazilian Corporate Communications Day*, é a realização de uma pesquisa sobre a imagem do Brasil, conduzida por mim e pelo professor Stefano Rolando,[3] da IULM – l'Università di Comunicazione e Lingue, Milão – e que tem como respondentes os participantes dos eventos. Uma amostra de parte desta pesquisa, a etapa de Santiago do Chile, traz interessantes

---

3   Professor de Teoria e Técnicas da Comunicação Pública na Universidade IULM, Itália. Foi diretor--geral do Gabinete de Informação dos primeiros-ministros e dirigentes de instituições e empresas (entre elas a RAI – Radiotelevisão e a Olivetti). Conselheiro de diversos ministros e presidente do Club of Venice (coordenação de comunicação corporativa da União Europeia). Autor dos livros *A dinâmica evolutiva da comunicação pública* – in Comunicação, sociedade e democracia; *A comunicação pública para uma grande sociedade*; e *Economia e gestão da comunicação das organizações complexas.*

estímulos para as reflexões que estamos fazendo neste encontro promovido pela ESPM. Passo então, rapidamente para alguns resultados de parte da pesquisa internacional sobre a imagem do Brasil realizada por nós, em Santiago do Chile, também aplicada nas demais cidades.

Contexto da Pesquisa

Como foi dito, a pesquisa busca as referências sobre Brasil através do ponto de vista de profissionais de Comunicação e Relacionamento, o estudo "Brasil e Imagens Recíprocas" está inserido no contexto de investigação do meu Pós-Doutorado em desenvolvimento com o professor-doutor Stefano Rolando, da Università di Comunicazione e Lingue de Milão e integrantes do Grupo de Estudos de Novas Narrativas (GENN-ECA-USP), entre eles, Rodrigo Cogo, Carlos Ramello, Nara Almeida, Emiliana Pomarico Ribeiro, Carolina Soares, Mateus Furlanetto, Gisele Souza, Patrícia Cerqueira Reis e Paula Contim.

Tal mapeamento é apoiado pela Aberje – *Associação Brasileira de Comunicação Empresarial* –, que cede espaço e contato durante a realização do projeto internacional *Brazilian Corporate Communications Day* em várias cidades do mundo. Os resultados, ora apresentados, referem-se à edição realizada em 9 de agosto de 2012, na cidade de Santiago, capital do Chile, e abrem poderosas reflexões sobre a imagem do Brasil no mundo.

Perfil dos entrevistados

As percepções contidas nesta sondagem são, predominantemente, vindas de profissionais de Comunicação (49%), do sexo feminino (57%), na faixa de 31 a 40 anos (45%), ocupando cargos de Diretoria, Assessoria e Coordenação (17% em cada categoria) em empresas prestadoras de serviço (67%). Maior parte já esteve no Brasil (65%), embora 68% nunca tenha feito negócio com empresas brasileiras. As respostas foram influenciadas fortemente pelas informações coletadas sobre o país através de canais na internet (61%) – sendo que 21% procura aleatoriamente no Google.

Nenhuma das características de perfil analisadas traz impacto no tipo de resposta prestada. Vê-se similaridade de percepção sobre a imagem do Brasil independente da categorização exposta acima.

As respostas foram coletadas com instrumento de auto-preenchimento impresso, com questões abertas e espontâneas, em 9 de agosto de 2012. Participaram 70 profissionais chilenos.

Há limitação amostral. Foram consideradas todas as pessoas disponíveis para preenchimento na plateia do evento.

Dados básicos dos entrevistados

O questionário "Brasil y imagen recíproca" foi aplicado durante a I Jornada Brasileña de Comunicación Corporativa Brasil – Chile, a edição do *Brazilian Corporate Communications Day* realizada em Santiago. Ao todo, 70 profissionais participaram do evento, com o seguinte perfil:

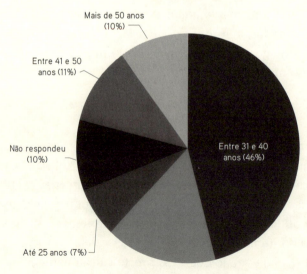

Brasil: múltiplas identidades

Gênero

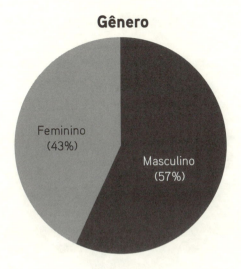

Cargo

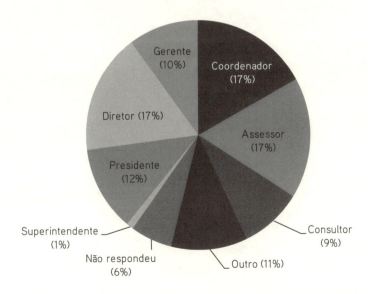

Área de trabalho

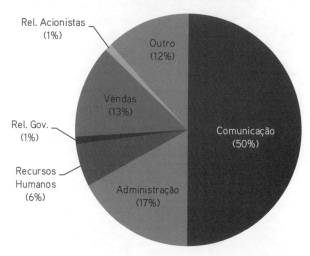

Setor de negócio da empresa

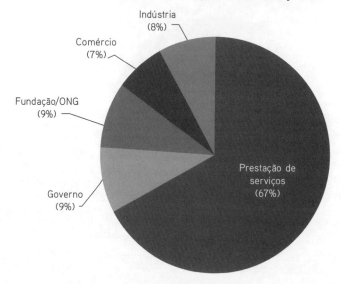

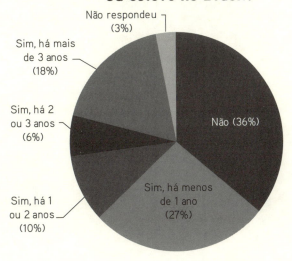

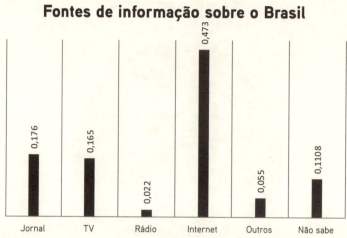

Fontes de informação sobre o Brasil

Brasil

Quando questionados sobre as associações a "Brasil", os entrevistados responderam com clichês típicos da imagem nacional no exterior, já detectados em outros estudos ou por observação empírica. São os casos de alegria (55%), praia (30%), futebol (21%) e música (18%). Outras menções têm relação imbricada com as referências mais frequentes, como beleza natural, diversão, cordialidade, sol, samba e caipirinha.

Nas respostas, a cidade do Rio de Janeiro e a região da Amazônia são as duas únicas menções sobre localidades específicas – mas reforçam a percepção estrangeira fortemente baseada no simbolismo turístico. Em geral, os pontos são sempre positivos (liberdade, diversidade, otimismo, grandiosidade), aparecendo apenas a palavra favela como uma representação negativa.

No campo da economia e dos negócios, as únicas aparições são da expressão genérica "grandes empresas" e da Petrobras, podendo ainda ser agregadas neste universo palavras como "potência" e "crescimento". Em todos os casos, tratam-se de citações únicas.

Cidades Brasileiras

Quando apresentado o termo "Cidade Brasileira", é evidente nas respostas o destaque do Rio de Janeiro com 51% das citações espontâneas, seguido de São Paulo com 17% dos casos e de Brasília com 2,8%. Este destaque seria percentualmente maior se acrescidas as citações para "Pão de Açúcar". Quando não se referiam diretamente a um nome de cidade conhecida, os entrevistados partiam parapontos como praia e diversão (7% em cada opção) ou amizade e carnaval (5,7% em cada opção).

Outras cidades, ainda que com uma única menção, foram Ubatuba e Búzios – e ainda o estado do Maranhão. O forte vínculo da 'percepção país' com o turismo ou vinculações geográficas em geral renova-se para cidades, aparecendo novamente alegria, música, bom clima e beleza natural.

Mesmo com baixo índice percentual, chamam atenção lembranças negativas, vindas de palavras como "caos", "favela" e "perigo" – somadas, elas alcançam 5,7%.

Turismo Brasileiro

A associação direta da expressão "Turismo brasileiro" entre os comunicadores chilenos direciona-se para as praias (54%) ou então novamente para a cidade do Rio de Janeiro (21%).

Há uma variedade significativa de símbolos e palavras para designar o turismo nacional, com leve concentração para carnaval (11%), belezas naturais e diversão (8,5% para cada opção) e ainda sol (7%). Os pontos são positivos, embora bastante misturados, como música, calor, alegria, festa, futebol, hospitalidade, comida, água e descanso. Apenas a citação "mulheres" pode dar uma conotação que mereça cautela.

Algumas cidades turísticas foram citadas, sem expressividade estatística, como Salvador, Florianópolis, Olinda, Búzios, São Paulo e Brasília, além das regiões conhecidas como Amazônia e Pantanal. Reforçando a identidade carioca estão pontos turísticos como Pão de Açúcar, Cristo Redentor e praia de Ipanema – na ordem de 14% – e Cataratas do Iguaçu.

Assunto Econômico Brasileiro

Nas respostas ao termo "Assunto econômico brasileiro", a prevalência recaiu sobre desenvolvimento (23%) e potência (18%). Chama atenção novamente a vinculação de questões brasileiras, em diversos setores, com a palavra "turismo", chegando aqui a 7% dos casos. A partir daí, as citações foram bastante esparsas, aparecendo nomes de empresas como Petrobras e Itaú, e também BRIC. Qualificações de "grandiosidade" e "complexidade" para a matéria também foram indicadas.

Em geral, as menções são positivas, assumindo várias terminologias e pontos de vista complementares. Mas a lembrança de "pobreza" e "desigualdade" está presente.

Sociedade Brasileira

É dicotômica a sensação causada nos comunicadores chilenos pesquisados quando se fala na expressão "sociedade brasileira". Sobressaem-se as palavras "alegria" (27%) e "desigualdade" (17%), tendo logo depois "cordialidade" (13%). Volta aqui a menção da palavra "favela" como lembrança direta de sociedade.

Referências ao imaginário sobre o povo brasileiro também estão presentes, como se vê em "trabalhadora", "patriota" e "liberal", obtendo certo destaque a visão de diversidade – racial, cultural, social.

Empresa, entidade ou Governo Brasileiro

Quando apresentada a expressão "organização (empresa, entidade ou governo) brasileira", entre os comunicadores chilenos, a força da iniciativa privada, com proeminência da Petrobras (25,7%), da Natura (8,5%), do Itaú (7%) e da Vale (2,8%) são destacadas nas respostas. Não existe nenhuma citação para órgão, setor ou liderança governamental (a não ser a Petrobras, que tem o governo como principal acionista) e de terceiro setor.

Quase todas as menções são positivas, como "empreendedorismo", "transnacionalidade", "sustentabilidade", "seriedade" e "solidez" – havendo apenas uma indicação de protecionismo.

Comunicação Brasileira

simples alegria aberta desafio novela desconhecida planejamento expansão diversão Aberje idioma inovação confiança sorriso publicidade Rede Globo referência ação cultura Relações Públicas USP Duda Mendonça Washington Olivetto televisão música criatividade evolução clara eficácia globalização Almap integração qualidade Folha de S.Paulo cordialidade Governo brasileiro pioneirismo colorida expressividade

Os comunicadores chilenos consultados apresentam impressões bastante positivas da expressão "Comunicação brasileira", mas absolutamente esparsas. Foi o indicador com mais pontos distintos levantados – 40 palavras. A Rede Globo (8,5%) é o assunto mais lembrado, seguido de alegria, confiança e eficácia. Em termos de lideranças, foram mencionados os nomes dos publicitários Duda Mendonça e Washington Olivetto. Nenhum representante de setor econômico foi citado, mas houve menção ao governo brasileiro, à agência ALMAP, ao jornal Folha de S.Paulo e à Universidade de São Paulo.

Chama atenção a indicação de idioma (5,7%), sempre explicada sob o ponto de vista de ser a única comunicação da América Latina em língua portuguesa.

Comunicação Empresarial Brasileira

No questionamento referente à associação feita ao termo "Comunicação empresarial brasileira", foi o nome de uma empresa o item mais lembrado: Petrobras (5,7%), seguido de marketing (4,3%) e depois Natura e Itaú – ambos com 2,8%. A expressão publicitária é prevalente e mencionada nas justificativas como fonte para lembranças no tema.

Em geral, as citações são positivas, com termos como global, referência, pioneirismo, liderança, modernidade e credibilidade. Algumas indicações mais centradas na parte de conteúdo, mostram qualidades como simplicidade, informalidade e alegria.

Considerações consolidadas

1 – Apesar da variedade de questões de estímulo para *top of mind*, os comunicadores chilenos consultados apresentam uma resposta transversal: turismo, em suas várias nuances. Lembranças como praias, sol e clima, ou então, diretamente localidades como Rio de Janeiro ou pontos como Cristo Redentor e Pão de Açúcar são recorrentes em diferentes áreas da pesquisa.

Tal situação deve decorrer de uma centralidade da exposição brasileira na mídia, via conteúdos jornalísticos e sobremaneira via publicidade, com esta temática. Isso leva a uma percepção focada, que pode ser restritiva e danosa sob vários aspectos. A não identificação do país com outros adjetivos celebrados pela contemporaneidade, como tecnologia, confiança, transparência e profissionalismo, pode trazer algum revés no futuro, muito embora o reforço de determinados clichês do universo do entretenimento vistos aqui – diversão, alegria, caipirinha, carnaval, futebol – também tenham potencialidade positiva, se bem explorados;

2 – A proeminência da palavra "futebol" é outro ponto interessante da pesquisa. Ela aparece em diversas seções. A expressão "pátria de chuteiras", atribuída ao dramaturgo Nelson Rodrigues, parece ficar comprovada entre os comunicadores chilenos. A projeção mundial desse esporte e as conquistas históricas do Brasil na modalidade acabam sendo fortes formadores de percepção, e ainda em momentos de lazer e descontração – mais propícios à memorização.

A realização próxima da Copa do Mundo de Futebol deve ter sido outro balizador para essa lembrança, assunto frequente na imprensa mundial que notabilizou o Brasil nas rodas de conversa;

3 – Apesar de uma leve prevalência na amostra de mulheres de 31 a 40 anos, atuantes no setor de prestação de serviços, ao fazer-se cruzamentos de dados com perfil, não se verifica alteração do quadro perceptivo. Ou seja, o que é considerado *top of mind* entre os chilenos pesquisados independe de gênero, faixa etária, posição hierárquica e ramo de negócio – sequer imprime alguma influência o conhecimento presencial do país em viagens de turismo ou negócios. Tudo advem dos meios de comunicação *on* e *off-line*;

4 – Ao se falar em influência dos meios de comunicação *off-line*, convém mencionar uma absoluta predominância de jornais chilenos nessa formação perceptiva. Porém, na área televisiva, a fonte principal é a Rede Globo Internacional. De todo modo, vêm da internet os subsídios para os comunicadores consultados proferirem suas respostas de *top of mind*, sobremaneira do buscador Google como porta de entrada. Interessante observar que o site do governo brasileiro é a fonte mais citada ao individualizar-se a indicação sobre internet em termos de portais informativos;

5 – Ainda sobre os pontos de busca por informação acerca do Brasil, é relevante destacar a menção sobre indicações de amigos brasileiros, sobre campanhas da Embratur, sobre dados vindos da Embaixada do Brasil no Chile e ainda de fontes literárias (aqui não sendo possível qualificar se ficcionais ou não);

6 – A absoluta maioria das menções em *top of mind* sobre os vários pontos sondados recai em palavras ou expressões positivas sobre o país. A palavra "favela" é a única que aparece já na busca por Brasil; "caos" e "perigo" vêm na parte sobre cidade brasileira; e "pobreza" e "desigualdade" são lembranças para assunto econômico. As palavras "favela" e "desigualdade" voltam para representar a sociedade brasileira, junto com "desordem". Em organização brasileira, só existe a citação "protecionista". Em todos os casos são citações únicas, embora não vindas do mesmo entrevistado.

Não há menções negativas para Turismo Brasileiro, Comunicação Brasileira e Comunicação Empresarial Brasileira.

A predisposição otimista dos chilenos é um sinal importante sobre o clima psicológico que envolve assuntos brasileiros, reforçado pelos elementos já tratados aqui, em torno de uma sociedade mais festiva e cordial;

7 – Em direção ao entendimento sobre Comunicação Empresarial Brasileira, é oportuno destacar que a percepção chilena sobre a economia brasileira está agrupada enormemente em torno da "potência" e do "desenvolvimento". Ou seja, há uma manifesta crença na capacidade de crescimento, acompanhada de sensações como "aliança", "solidariedade", "confiança" e "intercâmbio".

Esta visão de um capitalismo menos financeiro e produtivista e mais relacional e reputacional abre espaço para a valoração da comunicação;

8 – De toda maneira, a comunicação brasileira está reduzida no imaginário chileno à produção televisiva e à oferta publicitária (agência, profissionais, fama criativa). Em uma ligação espontânea com a vertente da comunicação empresarial, o único link é com o termo "relações públicas" – e com bem poucas citações. A abordagem mercadológica é mais visível para dar significado ao fenômeno comunicacional. Isso é compreensível dado que os projetos de Comunicação Empresarial são operados por nicho, sem às vezes sequer almejar notoriedade. Vê-se que o silêncio total também é danoso;

9 – Vê-se indícios de conexão de temas comunicativos brasileiros com a dimensão da sustentabilidade, havendo ênfase no meio ambiente. São ainda menções esparsas, mas já presentes na lembrança dos chilenos;

10 – A expressiva aparição de palavras derivadas da "alegria" é ponto que merece reflexão. Se bem conduzidas, as narrativas que inspiram "cordialidade", "informalidade", "sorriso", "colorido", "música", "festa" e "diversão" podem ser indicadores de qualidade de vida. De outro lado, podem suscitar questões como displiscência, amadorismo ou preguiça. O tema parece requisitar um posicionamento mais firme do país;

11 – Convém relativizar a aparição de uma série de empresas brasileiras no conjunto geral de lembranças de *top of mind* dos comunicadores chilenos consultados. Não se trata de qualquer desmerecimento aos seus esforços de identidade e posicionamento internacional, que se demonstram efetivos, mas a presente pesquisa foi aplicada em um evento de palestras e isto traz natural impacto benéfico para as empresas expositoras – no caso, Petrobras, Vale, Itaú-Unibanco e Natura.

Por fim, a pesquisa nos mostra a multiplicidade de percepções sobre o Brasil que se consolidarão em narrativas sobre nós, criando rapidamente riqueza ou miséria, valor ou desvalor. Assim, reforça a incumbência do comunicador, não importa onde esteja, de investir no seu trabalho singular de narrador, de acreditar na força transformadora das palavras, e de criar todos os dias novas e boas histórias sobre a sua comunidade, seu país e sua gente.

Apresentação oral[1]
MOLDANDO A IDENTIDADE BRASILEIRA

Rose Lee Hayden[2]

Bom dia, Brasil! É uma grande honra e um prazer estar com vocês. Peço desculpas por meu português que, depois de dez anos na Itália, não permite uma apresentação mais longa. Mas entendo o idioma perfeitamente.

O escritor francês Paul Valery, certo dia, supostamente comentou: "O problema com o nosso tempo é que o futuro não é o que costumava ser". Monteiro Lobato certamente teria concordado com isso. Brasileiro por excelência e ainda ais nacionalista, Lobato dedicou sua vida a certificar-se de que o futuro do Brasil não seria "o que costumava ser". Ele não queria vincular cegamente seu próprio nacionalismo à tradição do país. Ao longo de sua trajetória, o escritor esteve determinado a justificar o lema "progresso" de "Ordem e Progresso" da bandeira brasileira. Pretendia moldar as futuras gerações de brasileiros, uma criança de cada vez.

---

1   O texto aqui apresentado não é uma transcrição *ipsis verbis*, mas um registro elaborado a partir das transcrições do áudio captado durante o evento. Buscou-se, contudo, manter a maior fidelidade possível à fala, assim como preservar sua característica de linguagem oral.

2   Rose Lee Hayden é escritora e consultora internacional, com mais de quarenta anos de experiência nos setores público e privado. Autora do livro *A literatura infantil de Monteiro: uma pedagogia para o progresso*. Possui PhD pela Michigan State University, PhD honorário pela Eastern Michigan University e Mestrado em International Affairs pela Columbia University. Trabalhou em inúmeros projetos internacionais, incluindo atividades de importação e exportação com o Brasil, e iniciativas de relações públicas para as marcas Smirnoff, American Express e Consumer Energy Council of America, entre outras. Foi Diretora do Office of U.S. Government Exchanges Policy (Fulbright) e presidiu o conselho diretivo do LASPAU (Latin American Scholarship Program of American Universities) sediado em Harvard.

Neste sentido, Lobato observava o Brasil "de fora", como os participantes desta conferência estão fazendo neste evento, *Novo Brasil: multiplas identidades*.

Como autor de quase 5.000 páginas de literatura infanto-juvenil – 22 obras ao todo – Lobato descreveu a si mesmo como "condenado a ser o Anderson do Brasil". Ele deu conteúdo nacional, propósito e alcance ao gênero da literatura infanto-juvenil, mudou-a do puramente moralista e didática para o reino da fantasia e do entretenimento. Também empregou estratégias de ensino revolucionárias que ainda são válidas para envolver ativamente os leitores e liberar sua imaginação, criatividade e talento. Tão importante quanto isso, Lobato "abrasileirou" e modernizou a língua portuguesa, tornando-a mais acessível a um público mais amplo e não acadêmico. De fato, o escritor tinha um verdadeiro rancor em relação a gramáticos, baseado em uma experiência escolar negativa na infância. Contudo, ao longo da vida fez as pazes com eles. Quando seus jovens personagens dizem: "Leia do seu jeito, vovó", eles estão se certificando que narrativas simples, claras e envolventes são muito mais agradáveis para o leitor.

Olhando ao redor da plateia aqui presente, vejo muitos jovens que provavelmente já ouviram falar de Monteiro Lobato, mas muitos não devem ter lido seus livros infantis. Ainda assim, o impacto de Lobato sobre a identidade brasileira foi e continua sendo muito significativo.

Para aqueles de vocês que gostariam de aprender mais sobre a influência duradoura de Lobato, eu recomendo a leitura do livro do professor José Roberto Penteado Whitaker, *Os filhos de Lobato: o imaginário infantil na ideologia do adulto*. As descobertas de Whitaker revelam que 70% dos brasileiros com ensino superior que hoje têm mais de 40 anos leram Monteiro Lobato, enquanto que, em 1987, quase 88% estavam familiarizados com o escritor graças a várias séries de televisão como o *Sítio do Pica-pau Amarelo* e seus muitos visitantes e personagens principais. Na verdade, a história não acabou, e a Rede Globo, trabalhando com um produtor brasileiro, está planejando uma nova série. Por isso, fiquem atentos.

Enquanto os livros infantis de Lobato ainda estão sendo usados em algumas escolas até hoje, tendo sido editados novamente por causa das últimas modificações da ortografia, hoje eles apresentam aos professores um desafio especial. É preciso apresentar o material como relevante para os estudantes mesmo que, para os padrões atuais, alguns trechos sejam considerados ofensivos e politicamente incorretos – ainda que esses trechos refletissem a opinião geral da população quando foram primeiramente editados no início dos anos 1920. Então, por favor, aqueles de vocês que repetem a opinião de que "Lobato era um racista" – e de fato, em alguns aspectos ele era – não pensem que Lobato era um *skinhead*. Para a maior parte dos estudiosos, Monteiro Lobato foi um produto de seu tempo. Assim como usamos a palavra "etnocêntrico" para descrever os nossos preconceitos e opiniões sobre outros povos e culturas, eu sugiro a invenção de uma nova palavra: "tempocêntrico". Ela enfatizaria o quanto é difícil para nós compartilhar a mentalidade das pessoas que viveram suas vidas em tempos muito diferentes. Isto não é um pedido de desculpas, é um apelo para a compreensão de que o que hoje é inaceitável poderia ter sido uma prática bastante normal em épocas anteriores e não deve tornar-se um rótulo que nega o prazer de obras valiosas de arte e literatura que chegaram até nós do passado. Por isso, vamos voltar para a nossa história.

Farto de adultos, Lobato dedicou-se às crianças brasileiras como a chave para a construção de uma nação poderosa, eficaz e humana, que alcançaria seu lugar na família das grandes nações. Como seu companheiro Diógenes (século III d.C.), Lobato acreditava que "O fundamento de cada Estado é a educação de sua juventude". Para o escritor, as crianças não eram versões em miniatura dos adultos, ao contrário, tinham *status* e inteligência próprios. Em suas palavras: "Eu acho que o ser humano é mais interessante na infância do que quando ele, idiotamente, se torna um adulto".

A cruzada ao longo da vida de Lobato foi preparar as crianças do Brasil para o futuro. Ele era um apóstolo do "progresso", cuja sociedade ideal era apenas uma versão maior do *Sítio do Pica-pau Amarelo*: tecnologicamente moderna, intelectualmente sofisticada e existencialmente agradável. Lobato estava convencido de que a modernidade e os avanços tecnológicos acabariam por melhorar a qualidade de vida de todos os brasileiros, incluindo as massas empobrecidas.

Contrariamente às minhas expectativas, instituições sociais tradicionais, como a Igreja, a escola e a família, raramente são mencionadas nos livros infantis de Lobato, e quando o são, as referências são muitas vezes sarcásticas ou francamente negativas. As escolas são mencionadas apenas 25 vezes em quase 5.000 páginas de literatura infantil e essas referências não são lisonjeiras! Nem são as observações de Lobato sobre a religião. Não é de se admirar que o Padre Sales, crítico ferrenho de Lobato, se achava opositor ao "Martin Luther da literatura infantil". Costumava dizer também que Lobato era comunista. Em pelo menos uma ocasião, os livros de Lobato foram queimados publicamente por uma pequena minoria dos chamados "justos".

Deixe-me enfatizar que com sua literatura infantil, Lobato fez muito bem fazendo o bem. Enquanto vivenciava inúmeros contratempos e fracassos nos negócios, sua literatura infantil, na qual ele tropeçou por acaso da sorte, foi um enorme sucesso tanto profissional como financeiramente.

Não se deve ignorar o lado financeiro deste empreendimento que produziu 22 volumes em cerca de três fases, começando em 1920-1921 com *Reinações de Narizinho*. Ao longo dos anos, sua literatura foi se tornando mais didática, especialmente na fase em que ele retorna de uma missão de cinco anos como adido comercial nos Estados Unidos, em 1931, época em que seus textos têm muito mais fantasia.

O escritor sabia como pôr em marcha esses volumes e, mais importante, como comercializá-los. Na verdade, em sua pressa para produzir volumes um atrás do outro, Lobato muitas vezes cometeu erros que os leitores trouxeram a sua atenção. Sua resposta: "Dona Benta é uma velha senhora e às vezes fica confusa".

Dessa forma, vou compartilhar aqui apenas alguns exemplos de como Monteiro Lobato estava à frente de seu tempo. Talvez ele sempre esteja à frente de seu tempo pois se trata de sua visão geopolítica avançada e de uma pedagogia que fez do aprendizado uma aventura que nunca termina. Seria adequado aplicar a metodologia de Lobato nas escolas de hoje e também nas faculdades em todo o mundo. Para citar Graham Greene (*The power and the glory*, 1940): "Há sempre um momento na infância quando a porta se abre e deixa o futuro entrar".

Por isso, Lobato é tão relevante hoje como nunca. Para os participantes neste evento da ESPM, e muitos outros leitores, podemos ver como o escritor abrangeu todas as áreas a partir de romances para a juventude. Ideias como a de identidade, de liberdade, de se usar o idioma Português, a de liberdade de expressão e divulgação de uma marca são dele. Está tudo lá, na literatura infantil de Lobato.

Enquanto eu temo que Lobato teria concordado, em certa medida, com a dicotomia de Walt Rostow de 1960 entre os países que podem e não podem "decolar", Emília, a boneca que era na verdade porta-voz de Lobato e a mais popular de todos os seus personagens, teria se encarregado do Dr. Rostow como ela fazia com Hércules ou qualquer outra pessoa cujo pensamento não se enquadrasse ao dela.

O professor Rostow foi um famoso acadêmico na década de 1960, que colocou o Brasil logo acima do Haiti como uma nação que permaneceria "subdesenvolvida" e usou a imagem de uma pista do aeroporto, aonde a Argentina iria "decolar", mas o Brasil não. Em qualquer caso, eu adoraria ter ouvido Emília se encarregar do bom professor aqui. Tenho certeza de que se ele estivesse aqui, hoje, Lobato não estaria tão surpreso com o fato da economia do Brasil ser a 6ª do mundo, à frente da Grã-Bretanha!

Na década de 1960, vários indicadores socioeconômicos levaram Rostow e outros a ranquear o Brasil muito baixo na lista de países que poderiam e iriam se juntara esse clube especial dos chamados "países desenvolvidos".

Então, como é que as coisas estão hoje em termos de "desenvolvimento"? Deixe-me compartilhar alguns fatos socioeconômicos atuais sobre uma nação que vocês conhecem... e me perdoe por ser direta. Eu não quero ser rude, mas estas são as estatísticas.

A expectativa de vida é a penúltima entre as nações modernas, ficando atrás de todas, menos do Qatar. Má alimentação, saneamento básico, falta de acesso a serviços de saúde, alta criminalidade e uso de drogas estão por trás desta realidade. Gravidez na adolescência, baixo peso ao nascer, mortalidade neonatal, infelizmente, são comuns. Todos os anos há 225 mil mortes desnecessárias devido a erros em hospitais, infecções e reações adversas a medicamentos, entre outros fatores.

A criminalidade é galopante, em grande parte relacionada com gangues e tráfico de drogas, com milhares de assassinatos cometidos a cada ano. Com uma a cada 100 pessoas em prisões superlotadas e desumanas, 70% dos presos não brancos. Mais de 12 milhões de crimes registrados a cada ano.

Uma em cada quatro crianças vivendo na pobreza real, o segundo maior índice de qualquer nação moderna de credibilidade. Na verdade, 1% da população recebe bem mais de 24% de toda a riqueza nacional. A distribuição da riqueza é estatisticamente a mesma que a da Nigéria ou a Guiana.

O sistema político é disfuncional e a corrupção é bastante comum. Pontes caem e a infraestrutura inadequada está desmoronando. Em geral, as escolas não estão conseguindo atingir resultados, apesar do maior número de matrículas. Lobbies poderosos distorcem o processo político e as relações financeiras beiram o ilegal ou o imoral. O prazo prescricional proíbe a acusação adequada daqueles que infringem a lei e enfraquece qualquer perspectiva de uma democracia verdadeiramente viável com base na justiça igual para todos.

Oh, a propósito...Esqueci de dizer... esses dados referem-se aos Estados Unidos!

Deixe-me repetir: o país que está sendo descrito aqui é os Estados Unidos da América e meu objetivo é ressaltar, de uma vez por todas, que todos nós somos vários países dentro de um, somos todos países emergentes, e todos nós estamos enfrentando desafios humanos e ecológicos, bem como o crescente flagelo do narcotráfico e do terrorismo fundamentalista.

A dicotomia de Rostow nunca foi um caminho válido para que pessoas de fora possam avaliar qualquer nação. Nós todos não conseguimos alcançar o nosso potencial, em grande parte por causa de fatores tradicionais de raça, classe, cultura, e não simplesmente fatores demográficos *versus* recursos adequados de alimentação, água e crescimento sustentável.

No entanto, os Estados Unidos têm um recurso nacional inesgotável: sua ignorância sobre outros povos e culturas. Portanto, a imagem global do Brasil é, sem dúvida, limitada ou inexistente dentre a população norte-americana em geral. Aqueles que conhecem razoavelmente o Brasil, provavelmente identificariam o país com o Carnaval e mulatas voluptuosas dançando nas ruas, com futebol, incêndio da Amazônia, caipirinha e praia, ofuscados por temores de crimes violentos e assassinatos desenfreados. A maioria dos americanos não sabe que no Brasil se fala português, não espanhol.

Se você pensa que eu estou exagerando nessa ignorância geral, não estou. E essa não é uma reflexão apenas sobre o Brasil. Há alguns anos, um professor de geografia da Universidade da Califórnia deu uma tarefa em sua classe e 49% de seus alunos não conseguiram encontrar o Japão em um mapa.

Isso me leva a compartilhar com vocês o que eu chamo de *Plano de Paz de Hayden*, ou seja, que os Estados Unidos da América não podem ir para a guerra de forma aberta ou veladamente, em qualquer nação que a maioria dos americanos não consegue encontrar em um mapa! A boa notícia é que não há nenhuma razão intrínseca para que gringos não possam amar e respeitar o Brasil. Nós não somos necessariamente maus, somos apenas ignorantes.

Então, vamos fazer alguma coisa a respeito. Conte sua história na mídia impressa, transmitida e social. Expanda os programas de intercâmbio, como o Programa Ciência sem Fronteiras que, em 2014, irá enviar 100 mil brasileiros estudar no exterior. Atualmente, existem 9.000 estudantes brasileiros nesse programa nos Estados Unidos se acotovelando com os futuros cientistas de todo o mundo, incluindo os 260 mil estudantes chineses matriculados em faculdades e universidades americanas. Esse é um investimento sólido, como a CAPES, que de fato tem impulsionado o desenvolvimento industrial e agrícola do Brasil nas últimas décadas. Lobato teria aprovado esses intercâmbios, uma vez que seus personagens frequentemente viajavam para outros países, até mesmo outros planetas.

Lembre-se, Brasil e Estados Unidos têm uma história em comum como ex--colônias, economias escravocratas, países de dimensões continentais, e nações aonde milhares de imigrantes chegaram para realizar seus sonhos, e nesse processo, criaram um povo inteiramente novo. Ambos continuam a recriar a si mesmos e suas identidades, e isso é tudo para o bem.

Para mostrar o quão Lobato estava à frente de seu tempo, em 1928, ele previu que os EUA teriam um Presidente Negro em 2028. Hoje, esse livro seria politicamente incorreto, de fato. Como se vê, Lobato errou sua previsão em 20 anos, mas os brasileiros têm uma presidente mulher e eu duvido que alguma vez os Estados Unidos terão uma... Mas sempre se pode sonhar.

Como disse a revista *The Economist*, os Estados Unidos e o Brasil precisam se conhecer melhor, embora a presença do Brasil nos Estados Unidos seja inadequada: falta um tratado de dupla tributação com os EUA, o Brasil também deveria ter um assento permanente no Conselho de Segurança, sua Embaixada em Washington é pequena, apenas algumas das suas empresas têm escritórios na cidade, e não contratam lobistas expatriados em seu benefício. O resultado é que as autoridades americanas sabem menos sobre o Brasil do que qualquer um dos BRICs, e os americanos não têm uma visão informada do país, em geral.

Mas vamos deixar esse vale de lágrimas, porque nem todos nós somos ignorantes, e muitos de nós amamos e conhecemos o Brasil. Deixe-me lhes dizer como eu comecei as minhas aventuras no Brasil e vim a descobrir e escrever uma tese de Ph.D sobre a literatura infantil de Monteiro Lobato. Vou compartilhar alguns momentos muito pessoais, porque o coração muitas vezes rege a mente e o destino molda nossas vidas.

O Brasil, de fato, mudou e enriqueceu a minha vida. Tudo começou muito antes de ouvir falar de Monteiro Lobato, quando eu tinha cinco anos de idade e alguém me deu uma boneca da Carmen Miranda. Eu não gosto particularmente de bonecas, mas quando eu vi aquela saia colorida, aquele traje fascinante e ornamento na cabeça, eu sabia, no meu íntimo que, de onde quer que essa boneca tenha vivido, era lá que eu deveria viver. Na verdade, meus pais ficaram preocupados comigo desde muito cedo, pois tudo que eu fiz foi dizer a eles que queria ir para o Brasil. Eles não conseguiam entender. Afinal, eram imigrantes da Rússia (meu pai era judeu) e da Alemanha (minha mãe era católica). Para eles, essa determinação de ir a um país que eu mal conseguia localizar no mapa era, em poucas palavras, louca e francamente perturbadora. Talvez na minha última encarnação, eu tivesse sido brasileira!

Este desejo de infância ficou comigo ao longo da escola e faculdade. De fato, e mais uma vez e bem antes de eu ouvir falar de Monteiro Lobato, com a idade de vinte e um anos eu era parte de uma equipe de antropólogos enviados pela Universidade de Columbia para Camaçari, na Bahia, no Nordeste do Brasil.

Meus estudos universitários formais não me prepararam para o Brasil que eu encontrei. Quase todos os truísmos acadêmicos não pareciam se aplicar, e muito menos os próprios mitos intelectuais do Brasil sobre si mesmo. Senti que o Brasil estava se modernizando muito mais rapidamente do que se acreditava, e tinha, como se diz, "a coisa certa" para fazer o que queria fazer quando realmente decidir seguir em frente. Mas eu tinha a ilusão de que o país era uma democracia liberal não racista. Lembre-se, eu estava vivendo no interior da Bahia e, em muitos aspectos, era uma das sociedades quase feudal – o tipo de lugar que Lobato lutou para reformar quanto ele trabalhou para construir uma nação e um Povo.

Tendo ido para o Brasil logo após o golpe militar de 1964, passar quase três meses no sertão, em Camaçari, e em Arembepe foi um verdadeiro desafio, bem como um grande presente. Isso certamente me fez sentir em casa, no Sítio de Lobato, pois, em certo sentido, eu tinha vivido pessoalmente tudo o que ele contava – os coronéis, a tia Nastácia, a dona Benta, o visconde, e muito mais. Eu também tinha chegado a conhecer o Jeca Tatu muito bem.

Como resultado dessa experiência, eu escrevi minha tese de mestrado – um volume a mais – sobre política municipal brasileira. Assim, no momento em que eu finalmente embarquei na minha aventura sobre Monteiro Lobato, eu já tinha vivido em uma versão mais pobre do Sítio, sem utopia, mas para mim uma aventura de aprendizagem sem paralelo.

Assim, eu me lembro hoje de muitos dos personagens do Sítio como se fosse ontem quando eu estava em Camaçari em 1964. Lembre-se, eu tinha apenas vinte e um anos, não falava português, não havia eletricidade ou água corrente na cidade, nem estradas pavimentadas. Eu morava em uma pensão e fui a única mulher dentre os empregados da Petrobras de perfuração de petróleo no Recôncavo Baiano. Não havia carros, mas sim alguns caminhões, a expectativa de vida era de 36 anos de idade, um a cada dois filhos morria antes da idade de dois anos de doenças transmitidas pela água e outras, e a grande maioria da população era analfabeta, andava descalça e não tinha dentes.

Não havia um padre na cidade há 23 anos, mas os batistas cantavam ao longe nas manhãs de domingo e os crentes eram determinados a "colonizar" as almas em seu caminho. Na verdade, o Visconde de Sabugosa de Lobato era um crente, que muitas vezes andava carregando sua Bíblia. Como no dia 14 de novembro de 2009, uma matéria no *The Economist* em sua seção especial "O Brasil decola": "A multinacional brasileira mais bem sucedida de todas pode ser a Igreja Universal do Reino de Deus, um empreendimento Pentecostal". Eu vi isso acontecer décadas atrás.

Então lá estava eu, a "americana", logo após o golpe militar em 1964. Eu nunca me senti em perigo pessoal, meus rapazes da Petrobras eram meus protetores e minha senhoria era a minha própria Dona Benta. Eu estava de fato na terra das tias Nastácias desse mundo. O conselheiro mais próximo que eu tinha era o notável estudioso Thales de Azevedo, em Salvador que, naquela época, era difícil de alcançar dada a falta de estradas pavimentadas e inundações frequentes.

A cabeça decepada de Lampião ainda estava em exibição em Salvador e isso me incomodou e não só por causa do sangue. Para mim, isso representava uma falta de respeito. Naturalmente, aquilo foi usado como um totem político para avisar as pessoas sobre o que acontece com aqueles que não podem ou não servem aos interesses estabelecidos. Lembre-se, como uma verdadeira filha dos anos 1960, eu perdi colegas no Mississipi durante as marchas dos direitos civis e participei ativamente na mudança das práticas repugnantes de *apartheid* dos EUA, especialmente no extremo sul.

Na Bahia, conheci muitas pessoas. O escritor Jorge Amado foi um dos meus escritores favoritos, e tivemos muitas conversas excelentes em sua casa no Rio Vermelho. O sertão era como uma casa para mim e, quando eu estava perto do mar, as adoráveis jangadas de pescadores locais sempre animavam meu espírito. Mesmo Emília teria ficado impressionada com a minha coragem, que foi verdadeiramente o triunfo da esperança sobre a experiência dada a minha inexperiência e ignorância geral.

Eu nunca tinha estudado muito sobre o Brasil antes de ir para a Bahia em 1964, mas como eu pude observar, do ponto de vista do exterior, mesmo a visão dos especialistas não soava verdadeira para mim. O ponto de vista dos cientistas sociais estrangeiros e brasileiros era bastante romântico sobre as realidades raciais, a pobreza e as desigualdades, elementos que eram, então, a realidade predominante. Não era a terra de mulatas com vários maridos (vivos e mortos) que cozinhavam divinamente, como descreve Jorge Amado em *Dona Flor...*

Viver como eu vivi, onde e como vivi, em uma pequena cidade no interior do Nordeste, me ensisou uma de minhas primeiras lições: pessoas analfabetas definitivamente não são estúpidas. A segunda foi que as pessoas "pobres" são as mais generosas em espírito e substância. Embora certamente não seja nada romântico ser doente, pobre e sem esperança ou oportunidade.

Estava há cerca de 10 dias na pensão na qual vivi (onde as vigas de madeira apareciam por cima das paredes e os funcionários da Petrobras roncavam como loucos), quando um policial local bateu na porta e me disse que o prefeito queria ver "a americana" imediatamente. Eu estava com medo por causa do recente golpe militar. Estava também convencida de que iria ser tratada severamente, se não fosse deportada, uma vez que eu era uma "americana" e o antiamericanismo é tão importante para as nações, como é Deus para os teólogos. Muitas vezes, com muita razão, por causa das ações do meu próprio governo, as suas políticas com relação a América Latina. Mas, mesmo que eu discordasse muitas vezes da política externa do meu próprio governo, eu ainda era uma *gringa* e estava convencida de que nada de bom poderia vir dessa inesperada e temerosa intimação oficial.

E, então, fui encaminhada para a praça da cidade, onde a maioria da população local se reunia na época. Camaçari era pequena e possuía cerca de 5.000 pessoas em todo o município. A maioria das 100 ou mais pessoas reunidas na praça estavam descalças, desdentadas (graças ao hábito de chupar cana de açúcar), mas determinadas a participar em tudo o que havia sido planejado.

De uma forma ou de outra, a cidade tinha ganhado um gerador (lembre-se que não havia eletricidade) e havia uma bandeira americana muito antiga – duas estrelas representando os 50 estados – que eles hastearam e me mostraram. Para minha surpresa, o alto-falante começou a tocar nada menos que uma gravação de "The Star-Spangled Banner", o meu hino nacional. Eu estava atordoada. Todo mundo estava comemorando, enquanto eu estava tentando descobrir o que estava acontecendo.

Para você ver, meus amigos, era Quatro de Julho, e eu, a "americana", tinha esquecido completamente disso. Mas o meu povo não tinha... e queria me ajudar a celebrar o Dia da Independência dos Estados Unidos. Chapéus velhos de palha na mão, lá estavam eles, com o meu hino nacional tocando para honrar a mim e ao meu país.

Ali mesmo eu decidi que os Estados Unidos acabavam de se tornar uma nação melhor do que era, tinha ganhado esse nível de respeito e confiança, tinha que ser digna e não apenas dominante. Eu também jurei que eu passaria minha vida inteira aprendendo sobre outros povos e culturas e tentando fazer o possível para educar "os americanos", sobre um planeta compartilhado com os outros, gostassem eles ou não.

Para concluir esta vinheta, eu nunca, nunca na minha vida fiquei tão orgulhosa e tão humilhada ao mesmo tempo, muito menos determinada a contestar o meu destino de uma criança adotada do Brasil, do Jeca Tatu e seus companheiros. Eu percebi como nunca antes as grandes expectativas que os outros têm nos Estados Unidos, quantas vezes traímos nossos melhores "eus" internacionalmente, e como eu teria que gastar toda a minha vida tentando aprender mais sobre o meu querido Brasil.

Eu fiz uma promessa naquele dia na empoeirada e quente praça da cidade, naquele 4 de julho, de "retribuir", para certificar-me de que de alguma forma, algum dia eu poderia ser capaz de fazer uma pequena contribuição para o Brasil e honrar esse povo amado que me adotou.

Talvez o meu pequeno livro sobre Monteiro Lobato qualifica-se, em parte, como uma contribuição cultural de um "forasteiro" que está honrando este compromisso da melhor forma. Por alguma ironia cósmica final, Monteiro Lobato morreu em 4 de julho de 1948... 4 de julho seria então a data em que eu me tornei uma brasileira convertida e permaneço assim até hoje.

Uma última consideração. Quando saí de Camaçari para Salvador em um trenzinho caipira, o meu povo me deu um envelope e me disse para não abri-lo antes de eu chegar a Salvador. Quando o abri, ele continha algumas notas velhas, alguns trocados e instruções para comprar um disco de música do Nordeste para levar comigo para os Estados Unidos. Eram pessoas muito pobres e chorei em sua generosidade. Eu, de fato, comprei o disco e conservo até hoje. Talvez isso explique por que eu aprendi a tocar acordeão e me tornei a "Luiza" Gonzaga dos pobres! Eu só sei que a minha vida tem sido uma aventura de aprendizagem abençoada pela generosidade daqueles que partilharam suas vidas comigo. Eu sempre serei uma *morena de Itapuã*, enquanto os espíritas brasileiros insistem que, em uma encarnação passada, eu fui uma freira brasileira (vamos deixar de fora a parte religiosa). O fato é que o Brasil tem me intrigado, adotado, instruído e encantado, e por isso serei sempre grata.

Então, como eu descobri e me tornei tão curiosa por Monteiro Lobato? Aqui está a história. Enquanto eu estava lecionando na Universidade Estadual de Michigan, descobri Monteiro Lobato quando alguns amigos brasileiros me contaram sobre os livros que liam para seus filhos. Eu certamente não esperava que Lobato fosse tão visionário e foi uma surpresa muito agradável ver que Lobato era um autor infantil tão atípico e fora do convencional. Na verdade, as ideias pedagógicas de Lobato moldaram muito minha própria maneira de ensinar e escrever. Assim, au continuamente me esforço para colocar em prática o que ele pregava.

Através de Lobato, entendi os verdadeiros desafios do ensino e da aprendizagem – como o ensino eficaz, poderoso e livre pode ajudar a quebrar as castas e classes, pode envolver e instruir, preparar as gerações futuras, pode motivar, pode criar interesse genuíno e compaixão para com "o outro" que é, na realidade, um espelho de nós mesmos. Isso é o que Lobato buscou e veiculou na sua literatura infantil. Como Platão em sua *República*, Lobato sabia que educação tinha que ser uma espécie de diversão para melhor liberar a inclinação natural dos alunos e determinar seus futuros.

Sou uma mulher de sorte por ter encontrado Lobato e feito meu Ph.D. com uma análise de sua pedagogia e literatura criativa para crianças. Assim como Lobato, que teve muitas encarnações profissionais – escritor, editor, empresário, ativista político, educador, jornalista e agricultor, e ainda adido comercial do Brasil em Nova York por 5 anos – eu continuei meu envolvimento profissional e pessoal com o Brasil. Na minha carreira variada, trabalhava como professora universitária, administradora de programas internacionais de estudos; chefe do Conselho de Administração da LASPAU; lobista para o Conselho Americano de Educação em prol da língua estrangeira e programas de estudos internacionais (tais como o Programa Fulbright), dirigi uma empresa sem fins lucrativos, promovendo a competência americana em assuntos mundiais; fui vice-presidente de uma empresa de vídeo/TV de sucesso, produzindo programas em cinco idiomas, fui consultora de clientes como American Express e Amazonas; redatora de discursos para o consulado japonês em Nova York, autora e editora de cursos de línguas estrangeiras para Hodder Arnold em Londres e Hachette na Europa, e continuo a tocar em bares e, ocasionalmente, em navios de cruzeiro. Profissionais de recursos humanos provavelmente nunca contratariam tipos como eu ou o Lobato, dada a nossa tendência a mudar de emprego!

Mas eu nunca mudei minha carreira, nunca me desviei daquele dia em Camaçari quando eu prometi educar os americanos sobre outros povos e culturas, de modo que algum dia a nossa capacidade intelectual prevaleceria sobre o nosso poder de fogo. Ainda há muito a fazer...

Vou concluir agora com uma visão geral da literatura infantil de Monteiro Lobato que diz respeito especificamente a este encontro e nossos participantes. Lobato nasceu quando o Brasil era um império com escravos, vivenciou o surgimento de uma república, a abolição da escravidão, afluxo de imigrantes, duas guerras mundiais, uma grande depressão e a maciça migração interna dentro do próprio Brasil. Ele, como nós, vivenciou todas as três grandes revoluções da humanidade: agrícola, industrial (que ele queria expandir), e os primórdios da era da informação. Lobato acreditava e esperava o progresso contínuo e não ficaria de todo surpreso com o surgimento da Internet, jogos de vídeo, e-mails, redes sociais, celulares e similares.

Na verdade, se você examinar a população do mundo de forma criativa, à luz destes avanços tecnológicos, a China é o maior país, seguido pela Índia, depois o Facebook, e o Brasil... Pense nisso, sobre o quanto Lobato poderia ser compartilhado em uma forma global, se ele tivesse acesso a essas poderosas ferramentas de comunicação! É um jogo completamente novo agora, então, vamos tirar proveito dele.

Para aqueles de vocês que não estão familiarizados com a literatura infantil de Monteiro Lobato, vou levantar algumas questões a seguir, que podem ser complementadas pela leitura de meu livro *A literatura infantil de Monteiro Lobato – Uma pedagogia para o progresso*.[3] Onde são listadas as obras, os personagens principais, os tipos de habilidades intelectuais valorizadas e estratégias de ensino e aprendizagem eficazes refletidas na literatura infantil de Monteiro Lobato, e que permanecem válidas hoje.

Mais de 80 anos atrás, Monteiro Lobato previu e ensinou crianças brasileiras que a chave para o desenvolvimento do Brasil dependia da gestão inteligente dos seus recursos humanos e naturais, neste caso, o ferro e o petróleo. E ele estava certo: olhe a Petrobras, a Vale, a Embraer, além de empresas privadas de aço, como a Gerdau e a IBS.

Duvido que Lobato jamais sonhasse que o Brasil se tornaria um gigante agrícola, cujas exportações de *commodities* tornaria o país um líder mundial no setor. No entanto, sua literatura infantil inclui exemplos onde as crianças compartilham seus conhecimentos sobre como melhorar as práticas agrícolas e aumentar a produtividade.

Na questão dos recursos humanos, Lobato não acreditaria que o Brasil tinha um verdadeiro sentido de sua própria identidade ou potencial, então, ele propôs "abrasileirar a literatura" e incentivar os brasileiros a serem eles mesmos, deixar de imitar a Europa e os maneirismos aristocráticos, para exercer o bom senso e de serem eles mesmos. Em outras palavras, como sugere a *Nike* (marca de calçados esportivos), Lobato queria que seus leitores simplesmente "fizessem" (*Just do it*).

Hoje, 22% do PIB do Brasil estão relacionados com importações e exportações. A taxa nos EUA é de 23%. Lobato teria adorado isso. O escritor via as *commodities* como a chave para o Brasil se tornar uma nação que vende, não apenas compra internacionalmente. Um verdadeiro visionário. Afinal, os filhos de Lobato descobriram petróleo dois anos antes das autoridades e empresas brasileiras.

---

3   Livro publicado em 2012 com apoio do Instituto Cultural da ESPM. Exemplares podem ser obtidos a partir de solicitação pelo e-mail caepm@espm.br (envio sujeito à limitação do estoque existente).

Lobato também desconfiava de empresas estrangeiras, porque ele acreditava que elas estavam deliberadamente atrasando o desenvolvimento dos recursos de petróleo do Brasil. Essa desconfiança geral permanece até hoje, por exemplo, no caso da Chevron, e na forma de requisitos legais que obrigam que os equipamentos do setor de petróleo sejam fabricados no Brasil e não importados.

É importante notar que Lobato morreu quatro anos antes de Getúlio Vargas criar a Petrobras, em 1952, cerca de 15 anos depois que os personagens de Lobato perfuraram com sucesso um poço de petróleo em *O Poço do Visconde*. Lobato realizou uma cruzada ao longo da vida para o desenvolvimento do petróleo do Brasil e, portanto, para o "progresso" do Brasil.

Recentes descobertas de enormes jazidas de petróleo ao longo da costa Brasileira só reforçam a crença obstinada de Lobato que estas seriam localizadas e exploradas em benefício do Brasil. Lobato sempre acreditou que a exploração dos recursos de petróleo e ferro iria mudar o destino do país.

Mas o que fazer com todo esse dinheiro do petróleo? No Sítio, Dona Benta compra uma geladeira e um trailer, e "O Brasil entra no mundo de países poderosos". No Sítio, Narizinho e Pedrinho são verdadeiramente "Rockefellers mirins" que discutem como irão investir a sua riqueza recém-encontrada em boas obras como hospitais, escolas e assim por diante.

Lobato basicamente viu petróleo e ferro como monopólios estatais. Hoje, o comércio de minério de ferro é o segundo maior mercado global de *commodities* por valor depois de petróleo bruto.

Nós todos sabemos que países produtores de petróleo são frequentemente repressivos e corruptos, então talvez tenha sido uma boa coisa que o Brasil tenha descoberto petróleo um pouco mais tarde, dando assim a sua democracia nascente a oportunidade de se desenvolver e distinguir-se dos outros países do BRICs, cujas credenciais democráticas e práticas muitas vezes deixam muito a desejar.

Outra grave preocupação de Lobato, a corrupção e a incompetência burocrática, ainda estão com a gente e muitas vezes aparecem em seus livros infantis. Talvez o melhor exemplo seja do rinoceronte Quindim, nascido em Uganda e, portanto, fluente em Inglês. Quindim escapa de um circo e encontra o caminho para o Sítio. Todas as principais manchetes retumbam a notícia, e a Força Aérea Brasileira e o Exército são mobilizados. As legiões de soldados enviados para o Nordeste para capturar e matar o famoso bandido Lampião deixam o pobre diabo só para dedicar-se à grande caçada ao rinoceronte. Uma Secretaria Nacional para a caça do rinoceronte foi estabelecida com muitos altos funcionários devidamente nomeados. Naturalmente, esses burocratas perderiam seus empregos se o animal fosse realmente encontrado, então eles ignoram o telegrama de Dona Benta informando-lhes que o rinoceronte de fato fora localizado. Os funcionários chegam, mas como observa Lobato, "se soubessem que o rinoceronte estaria realmente lá, não teriam ido para o Sítio". Armados até os dentes com fuzis, metralhadoras e canhões, Lobato acrescenta que a única coisa que não trouxeram era "uma real intenção de capturar o monstro". Linhas telefônicas inúteis são instaladas e todas as tentativas de ignorar a besta são feitas, e com a ajuda de Emília, apontam o canhão na direção errada. Lobato não ficaria surpreso que a corrupção hoje seja ainda galopante e ainda há muito a ser feito neste sentido no mundo.

Lobato era um nacionalista fervoroso, mas realista. Como tal, ele foi muitas vezes acusado de ser antipatriótico. Em essência, Lobato era crítico das práticas e atitudes que inibiam o crescimento do Brasil, que se baseou no seu devido status de potência mundial primária. O julgamento foi fundamental, como era a razão e a moderação ao avaliar sua própria nação. Fechar os olhos para os abusos e os problemas não era aceitável para Lobato.

Um exemplo em sua *Geografia de Dona Benta* é particularmente divertido para mim como uma "americana". O ressentimento é um sentimento bastante comum em toda América Latina, quando os cidadãos dos Estados Unidos se referem a si mesmos como "americanos".

Aqui está o bom senso de Lobato sobre este assunto cansativo:

"Por que você diz *Americanos*, vovó?", perguntou Narizinho. "Todos os cidadãos da América são americanos, e não apenas os dos Estados Unidos."

"Eu digo isso para tornar as coisas mais simples – e também porque eu estou correta. Aquele país é chamado de Estados Unidos da América e não tem um nome característico como os outros têm. A criança dos Estados Unidos do Brasil é o brasileiro, a criança dos Estados Unidos da Colômbia é um colombiano, a criança da Guatemala é um guatemalteco, a criança do México é um mexicano – tudo muito simples. Então, como nós chamamos as crianças de um país com o nome de Estados Unidos da América? É claro que os chamamos de americanos. Se você propuser um nome melhor, eu vou ser a primeira a aplaudir".

"As crianças pensaram e pensaram e não conseguiram propor nada – e assim, a partir desse momento, eles estavam satisfeitos toda a vez que alguém dissesse *Americano* e eles entenderiam que se referia às crianças dos Estados Unidos da América!"

Lobato rejeitava o nacionalismo como um fim em si mesmo. Nacionalistas verdadeiros apreciavam o patrimônio do Brasil e tinham um forte senso de responsabilidade patriótica, mas ele também queria diminuir as carências nacionais. Nacionalistas verdadeiros também entendem a necessidade de modificar o seu nacionalismo para permitir a incorporação pacífica da nação em uma confederação de nações. Cada nação manteria a sua personalidade e valores distintos, mas também seriam dedicadas à paz e ao bem estar como ideais abrangentes dignos de algum sacrifício do poder e orgulho nacional.

Se ele estivesse vivo hoje, Monteiro Lobato certamente apoiaria uma maior participação do Brasil nos organismos internacionais e seus esforços para se tornar um membro permanente do Conselho de Segurança da ONU. Dona Benta observa que as desgraças do mundo são o resultado do mundo ser dividido em tantas nações, cada uma hostil ao seu vizinho. Ela pede um "Estados Unidos do Mundo" de modo que as guerras cessarão e a humanidade pode entrar em sua Era de Ouro. Pedrinho fica tão comovido com os comentários feitos por Dona Benta sobre as perspectivas para a unificação política do mundo que bate palmas e grita: "Viva, vovó! É a primeira vez que eu vejo você ficar tão animada com alguma coisa".

Os personagens de Lobato têm muito orgulho do Brasil. Em suas aventuras na Grécia Antiga, por exemplo, quando falavam com Hércules, eles informam o gigante mítico sobre avanços técnicos que ocorreram nos séculos posteriores. Os personagens de Lobato costumam viajar internacionalmente, uma ocasião para Hollywood, onde eles orgulhosamente descreveram seu Sítio. As crianças também frequentemente hospedam toda uma gama de figuras importantes de todo o mundo que visitam o Sítio, e ficam impressionadas, entre eles, Peter Pan e Alice. Durante a visita de Alice, Lobato revela seu senso de humor quando Tia Nastácia fica encantada quando Alice a cumprimenta fluentemente em português. Assim, Emília explica que a menina inglesa fala bem o português, porque, "Alice já foi traduzida para português!".

Monteiro Lobato foi uma personalidade contraditória e complexa, mas ninguém pode negar que ele encantou crianças brasileiras (e adultos) e realmente deixou sua marca. Eu, por exemplo, sou grata por ser uma "filha" de Lobato.

Lobato foi corajoso e consistentemente criticou governos autoritários, fato que o levou à prisão por um período. Ele também entendeu que o verdadeiro desafio do desenvolvimento econômico não era se o capitalismo prevalecesse, mas que tipo de capitalismo, que papel, que os setores públicos e privados deveriam desempenhar, como criar justiça, distribuir a riqueza e eliminar a miséria. Como Pedrinho diz: "Temos que endireitar o mundo".

O mundo ideal de Monteiro Lobato, o Sítio, ainda vive. Crianças e adultos brasileiros não podem deixar de refletir sobre a diferença entre a forma como as coisas são na educação hoje e como elas poderiam ser. A pedagogia progressista de Lobato nunca vai ser obsoleta.

Deixe-me compartilhar uma última história verdadeira com vocês. Uma especialista japonesa, Eleanor Jordan, da Universidade de Cornell, ia frequentemente ao Japão. Depois de um cansativo voo de 14 horas e fuso horário de 14 horas, ela solicitou que a despertassem do sono em seu hotel. Quando o telefone tocou, uma voz doce japonesa entoou: "Dra. Jordan, sua hora chegou!".

E a minha também. Foi uma honra estar aqui, e obrigado pela sua atenção e paciência. Tenho ouvido muitas vezes os brasileiros dizerem: "O Brasil é o país do futuro, e sempre será..." Na minha humilde opinião, isso não é um comentário negativo! Nós todos somos os países do futuro e sempre seremos! Este é o maior elogio que qualquer estrangeiro poderia fazer para o Brasil... vocês são o país do futuro e sempre serão.

Olhe o quão longe vocês chegaram – a partir da vida de Lobato e do Brasil de 1960 de Walt Rostow, para onde vocês estão hoje, e para onde vocês estão indo nesse futuro que sempre será bom para vocês! Outras nações e povos têm muito a aprender sobre o Brasil. Sim, vocês podem... e farão. Eu, por exemplo, aplaudo vocês, tenho orgulho de ser "uma brasileira honorária", e para todos vocês aqui, um abraço bem apertado!

Notas

Há muitas citações e estatísticas espalhadas ao longo do texto. Segue uma lista das principais fontes para esses números e citações, divididos em grandes categorias:

• A literatura infantil de Monteiro Lobato
Obras Completas de Monteiro Lobato (São Paulo: Editora Brasiliense, 1964) Volumes 1-17.

• Estudos críticos sobre a literatura infantil de Monteiro Lobato
Além das citações detalhadas em minha tese *The Children's Literature of José Bento Monteiro Lobato: A Pedagogy for Progress* (Lansing: Michigan State University, 1974), muito tem sido escrito sobre a literatura infantil de Monteiro Lobato. Estas fontes são muito úteis e podem ser encontradas por meio de buscas na internet.
Para este texto eu contei com as duas edições da obra *Os Filhos de Lobato*:
PENTEADO, J. Roberto Whitaker, *Os Filhos de Lobato: O imaginario infantil na ideologia do adulto*. Rio de Janeiro: Qualitymark/Dunya Ed., 1997. 1ª ed.
_____. *Os Filhos de Lobato: O Imaginario infantil na ideologia do adulto*. São Paulo: Editora Globo, 2011. 2ª ed.

• Estatísticas e análises sobre o Brasil
Para este texto, optei por concentrar-me em fontes escritas e publicadas, em sua maior parte, por não brasileiros, uma vez que nossa tarefa foi revelar como pessoas de fora veem o Brasil. Aqui estão os artigos específicos da revista *The Economist* que forneceram informações valiosas para as minhas observações:

"Getting it together at last: A special report on business and finance in Brazil" (November 14, 2009)

"Brazil Takes Off: A 14-page special report on Latin America's big success story" (November 14-20, 2009)

"Gávea Investments: A Shore Thing – A Brazilian fund manager has caught the eye of investors around the world" (April 14, 2012)

"Brazilian-American relations: One step at a time – Two American giants are slowly getting to know each other") April 14, 2012

"The Brazil Backlash: Its strengths are real, but the government should worry more about its weaknesses" (May 19, 2012)

"Brazil's Economy: A bull diminished – The Economy has slowed, but there are still opportunities around" (May 19, 2012)

"Environmental Law in Brazil: Compromise or Deadlock? – The president's effort to balance the claims of forests and farms has satisfied few. An opportunity to promote sustainable farming may be missed" (June 2, 2012)

"Indigenous Rights in South America (1): Cowboys and Indians – A ruling on an oil project reasserts the indigenous' right to consultation" (July 28, 2012)

"Lexington: The real back yard: An interesting reversal in the Western hemisphere" (April 14, 2012)

"The lore of ore: The most important commodity after oil deserves more attention than it gets" (October 13, 2012)

• Estatísticas e análises sobre os EUA

The Economist, "The future is another country: Despite its giant population, Facebook is not quite a sovereign state – but it is beginning to look and act like one" (July 24, 2010)

The Journal of the American Medical Association, "Is US Health really the best in the world?" Commentary by Barbara Starfield, MD, MPH. (July 26, 2000)

The New York Times, "Turning America Into a Banana Republic" Editorial by Nicholas D. Kristof (November 6, 2010)

The Economist: "Special Report on State Capitalism – The Visible Hand" (January 21, 2012)

The Economist, "Special Report on the World Economy: For Richer, for poorer" (October 13, 2012)

- Fontes estatísticas adicionais
U. S. Bureau of Economic Analysis (BEA)
FedStats
FBI – Crime Statistics
Center on Budget and Policy Priorities
WHO – World Health Organization
CDC – National Center for Health Statistics

Apresentação oral[1]

BRANDING PÚBLICO: ENTRE O BRASIL E A ITÁLIA

Stefano Rolando[2]

Duas palavrinhas em português, duas... Queria agradecer muito a ESPM e seu presidente e a Aberje e seu diretor pelo convite. Fui incumbido de falar sobre a *marca*, isto é, o resumo identitário do patrimônio simbólico que os nossos países e as nossas cidades possuem. Houve muito êxito durante o século XX, na última parte do século XX, da marca entendida como elemento sintético de comunicação das empresas. E nos esquecemos um pouco, na segunda metade do século XX, do tema da marca dos países. Mas isso explica porque, na primeira parte do século XX, o tema das marcas nacionais foi personagem de duas guerras mundiais que causaram cinquenta milhões de mortes, cada uma. Ter construído de modo estressado, ideológico, um valor simbólico concernente às nações, gerou muitos conflitos, gerou muitas dores. Mas foi o que a humanidade fez durante dois mil anos. A marca pública, na verdade, existe desde quando a organização humana das sociedades existe.

---

1   O texto aqui apresentado não é uma transcrição *ipsis verbis*, mas um registro elaborado a partir das transcrições do áudio captado durante o evento. Buscou-se, contudo, manter a maior fidelidade possível à fala, assim como preservar sua característica de linguagem oral.

2   Professor de Teoria e Técnicas da Comunicação Pública na Universidade IULM (Universitàdi Lingue e Scienze della Comunicazione) de Milão. Foi diretor-geral do Gabinete de Informação e conselheiro de primeiros-ministros e dirigentes de instituições e empresas (entre elas a RAI – Radiotelevisão e a Olivetti). Presidente do Club of Venice (coordenação de comunicação corporativa da União Europeia). Autor dos livros *A comunicação pública para uma grande sociedade e Economia e gestão da comunicação das organizações complexas.*

As legiões romanas que andavam pelo mundo, ocupando-o, levavam os símbolos das águias imperiais, e quando chegavam a ocupar um país, era suficiente ver a águia imperial para entender o que aconteceria: era um sinal de grande potência militar, mas também de direito, isto é, o país perdia a independência, mas adquiria a cidadania. Um pacto, a *pax romana*.

Não vamos falar sobre o que foi, durante dois mil anos, a história dos símbolos na vida das religiões, sobre o que foi a marca do cristianismo. A marca pública teve, em suma, uma história extraordinária.

Mas no século XX a humanidade, principalmente a humanidade com poder aquisitivo, aquela que pode fazer compras, preferiu a marca empresarial, a marca das empresas, porque é mais leve, menos trabalhoso, menos ideológico, mais ligado aos valores de consumo, tanto que hoje existem muitas empresas no mundo e na Itália, ligadas, por exemplo, à moda, para as quais o valor da marca não corresponde exatamente ao valor do produto, mas ao valor imaginário daquela marca, tanto que, sobre o valor, é gerado um investimento financeiro que produz maior valor, independente, justamente, do valor do produto. Não é o custo do tecido de Armani que faz o valor da marca Armani, é a marca Armani. E essa política de *Brand Equity* (valor adicional) gera fortunas financeiras ou, às vezes, desastres financeiros.

Essa ideia da marca de empresa não é a mesma ideia das nossas marcas nacionais, tanto é que a polêmica *"para o logo/ no logo"*, que existe há muitos anos, é uma polêmica que não diz respeito, na verdade, às marcas dos países, porque a marca dos países não tem proprietários, pertence a todos, é gerado para redistribuir dividendos a todos, todos tem um dividendo que vem do valor do patrimônio simbólico coletivo e, principalmente, é o "produtor" de uma coisa muito importante para os nossos países: a atratividade.

Atratividade de pessoas, o turismo; a atratividade de recursos financeiros, os investimentos; a atratividade das boas ideias que viajam (porque as boas ideias também viajam); a atratividade das relações humanas, a atratividade da informação, a atratividade da cultura.

Um país precisa de atratividade, porque através da sua atratividade potencial ele se torna mais competitivo.

As marcas nacionais e as das nossas cidades se tornaram instrumentos de identidade competitiva. Por esta razão, existem muitos estudos relacionados às marcas nacionais e das cidades, muitas análises, muitas pesquisas sobre o imaginário coletivo mundial, e sobre como são percebidas, pela opinião pública mundial, a imagem dos nossos países e das nossas cidades.

Agora, vejam, a opinião pública, a humanidade, conhece muito pouco, mas imagina muito. E quando imagina, imagina de um modo quase infantil, imagina por ícones. A capacidade de ver se, quando se identifica sinteticamente um país, ou uma cidade em um, dois, três, quatro ícones, é a possibilidade de reconhecer naquele país um valor positivo. Ao valor positivo corresponde um desejo, ao desejo corresponde uma potencialidade atrativa e a economia estima que atualmente este seja um valor potencial mais importante do que as armas. É claro que todos os países querem ser atrativos e querem ser bem considerados, e não mal. No entanto há muitos países que são considerados não apenas mal, mas muito mal. Há muitos países que produzem ícones negativos, que estão fora do ranking e há países que procuraram produzir uma imagem boa de modo publicitário. Mas aqui é preciso deixar uma coisa clara: a marca não admite publicidade. Todos os ditadores tentaram construir uma imagem artificial, diferente da realidade, diferente do identitário percebido do povo. Eles construíram uma meta-imagem e tentaram vender essa meta-imagem para o mundo. Mussolini tentou isso, devolvendo à Itália a ideia de ainda ser o país do Império Romano. Hitler também tentou, construindo a ideia de uma superioridade racial e cultural sobre a cultura de Wagner, de Nietzsche e de um mundo que ia em direção a uma modernidade cultural: se deu muito mal. O comunismo também tentou (pensem na Rússia) a partir de um país rico de cores, rico de identidade nacional, tentou construir uma nova imagem monocromática e construída sobre a falta de liberdade. Todos os ditadores falharam porque, no fundo, uma marca nacional é uma verdade percebida por um povo, transmitida com todos os estereótipos que existem, no povo e fora dele, portanto, é claro que a imagem é desfigurada, desfigurada pelo estereótipo. É preciso acertar as contas. Há um instituto inglês que faz um dos mais importantes rankings nacionais de estudos e de análises sobre a imagem dos países (feitos também pelos australianos, pelos americanos, há muitos rankings e nesses rankings os nossos países estão colocados de modo diferente: a Itália, grosso modo, está quase sempre no sétimo ou oitavo lugar, já o Brasil, no último ranking está em vigésimo lugar, mas está subindo, enquanto a Itália está em sétimo, mas provavelmente esteja caindo, assim, quem sabe, os nossos países vão se encontrar). Alguns anos atrás, eu fui convidado pelo governo da Romênia. Eles disseram: mas por que a Romênia, que é um país que fez enormes esforços para ser moderno, para entrar na União Europeia, para ter uma tecnologia, para se organizar, está completamente fora do ranking? Simon Anholt, diretor do instituto que faz o ranking, explicou: não é culpa minha, é o que a humanidade pensa. A humanidade pensa por ícones, e quando se fala em Romênia, surgem três ícones. O primeiro ícone que surge é o ícone de Ceausescu. Apesar de Ceausescu ter morrido há vinte anos, não foi proposto outro ícone na política e no imaginário coletivo, e assim o ícone de Ceausescu permaneceu. O segundo ícone que surge é o ícone de Drácula, mesmo talvez Drácula nunca tendo existido, mas o mundo pensa que sim. E a terceira, infelizmente, é o ícone dos ciganos, dos rom. Não existem outros. E, portanto, apesar de todos os esforços, não há um perfil positivo identificável da Romênia no imaginário coletivo internacional. Então me aconteceu de ter que dizer aos governantes da Romênia que seria importante expor na medida em que o povo o considera próprio e que não tenha caído do céu um quarto ícone. Acho que ainda não se resolveu a discussão sobre qual deve ser "o quarto ícone" e, assim, eu acho que, por mais este ano, a Romênia está fora do ranking. E isso eu estou dizendo porque o debate sobre a identidade nacional não pode ser manipulado, ele deve nascer do debate da sociedade, da participação de todo o sistema, feito de empresas, feito de organizações sociais, feito de tradição cultural, feito de universidades e feito também de política, naturalmente. Um debate que precisa encontrar a maneira de se expressar simbolicamente.

Uma marca é um conflito de marcas. Dentro de uma marca há muitas em conflito. Algumas prevalecem, algumas morrem, algumas conseguem representar a realidade, algumas não conseguem. O resultado é que nós somos medidos e sabemos em que ponto estamos na classificação.

Agora que eu já falei a vocês sobre isso, sobre o qual há estudos universitários, estudos profissionais, fatores de medições, vou falar brevemente algumas palavras sobre o que está provocando uma febre em todo o mundo: a possibilidade de medir a marca nacional por ocasião de um grande evento.

Isso, em si, é positivo, porque o grande evento tem o objetivo de obrigar a fazer uma narração sobre si, aquilo que é chamado no jargão de *storytelling*, isto é, contar a própria história. Mas também tem o defeito de arriscar ser um fim e não um meio de um percurso. Não faz sentido construir uma marca para um evento. Um país constrói uma marca para si, para a sua identidade, para a sua história, para a sua mudança. Isso é importante porque, desde quando, nos últimos anos, surgiram as expo universai – as olimpíadas, as copas do mundo de futebol, os acontecimentos desse gênero – todos se sentem obrigados a chegar com a marca arrumada, isto é, com uma imagem em ordem. A marca nunca está arrumada, nunca está em ordem, está sempre em conflito, está sempre em desordem, está sempre em mutação. Dentro da imagem de um país, de um grande país, há fatores complexos que ligando passado e presente fazem viver e fazem morrer histórias. São, portanto, dinâmicas complexas.

Vamos, então, olhar para três histórias que estão na ordem do dia e assim introduzirmos o tema do Brasil.

Todos vocês viram a abertura das *Olimpíadas de Londres*. Há alguém que ainda pense que a marca sejam os dizeres London 2012? A marca não é essa. A marca é a história que os ingleses contaram fazendo a cerimônia de abertura das Olimpíadas e organizando a cerimônia de encerramento (na qual foi também inserida uma história de oito minutos do futuro país das Olimpíadas, isto é, o Brasil.

Enfim, quatro horas de narração, sete anos de trabalho, uma grande equipe que trabalhou sem grandes influências do governo, na verdade eu acredito mesmo que foi sem grandes influências do governo. Vocês viram que a rainha chegava do alto, em um jogo teatral que demonstrou muito humor? Não sei se vocês notaram que na cerimônia de encerramento a casa real inglesa devia ser representada pelo príncipe William, mas William não estava lá. Estava lá o irmão dele. Vocês sabem por quê? Porque no dia anterior, a aeronáutica, a RAF, chamou-o em serviço e ele não pôde ir às Olimpíadas. Caro Giovanni Bechelloni um estimado colega universitário meu, que está aqui na plateia, para minha surpresa, diga se isso é imaginável na Itália... acho que é inimaginável... não sei no Brasil.

Bem, a apresentação que a Inglaterra, isto é, a Grã Bretanha fez para o mundo é uma típica apresentação de marca. Qual foi a história? Em princípio, apresentar a marca nacional. O país anfitrião apresenta, de fato, a sua história. Quando houve as Olimpíadas na China, a apresentação foi muito menos precisa, muito mais abstrata. Vocês sabem que a China diz que é o Império do Meio, entre o céu e a terra, e por isso fez um discurso mais meio no céu do que meio na terra. Os ingleses são muito no chão e por isso fizeram uma apresentação sobre os fatos concretos da sua história. Uma coisa que pode agradar e que pode não agradar. É a história de um país que nasce na ventura agrícola, que faz a evolução da revolução industrial como um sofrimento, mas é o sofrimento da conquista do bem estar e que produz a idade moderna dentro dos conflitos do nosso tempo, entre os quais os mais trágicos, as guerras. Foi uma história honesta? Eu acho que sim. O que era importante é que a Grã Bretanha queria contar, na sua cerimônia de abertura, *o ponto de equilíbrio entre uma marca nacional e uma marca global*: escolheu duzentas páginas da sua história que pertencem, na verdade, à história de todos, à história de todo o mundo e, portanto, mesmo sendo uma história muito nacional, era sentida também como uma história *muito global*. Esse era o ponto de aproximação cultural naquele evento.

Bem, poderíamos continuar falando bastante da Grã Bretanha, um grande país colonialista que foi um grande império, que realizou um *Commonwealth*, que é, por si, um país global e fala uma língua que é falada por metade do mundo.

Será mais difícil para a minha cidade, Milão, administrar, em 2015, a Exposição Universal, a Expo, dedicada a um tema tipicamente global: *alimentar o planeta*. Alguns pensam que esse tema da Expo signifique "comer". Não significa comer, significa *dar de comer* ao planeta, no qual um terço morre de fome e um terço come demais e é obeso. *O problema é que não basta trocar, é preciso mudar a política alimentar do mundo*. Qual é o problema da Expo? A Expo é feita de pavilhões nacionais que exprimem pela própria natureza quase sempre, propaganda. E o problema da minha cidade é que Milão é uma cidade que tem uma grande história de liberdade, de direitos e também uma grande história espiritual, com dois mil anos de idade. E custa, para uma cidade assim, tolerar que haja uma exposição na qual prevaleçam conteúdos publicitários sobre um dos principais temas do direito universal, o direito à alimentação. Não digo que seja assim, digo que é preciso evitar o risco de que seja assim. Por isso, a minha cidade está discutindo com a Expo, e desejamos que esta discussão seja verdadeira e que expresse resultados de respeito pela história da cidade.

Milão é uma cidade como São Paulo, desconectada da imagem nacional, por escolha. Qual é a imagem da Itália? O *jardim bonito*, a cultura, a arte, o ambiente. Milão escolheu, há mais de um século, ser *a cidade industrial*. Quando eu era um menino, havia um grande bairro em Milão, de quinhentas mil pessoas, onde havia todas as grandes indústrias de Milão. Chamava-se *Sesto San Giovanni*. Ali era produzido aço, havia a classe operária, havia as grandes empresas. Eu sabia tudo sobre o Sesto San Giovanni, sabia tudo sobre a mitologia operária do Sesto San Giovanni e não sabia nada sobre o Museu de Brera, que é um dos maiores museus do mundo, onde também há coisas realmente importantes que a Itália tem em matéria artística, mas poucos se interessam por isso, porque Milão não precisa ser uma cidade de cultura, ela precisa ser uma cidade industrial. Mas depois de um século não há mais a indústria, e portanto, que sentido tem manter uma marca industrial? E, de fato, veio a moda, o design, a ciência, a pesquisa e a tecnologia, que forçam para entrar mais na marca da cidade, mas ainda em termos imprecisos e um pouco desordenados. Entre aquilo que fica da época industrial e aquilo que ainda não chegou completamente da pós-indústria e da criatividade. Essa transição é uma realidade. Milão é uma cidade criativa, mas ainda não conseguiu por a sua marca em ordem. Ainda tem alguns anos para fazer esse trabalho. Estou falando sobre isso fazendo uma grande síntese. É claro que essa passagem não se exprime com um signo gráfico, é uma imagem que se faz com um grande debate público, envolvendo as pessoas na discussão sobre a própria identidade, e a raciocinar sobre o poder da representação e sobre o conflito da representação.

E chegamos ao *Brasil*: um tema que para mim e para o meu amigo Paulo Nassar interessa muito. Nós trabalhamos sobre esse tema, o Brasil. Permitam dizer que para um italiano o Brasil é um pouco como a sua própria casa. Hoje de manhã eu estive no Museu da Língua Portuguesa, onde há um painel no qual se vê que, de 1870 a 1930, entre as grandes imigrações, a maior no Brasil, foi a imigração italiana. Por isso, hoje, a maior família imigrada no Brasil é a família italiana. Fala-se de vinte a vinte cinco milhões de pessoas de origem italiana. Por isso eu sinto a questão da imagem e da identidade do Brasil realmente também como um problema nosso, que nos toca muito de perto e estamos muito orgulhosos de ver a mudança extraordinária, talvez até mesmo um pouco rápida para que tenha reflexos sobre a definição identitária. Mas essa mudança faz com que o Brasil, hoje, tendo superado uma história complexa, muito complexa, esteja levando a resultados surpreendentes.

Quando eu vim, em outubro, convidado por Paulo Nassar e pela Aberje para dar uma palestra, fui ver o Museu do Futebol aqui em São Paulo. Não sei se os meus amigos aqui nesta sala já estiveram naquele museu, é muito bonito, dentro de um estádio dos anos trinta, com toda a mitologia do futebol na cultura antropológica do país. De Pelé a Neymar tem todo o Brasil. Mas em um certo ponto se passa por um pequeno corredor, e pisando no chão, uma tela é ligada. Somos obrigados a parar e a ver uma velha reportagem de cinema, que mostra uma partida de futebol. Você para e vê um público dos anos cinquenta, bem vestidos, as pessoas iam aos estádios com colares, tailleurs, vestidos de um jeito elegante. Era o Maracanã e era a final do Copa do Mundo de 1950. O narrador, de maneira contida, narrava uma partida de futebol que marcaria definitivamente a glória moderna do futebol brasileiro. Depois de aproximadamente uma hora, o ala esquerdo do Uruguai, meu ídolo na infância, Juan Alberto Schiaffino, faz o primeiro gol contra o Brasil. A cena para, o público olha perturbado. O narrador, com uma voz grave, diz: *O coração do Brasil está parado*. Naquele ponto a direção, a pós-produção, produz um elemento de dramatização e a cena se desenrola, dali em diante, com um batimento cardíaco, bum bum bum bum. E a certa altura, Ghiggia, ala direito do Uruguai (outro jogador muito conhecido na Itália) faz o segundo gol contra o

Brasil. Cenas de terror, choro e lágrimas, começa a história da crise de autoestima do Brasil, que durou cinquenta anos. Não é uma história pequena, é uma grande história, e o Brasil, quando estava saindo da crise de autoestima, recebeu na cara a ditadura militar. Depois de anos saiu da ditadura militar e recuperou graças a dois grandes presidentes da República que endireitaram a igualdade e a economia os seus problemas de autoestima. Assim, o Brasil se candidata a estar entre os primeiros cinco, seis, sete grandes países do mundo. Nós estamos orgulhosos disso. E estamos contentes em perder o nosso lugar para o Brasil. Acho, sinceramente, que é melhor perdê-lo para o Brasil do que perdê-lo para a China.

Mas como o Brasil vai ganhar o seu lugar no mundo? Com a realidade, com a competição e, por conseguinte, com alguns fatores muito específicos. Quais são esses fatores? As matérias-primas, o ouro, o petróleo, as finanças, a infraestrutura, a classe dirigente. Não é possível se tornar a quinta potência mundial sem classe dirigente. A capacidade de construir uma multi-etnia sem os graves conflitos que existem nos Estados Unidos, onde há a mesma multi-etnia, mas que é fonte de grandes conflitos. No Brasil há preconceito, mas não há um conflito grave e, portanto, a multi-etnia é um valor. Além disso, há um grande patrimônio ambiental, que é a Amazônia e, por fim, há um país alegre e criativo. Essas são as razões pelas quais o Brasil se torna a quinta potência mundial. Deveria haver uma marca clara com esses elementos, com um, dois ou três desses elementos. Não. Na marca do Brasil, no imaginário coletivo nacional e internacional, os elementos são outros e são, como todos sabem, o samba, o carnaval e o futebol.

Qual é o problema? Não tem problema! Mantemos uma marca desconectada da realidade, porque é a marca da nossa felicidade, é a marca da nossa satisfação, é a marca da nossa alegria.

Nós fazemos *atratividade* com uma marca que não é aquilo com o qual nós conquistamos a posição no mundo. Podemos ou não podemos? Alguns dizem que seria necessário encontrar a maneira de coordenar marca e realidade. De fato, não se deveria viver de modo esquizofrênico. E então se deveria abrir um debate, mas para dizer a verdade, eu ainda não vi esse debate aberto de verdade. Abro todos os dias o *Estado de São Paulo*, a *Folha de São Paulo*, o *Jornal do Brasil*, *O Globo*, e mesmo encontrando artigos sobre os temas identitários, ainda não encontro esse debate. Eu fico um pouco espantado que um país rico de estudiosos – eu comprei hoje, aqui na Livraria Cultura, este belíssimo livro de Sérgio Buarque de Holanda, *As Raízes do Brasil*, acompanhei as coisas que escreve o nosso amigo querido Paulo Nassar e o antropólogo social, Roberto DaMatta, no *Estado de São Paulo* –, um país cheio de intelectuais que trabalham com a identidade, ainda não abriu esse debate sobre o fato de que o país não deveria se apresentar ao mundo em 2014 e em 2016 com uma realidade tão diferente da sua marca.

Aberto o debate provavelmente se abririam três possíveis panoramas de discussão, sobre os quais concluo a minha participação e deixo a vocês a discussão futura. Primeira hipótese: Mantemos uma marca desconectada da realidade. Temos a força de sermos grandes, adultos e guerreiros, no sentido econômico, na realidade, e sermos felizes e infantis na marca, porque ali está a nossa juventude e a nossa desdramatização. Eu digo isso com respeito, e digo como teria dito Vinicius de Moraes, uma juventude não de ingenuidade, mas da tradição cultural que substancialmente seguiu a sua história e não uma outra história.

Isso é uma coisa possível, é preciso uma força enorme, mas vejam, ontem eu falei com profissionais da comunicação desta cidade que me disseram: "mas esse debate tem que ser originado pelo governo". E eu disse: "não, esse debate deve ser originado na sociedade, deve ser produzido pelas empresas, não pelo governo". O governo deve registrar o debate, mas não se pode pensar que um debate sobre a mudança identitária seja *feito* pelo governo. Primeiro problema de modernidade: *A sociedade é capaz de fazê-lo? A empresa é capaz de gerá-lo?* Essa é uma pergunta muito séria.

Segunda possibilidade: O Brasil abre um debate sobre o seu quarto ícone, isto é, tenta encontrar um quarto ícone para ajustar os seus ícones históricos, em um certo sentido de autossatisfação da sua história criativa como elemento de modernidade. O que escolher? A multi-etnia? Ou então fazer como a Romênia, começar a discussão se é melhor a sustentabilidade ou a multi-etnia, as matérias primas ou a tecnologia, e no fim não escolher?

Aqui há um risco. O risco é que a opinião pública mundial que *imagina*, mas percebe porque é permeada pela mídia, é permeada pelos estereótipos, é permeada também pela informação da concorrência. O Brasil incomoda aos seus concorrentes. Os intelectuais brasileiros afirmam frequentemente que a China vai falir e os intelectuais chineses afirmam que o Brasil é um pouco como um balão inflado. É evidente que há competição. E eu não gostaria que, no mundo, o quarto ícone não fosse escolhido pelo Brasil e fosse escolhido pela opinião pública internacional. É aí que o Brasil corre um risco: que o quarto ícone seja a *violência*. É um risco, mas existe essa ideia na opinião pública internacional, mas ainda não se formou de maneira tão forte para ter o mesmo poder de imagem que o samba, o carnaval e o futebol: a corrida é curta.

Ou então: terceiro panorama. O Brasil abre um debate sobre as suas múltiplas identidades e não dá bola para as Olimpíadas e para a Copa do Mundo. Não é importante ficar pronto até 2014, é importante começar a pensar sobre esse tipo de assunto, que é o das múltiplas identidades nos perfis *local e global*. E sobre isso, por exemplo, eu acho que o Brasil tem um instrumento de imagem muito forte que não usa muito, que são as suas duas grandes cidades: São Paulo e Rio, já quase a mesma cidade, um conjunto humano global que se apresenta ao mundo de modo menos feroz do que outras cidades globais e sobre as quais se poderia trabalhar muito para construir o quarto ícone.

Mas aí o debate toca a vocês. E por aquele tanto que os italianos valem no Brasil, um pouco também a nós. Agradeço por terem me escutado.

Apresentação oral[1]
PARA CONHECER O BRASIL

Michele Candeloro[2]

A maneira na qual o país é percebido impacta no comércio, no turismo, nos investimentos que consegue atrair para sua cultura e também na relação diplomática que o país tem com outras nações. Em 2002, o governo brasileiro atento a esse impacto, contratou um consultor internacional para compreender qual era a imagem que o Brasil tinha em dez países considerados mercados prioritários para produtos, serviços e captação de investimentos para o Brasil. O relatório da consultoria resumia a imagem do país em cinco palavras em inglês: *Sun, Sand, Sexness, Soccer* e *Sound*. Ou seja, nossas belezas naturais, nossas praias, nosso sol, a sensualidade do povo brasileiro, nossa música, nosso samba. Mas a pesquisa dizia também que a força da marca brasileira estava centrada no povo, na nossa alegria, na mescla de culturas que é o Brasil. No nosso senso de humor, na nossa criatividade, na música brasileira e na riqueza de recursos que o Brasil tem. E apontava como fraqueza a nossa baixa auto estima. Isso em 2002, talvez a gente tenha melhorado depois de cinquenta anos de baixa auto estima. Como outras fraquezas o Brasil tinha a irresponsabilidade do empresário, a falta de seriedade e confiança,

---

1   O texto aqui apresentado não é uma transcrição *ipsis verbis*, mas um registro elaborado a partir das transcrições do áudio captado durante o evento. Buscou-se, contudo, manter a maior fidelidade possível à fala, assim como preservar sua característica de linguagem oral.

2   Graduada em Administração de Empresas pela Universidade Mackenzie, Michele Candeloro concluiu o mestrado em Gestão Internacional pela ESPM, onde desenvolveu pesquisa sobre o modelo colombiano de construção de marca e sua aplicabilidade no caso brasileiro. Atualmente é sócia-proprietária da Gaia Consultoria e Assessoria Empresarial.

a nossa dívida externa na época, a corrupção e a pobreza. Esse relatório mostrava também que havia um grande desconhecimento em relação ao Brasil, mas que apesar disso o Brasil estava no imaginário dos respondentes da pesquisa. Estava no imaginário dessas pessoas de maneira mítica, fascinante inclusive. O relatório que aborda a percepção da China sumariza esse imaginário da seguinte maneira: "Os chineses não tem conhecimento aprofundado sobre o Brasil. No entanto, a percepção geral é de um país misterioso, cheio de imaginação e cheio de possibilidades". A Arábia Saudita relacionava o Brasil à Floresta Amazônica, dizendo assim: "O Brasil é como a Floresta Amazônica, escuro, misterioso, contudo fascinante pelas promessas escondidas e pela beleza". Bom, esse trabalho de consultoria deveria contribuir para o que o professor Stefano Rolando disse: repensar a nossa identidade e culminar em um projeto maior de marca país. Isso não aconteceu, a gente tem que lembrar que 2002 foi um ano eleitoral, de mudança de governo, houve muitas mudanças e como essa iniciativa vinha do governo anterior, ela não foi adiante. No entanto promoveu uma coisa muito interessante. Ela promoveu o pensar a marca Brasil e uma mudança de postura em muitas entidades que promovem o Brasil, quer seja no comércio, no investimento, no turismo e eu vou trazer aqui para gente conversar, algumas dessas ações que aconteceram a partir de 2003 até o ano de 2012.

Em 2003, a Embratur, já sob nova gestão, cria o Plano Aquarela, que é um plano de Marketing turístico internacional para o Brasil. Esse plano primeiro mapeava, como o Brasil era visto no exterior no segmento turismo, mapeava os nossos concorrentes, mapeava a nossa oferta exportável e depois entrava na parte administrativa e culminava na transação. E transformou a Aquarela nessa marca colorida que vocês conhecem. Ela nasceu com o nome Sensacional e depois foi apropriada por quem fazia a promoção das exportações brasileira, mas sem o nome Sensacional, que era da Embratur. O que aconteceu a partir daí também? A APEX [nome por extenso] foi reformulada para conduzir o desenvolvimento do comércio exterior. Houve um rearranjo, o Brasil começou a se posicionar melhor nas transações comerciais com o exterior, muitas delas lideradas pelo Ministro de Desenvolvimento da época. A APEX começou também a articular melhor a participação brasileira nas feiras internacionais. Ela assumiu inclusive, algumas feiras que não eram de responsabilidade do Ministério de Relações Exteriores em mercados que não eram tradicionais. Fez feiras na África do Sul, em Angola, Moçambique, Bolívia e até em Cuba. E organizou a presença brasileira nas principais feiras internacionais mundiais, como, por exemplo, na maior feira de alimentação do Mundo, que acontece nos anos pares na França e nos anos ímpares na Alemanha. Outra ação interessante surgiu a partir da percepção de que a gente faz as coisas de uma forma diferente: jogamos futebol diferente, dançamos uma música diferente – o que resultou no lançamento da campanha *We do it different*, associando esse jeito diferente de fazer as coisas aos nossos negócios. Essa foi uma campanha lançada em 2006 na Copa do Mundo da Alemanha, quando o Brasil não teve uma boa participação e depois foi lançada a campanha *Brazil much more than football*, mas o *We do it different* continuava a ser associado à presença brasileira em eventos internacionais. Essa campanha tinha como objetivo atingir 2 milhões de compradores internacionais europeus e sensibilizar 3 milhões de pessoas na Europa.

Outra iniciativa da APEX foi o projeto Loja, que envolveu uma negociação com as principais redes varejistas mundiais. Elas tinham que vir ao Brasil, conhecer e comprar produtos brasileiros e expor esses produtos de maneira diferenciada em suas lojas por um período de tempo. Havia ações como *pocket shows*, desfile de moda, entre outras, para destacar os produtos brasileiros.

Foram realizados também eventos de complexos. Os complexos são macro setores na termologia da APEX, o Complexo Brasil Casa Design, por exemplo, engloba o setor de casa e construção, móveis, decoração, utilidades domésticas, assim como a parte de design e arquitetura. Todos esses eventos de complexos contavam com um seminário, porque o mundo não conhecia o Brasil, então a gente tinha que informar que o Brasil sim era referência, tinha empresas e instituições de referência. E pessoas que são referências nessas áreas. O seminário era voltado para um público formador de opinião, incluindo uma exposição, um show, um desfile de moda, quando o evento assim pedia. E tinha sempre a vertente de geração de negócios, o momento que as empresas brasileiras participantes desse evento se encontravam com as empresas estrangeiras. Outros complexos são o Brasil Tecnológico, que é do setor de máquinas e equipamentos de software, o Talento Brasil, que engloba a indústria criativa, o Brasil Fashion Mall, criado para mostrar o que o Brasil tem de moda, Sabores do Brasil na área de alimentos, entre outros. Além disso, a APEX, sabendo que nós somos conhecidos pelo Carnaval, o que é inegável, quis desconstruir um pouco esse clichê. Durante o Carnaval do ano de 2009 trouxe para o Rio de Janeiro, para a Sapucaí, compradores internacionais, investidores e formadores de opinião, que puderam conhecer a alegria do povo brasileiro, que a gente faz festa, que a gente sabe se divertir, mas que a gente também sabe trabalhar e trabalhar muito. E eles não vieram apenas para ver o Carnaval. Eles vieram para ver a indústria do Carnaval, o que ela representa para o Brasil. Havia uma agenda de negócios também, uma agenda programada feita em parceria com entidades setoriais. Também visitaram empresas, fábricas, pontos de venda e centros de distribuição.

Outro projeto interessante é o Projeto Indy. Mas o que o Brasil tem a ver com a Indy? Além dessa corrida que acontece no Brasil há alguns anos, os carros da Indy corriam com etanol brasileiro desde 2008. De 2008 para 2009, a APEX entendeu que poderia ser uma boa patrocinar a Formula Indy, uma competição que tem 600 milhões de fãs no mundo, 40 milhões de fãs nos EUA, 2 milhões de pessoas acessam o site da Indy por mês e 3 milhões de pessoas assistem a corrida pela televisão. Eles entenderam que poderia ser uma maneira de divulgar não só o etanol brasileiro, mas todos os produtos e serviços do Brasil e o próprio Brasil nesse espaço. Além disso, eles criaram com esse evento, uma possibilidade de relacionamento de empresas brasileiras que queriam acessar o mercado americano. Hoje os carros da Formula Indy correm com o etanol brasileiro e a parceria da APEX com a Fórmula Indy se transformou em uma plataforma de promoção de negócios, de imagem e de marketing de relacionamento. O Brasil convida seus clientes, que tem a chance de dividir o espaço do camarote VIP, visitar o padock, visitar as garagens, e muitos negócios são feitos nesse espaço. Estima-se que desde 2009 quando esse evento começou até maio de 2012 em Indianápolis, cerca de 2 bilhões e meio de reais em negócios foram realizados em razão desse evento.

Ainda na linha do desconhecimento sobre o país, se um estrangeiro quisesse conhecer um pouco mais o Brasil, era um sofrimento. Todos os sites dos ministérios, com raras exceções, estão em português. Estavam e ainda estão em português. Não tinha um local, onde o estrangeiro encontrasse todas as informações em um único espaço. A Secretaria da Presidência da República só em 2007 conseguiu lançar um site, que tem notícias online sobre o Brasil, um pouquinho de cada assunto e está em Inglês e Espanhol, então o estrangeiro pode começar por aqui e descobrir um pouco mais sobre o Brasil. Ainda a partir da percepção de que o Brasil tem boas coisas que precisavam ser mostradas ao mundo, a Secretaria de Comunicação da Presidência da República trouxe em 2010, com apoio da Petrobras, 24 jornalistas estrangeiros das principais mídias dos EUA, da Europa e China . Essa ação gerou 240 matérias internacionais. E o que eles vieram ver no Brasil? Vieram ver o nosso sistema eleitoral, a nossa votação, vieram conhecer centros de excelência em educação, como o Brasil está formando o seu jovem para o futuro, vieram ver empresas de ponta. Foram a Embraer, foram para a Amazônia, desconstruindo os mitos que ainda imperam sobre as condições da produção de etanol, a criação de gado e a devastação da Amazônia. Eles visitaram também várias *lan houses* em favelas, para entender essa ação digital das classes C e D no Brasil.

A realização de eventos internacionais também foi uma tônica para o Brasil. Tivemos em 2011, 239 eventos internacionais acontecendo no Brasil, contra 62 em 2003. Um acréscimo de 390%. Hospedamos o Rio +20 e vamos ter os eventos esportivos adiante. Então essa é uma possibilidade, como declara o presidente da Embratur, Flávio Dino, de atualizar a imagem que o mundo tem do Brasil.

Muito bem, mas essas ações ajudaram a mudar a nossa imagem? E a nossa imagem hoje? Existe uma pesquisa, a Simon Anholt Nation Brand Index, que desde 2005 vem publicando um ranking que lista os países pelo peso com que sua marca é percebida pelos mercados, avaliando a imagem de 50 países em 20 países e o Brasil é um deles. E como a gente está posicionado nesse ranking? A pesquisa leva em conta seis dimensões. A dimensão cultura, que inclui esportes; a dimensão exportações; a dimensão governança; a dimensão imigração e investimentos; a dimensão turismo e a dimensão pessoas. Bom, a dimensão onde temos a melhor colocação é a dimensão cultura, talvez porque inclua esportes. Estamos em 10º lugar no ranking geral. As piores colocações são exportações e governança, 26º lugar no ranking geral. Olhando todas as dimensões combinadas, nós somos o 20º. Na dimensão turismo nós estamos bem colocados, em 13º lugar, e o item mais bem avaliado, se a gente olhar item a item, são as belezas naturais que o Brasil tem. Na dimensão pessoas, o país ocupa a 14ª posição. Também se a gente olhar o item, no qual o respondente diz se ele se sente bem vindo quando chega ao Brasil, nós somos o 4º do mundo. Só atrás dos EUA, Canadá e Austrália. Quanto a dimensão investimentos e imigração, ela captura a propensão dos respondentes em viverem e trabalharem no Brasil por algum período de tempo. Captura a qualidade de vida, captura a percepção do país como um bom lugar para se estudar, para se investir e um país que oferece condições igualitárias aos seus residentes. Nessa dimensão nós estamos na 21ª posição. É interessante dizer que a gente está na frente de qualquer país da América Latina e de qualquer outro país do BRICS.

Temos, no entanto, um longo caminho para mudar a percepção que os outros países tem do Brasil. Para isso temos que montar uma estratégia. Um jogo estratégico, coerente, persistente, sem interrupções de governo, com ações de comunicação que sejam fortes. Temos que contar a nossa história. Temos que ter ações simbólicas, com alto poder de convencimento, que tem impacto na comunidade internacional. Só assim, a gente vai mudar a imagem do Brasil. É interessante, contudo, observar que a discussão sobre as nossas múltiplas identidades abordada neste evento, não foi feita pela iniciativa privada. A gente não vê isso. Mas a gente vê alguns discursos congruentes por parte do governo. Algo que já vinha do governo Lula e continua com a presidente Dilma, que lançou em julho em Londres, uma campanha mundial já com vistas aos eventos esportivos, o "mundo se encontra no Brasil, venha celebrar a vida". O vídeo da campanha mostra a diversidade do povo brasileiro. O italiano, o alemão, o português que se encontram no Brasil e vivem em harmonia. Uma mescla de culturas, já identificada na pesquisa de 2002. Quem viu a campanha da cidade de São Paulo para ser sede da Expo 2020 também viu isso. A mescla de culturas na cidade de São Paulo. Talvez essa mescla seja o nosso quarto ícone, ainda sem uma discussão, ainda sem um consenso. Mas é o caminho que o Brasil está trilhando.

Apresentação oral[1]

INTERNACIONALIZAÇÃO DE MARCAS BRASILEIRAS

Daniela Khauaja[2]

O Brasil está atravessando uma fase especial. Considerado o "país do futuro", parece que finalmente o futuro chegou. Por um lado, a crise econômica nos países desenvolvidos fez o mundo olhar com mais atenção para os países em desenvolvimento. Por outro lado, esses países estão de fato crescendo suas economias e fazendo jus ao termo "em desenvolvimento". Embora a China apresente percentuais de crescimento de seu Produto Interno Bruto bem maiores que os brasileiros, alguns fatores, como a democracia e a cultura ocidental, tornam o nosso país atraente para europeus e norte-americanos, em vários sentidos: investimento, turismo e exportação de produtos.

Internamente, temos 100 milhões de novos consumidores, a chamada "ascensão da classe C", e a perspectiva do bônus demográfico, ou seja, um período de algumas décadas, provavelmente entre 2020 e 2050, durante as quais a maioria da população será composta por trabalhadores ativos. Estima-se que, em 2022, o peso dos inativos será o menor da história para a população ativa. É extremamente

---

1 O texto aqui apresentado não é uma transcrição *ipsis verbis*, mas um registro elaborado a partir das transcrições do áudio captado durante o evento. Buscou-se, contudo, manter a maior fidelidade possível à fala, assim como preservar sua característica de linguagem oral.

2 Doutora e mestre em Administração de Empresas pela USP, Daniela Khauaja fez também MBA pela Western International University de Londres. Atualmente, é coordenadora acadêmica da área de marketing da pós-graduação da ESPM. Atuou em empresas como Ambev, Unilever e Boehringer-Ingelheim. Palestrante, consultora e pesquisadora nas áreas de marketing e branding, tem diversos artigos publicados em livros e revistas acadêmicas. Em 2011, desenvolveu a pesquisa Internacionalização das marcas brasileiras pelo Centro de Altos Estudos da ESPM (CAEPM).

importante aproveitar esse momento histórico para fazer o país de fato se desenvolver, principalmente com investimento em infraestrutura e educação. Se isso não for feito, nos tornaremos um país de idosos como os países europeus, sem sermos um país "pronto". Corremos o risco de nos tornarmos uma obra inacabada e ainda por cima sem a esperança de ser "o país do futuro".

Apesar de ser a sexta maior economia do mundo, o Brasil ainda participa de forma tímida no comércio internacional. O país é o 20º maior importador e o 22º maior exportador do mundo, com participação de 1,2% nas importações mundiais e 1,3% nas exportações, segundo o Ministério do Desenvolvimento, Indústria e Comércio Exterior. Nesse cenário, a China desponta como grande potência, ao lado de dois países já desenvolvidos – Estados Unidos e Alemanha.

Além da baixa participação no comércio internacional, há a questão da baixa diferenciação das nossas ofertas. Somos reconhecidos como um país produtor de *commodities*, o que não é ruim, muito ao contrário, dado que conquistamos esse feito e seu reconhecimento devido ao investimento em tecnologia no campo, desenvolvendo o segmento de agronegócio. No entanto, é importante não se acomodar na situação de "celeiro do mundo" e buscar agregar valor às nossas ofertas.

Uma das formas de fazer isso se dá por meio da inovação. Apesar de sermos muito criativos, nas artes por exemplo, não conseguimos transformar essa criatividade em inovação. Segundo pesquisa realizada pela FAPESP, a Petrobras foi a empresa que mais depositou patentes no Brasil, no período de 1980 a 2005. Foram 804 patentes contra 2914 depositadas pela norte-americana Procter & Gamble no país. Outro indicador preocupante é que em 1974 éramos o 28º país no ranking de patentes depositadas nos Estados Unidos, maior mercado consumidor do mundo, e em 2006 éramos o 29º, ou seja, não conseguimos evoluir. Em contrapartida, a China saltou da 25ª posição em 1990 para a 10ª em 2006.

Bem, se juntarmos em uma panela os ingredientes da educação brasileira com os números relacionados à inovação cozinharemos um prato de difícil digestão. Como então agregar valor às nossas ofertas no curto prazo?

Segundo o presidente da Alpargatas, Márcio Utsch, "só com marcas fortes venceremos os chineses". O investimento na gestão de marcas, em nível global, é uma forma eficaz de agregar valor às ofertas brasileiras. Pois mesmo soja pode ter marca; um bom exemplo é o que os colombianos fizeram com o café, construindo a marca "Café de Colômbia".

O Brasil já conta com grandes empresas multinacionais: Vale, Gerdau, Votorantim, Braskem, Camargo Corrêa, JBS, Marfrig, Cosan, Ultra e Embraer, para citar algumas. Entretanto, do ponto de vista de marcas, temos poucos casos de muito sucesso, como Havaianas, H. Stern, Sadia e Natura. São casos que despertam orgulho e produzem um efeito interessante: o valor das marcas cresce no Brasil quando o consumidor brasileiro sabe que as marcas nacionais são bem-sucedidas no exterior.

O objetivo dos meus estudos tem sido aumentar os casos de sucesso, ou seja, incentivar as empresas brasileiras a investir na internacionalização de suas marcas para que um dia tenhamos muitos casos de muito sucesso. Acredito que ao invés de concentrar todos os esforços no mercado interno, que apresenta tendência de crescimento devido ao aumento do poder de compra da baixa renda, as empresas devem aproveitar o cenário positivo no Brasil e o momento de crise nos países desenvolvidos para investir na construção de suas marcas em mercados externos.

As empresas brasileiras são consideradas, pela literatura de negócios internacionais, "retardatárias" ou "entrantes tardias" no comércio internacional. Ora, se não temos a vantagem de ser o primeiro a entrar no mercado, temos que aproveitar a vantagem de entrar tardiamente, que é basicamente evitar cometer os erros anteriormente cometidos pelos pioneiros e investir em uma entrada mais rápida. Infelizmente não é o que as empresas brasileiras costumam fazer. Em geral, elas são mais propícias a adotar o que prega a Modelo de Uppsala, desenvolvido pelos suecos, ou seja, uma internacionalização gradual e para países mais próximos psiquicamente, quer dizer, com cultura parecida com a brasileira, idioma igual ou similar e próximo de nossas fronteiras. Nota-se uma maior presença de empresas brasileiras em países como Argentina, Uruguai, Paraguai, Angola e Portugal, além de outros latino-americanos.

Quando eu comecei a fazer a minha pesquisa, no Doutorado da FEA-USP, eu percebi que o primeiro ponto a ser discutido não era a gestão da marca exatamente, mas sim o empreendedor brasileiro. Por quê? Eu não estudei empreendedorismo exatamente, nem estudei psicologia na área empresarial, mas percebi que a primeira questão era na verdade o modelo mental dos nossos dirigentes. Com raras exceções, ainda temos dificuldade de desenvolver uma visão global de mundo. Nos últimos 4 anos entrevistei donos de empresas brasileiras, ou seus principais executivos, e ouvi diversas vezes que o mercado brasileiro é tão grande, tem tanta possibilidade de expansão, que não há motivos para correr o risco de ir lá para fora, "ainda mais agora com a crise financeira". Acredito que poderíamos ver de outra maneira: aproveitar a crise financeira, momento no qual as empresas estrangeiras estão com dificuldades, para fazer crescer as nossas marcas brasileiras.

Eu acredito que as marcas brasileiras podem ajudar a construir a identidade do país, da "marca Brasil". Quando pensamos em Coreia do Sul, conhecemos muito pouco do país, mas sabemos que conseguiram criar marcas como Hyundai e Samsung. Tendo por base esse exemplo, acredito que as marcas brasileiras podem ajudar inclusive a aumentar a nossa autoestima e a criar o ícone que falta na nossa identidade. Algo mais voltado para a esfera corporativa, da eficiência de nossas empresas. Mas, para isso é imprescindível que o empresariado brasileiro tenha essa visão global de mundo.

Além disso, é preciso pensar em longo prazo, pensar no crescimento da organização, não se apequenar. Apenas as empresas que visam o longo prazo são capazes de evoluir na gestão de marcas. E mais do que isso, querer se mostrar, ter ousadia para pensar fora da caixa e querer se expor aos mercados externos.

Em 2012, participei do Festival de Criatividade de Cannes, que já foi chamado de festival publicitário. Chamou a atenção o fato de haver muitos delegados brasileiros participando do evento, mas apenas uma empresa de origem brasileira teve um espaço no grande auditório, ou seja, tinha 45 minutos para apresentar uma palestra ou promover um debate sobre tema relevante. Ao invés de apresentar algum caso brasileiro, a empresa optou por convidar Bill Clinton, ex-presidente dos Estados Unidos, para falar sobre sustentabilidade. Evidentemente, tanto o tema quanto o orador são muito relevantes, e isso gerou visibilidade para a empresa brasileira patrocinadora do horário. Entretanto, não pude deixar de lamentar termos perdido a oportunidade de tratar de algum tema brasileiro, de expor o trabalho de alguma marca local. Além da presença quase obrigatória de marcas como Coca-Cola e Nike, houve espaço para falar da produção publicitária e cinematográfica indiana, do mercado sul coreano e da Hello Kitty, famosa marca japonesa. Apesar de ouvir tantas pessoas falando português nos corredores, o Brasil não foi tema do evento.

Outra questão relevante, antes de tratar da gestão de marcas, é disseminar o modelo mental, voltado para a globalização, para toda a organização. Nesse ponto ficou evidente o problema dos recursos humanos: a falta de mão de obra qualificada. Esse aspecto é tão crítico que alguns empresários ou executivos entrevistados por mim afirmaram que recrutaram um professor de inglês para gerenciar o departamento de exportação. Embora a pessoa não conhecesse nada sobre os processos de exportação e importação, ao menos sabia falar o idioma. Além disso, ao escolher o funcionário que será expatriado, o fato de falar outro idioma parece ser um grande diferencial, o que evidentemente é pouco para garantir o sucesso da internacionalização da empresa. Ter visão global de mundo significa também recrutar e qualificar profissionais para atuar em outros países.

Portanto, é urgente formar as bases para a internacionalização, investindo nos recursos humanos e na sua qualificação, além de mesclar expatriados brasileiros com funcionários locais, promovendo maior troca e aprendizado. Algumas pesquisas, como as realizadas pela Fundação Dom Cabral, indicam que o empresariado brasileiro tende a ser centralizador em processos de internacionalização, preferindo expatriar funcionários brasileiros "de confiança" a contratar equipe local.

As empresas brasileiras devem também investir no conhecimento dos mercados externos. Muitas das nossas empresas, quando vão para o exterior, confiam as suas marcas e seus produtos a distribuidores, o que é comum em processos de exportação indireta. Essa estratégia não é problemática em si, mas o desconhecimento dos mercados externos faz com que as empresas brasileiras cometam erros desnecessários e percam oportunidades por não enxerga-las. Para construir marcas de maneira eficaz é preciso definir o posicionamento adequado, e isso é impossível sem conhecer o público-alvo e os competidores em cada mercado.

Em processos de internacionalização, as empresas costumam buscar o apoio de associações ou de órgãos governamentais. A APEX (Agência Brasileira de Promoção de Exportações e Investimentos) tem investido na qualificação de setores da nossa economia para a exportação e os empresários que entrevistei comentaram ter participado de programas ou eventos relacionados à APEX e outros órgãos. Entretanto, declararam que "não ficam esperando o apoio desses órgãos". De início, me pareceu bom que não ficassem esperando, de uma maneira paternalista, a "mão do Estado" para ajudar. Por outro lado, essa postura é ruim, pois o apoio poderia ser muito positivo para acelerar os processos de internacionalização de nossas empresas. Alguma associação para ajudar a internacionalizar as nossas marcas de uma maneira mais consistente, promovendo a troca e o aprendizado entre as empresas.

Além do governo, há algumas associações de empresas muito bem sucedidas. Essa é, por exemplo, uma prática adotada na Itália, onde várias empresas pequenas, de um determinado setor, se juntam para investir na internacionalização. Esse é o caso dos vinhos do Brasil. O Ibravin, Instituto Brasileiro do Vinho, faz há cerca de oito anos um trabalho "de formiguinha". Até o ano de 2011, o preço médio do vinho brasileiro cresceu mais de 60%. Ainda é um preço baixo, mas pelo menos cresceu mais de 60% depois do trabalho que a equipe do Ibravin fez, que incluiu a criação da marca "Wines of Brazil" e um posicionamento mais alinhado com a identidade do país. Além do indicador de melhoria do preço, as empresas que participam dessa associação e que se internacionalizaram cresceram em faturamento mais de 50% em relação às outras empresas que não participaram. Isto porque ao se internacionalizar elas tiveram contato com vários processos de gestão e de qualidade, que elas não tinham acesso antes, e puderam implantar isso na sua operação, inclusive para vender os produtos aqui no Brasil. A internacionalização trouxe conhecimento para essas empresas.

Com o modelo mental apropriado e investimento nas bases para a internacionalização, podemos começar a pensar na estratégia de internacionalização das marcas brasileiras. Veremos alguns exemplos de marcas brasileiras que se internacionalizaram.

A Carmem Steffens começou como Couro Química. A empresa vendia couro, e de couro eles passaram a vender calçados para terceiros, eles perceberam que poderiam criar uma marca própria para aumentar o valor da sua oferta. Eles continuam vendendo couro e calçados para terceiros, inclusive escolheram desenvolver uma marca de calçados femininos para não rivalizar com os clientes que compravam couro ou calçados masculinos.

Outro exemplo é a Natura, que construiu a marca "de dentro para fora", se mantendo fiel aos valores da organização, conseguindo fazer isso de uma maneira internacional, principalmente na América Latina. Como somos um grande mercado de cosméticos – o 3º maior mercado de produtos de higiene pessoal e beleza do mundo –, é importante que tenhamos uma marca brasileira forte nesse segmento.

Uma questão importante na gestão de marcas é pensar na internacionalização da marca desde a data do seu lançamento. Não é uma garantia de sucesso, mas ajuda muito na estratégia e na sua execução. O Spoleto é uma marca que já nasceu com a intenção de ser global. Embora a empresa tenha demorado 10 anos para de fato se internacionalizar, quando os donos criaram a marca Spoleto pensaram em uma marca que pudesse ser internacionalizável. Diferente, por exemplo, de Vivenda do Camarão, que ficaria mais difícil de internacionalizar em função do nome em português. Claramente, esse problema é contornável, porém é mais uma questão a ser trabalhada. Os fundadores de Spoleto pensaram em uma marca e em um modelo de negócio que poderia ser internacionalizável. Hoje eles estão presentes em dois países, no México e na Espanha. E no México já com cerca de 15 lojas.

Outro ponto para chamar atenção em processos de internacionalização de marcas é a busca por mercados corretos. Aqui eu uso o exemplo da Cantão, marca carioca de vestuário. A Cantão é uma marca que aqui no Brasil tem franquias, mas escolheu se internacionalizar por meio de exportação, adotando um processo gradual, mais tímido. Embora a marca esteja presente na Austrália, a diretora da empresa que eu entrevistei declarou que o grande desafio da empresa é conquistar o mercado de São Paulo. Como a marca tem um estilo despojado e colorido, questiono se as australianas não seriam um público-alvo mais propício a gostar da marca do que as paulistanas. Identificar os segmentos-alvo da marca, considerando a seleção de países-alvo e a seleção de segmentos em cada país, é muito importante para o sucesso da internacionalização da marca.

Uma marca brasileira que já conquistou um grande sucesso no exterior é a Havaianas, embora ainda tenha caminho a percorrer. A Alpargatas primeiro investiu na mudança do modelo de negócios e no reposicionamento da marca, no início da década de 1990, para depois investir na internacionalização. De uma empresa que era voltada para a produção, ela se tornou uma empresa voltada para moda. Ou seja, para o mercado e para o consumidor. Hoje é um ícone de moda, como a própria marca se intitula. Quando decidiram internacionalizar já partiram do patamar que a marca estava no Brasil, adotando um tom mais emocional, ao invés da velha promessa "não tem cheiro e não solta as tiras". E se internacionalizaram com uma única identidade de marca, porém com posicionamentos diferentes: posicionamento mais premium no exterior, o que funcionou muito bem. Enquanto a comunicação no Brasil acontecia principalmente por meio de propaganda em televisão e revistas, no exterior o investimento foi realizado em ponto de venda, como vitrines de grandes lojas europeias, e relações públicas, o que engloba eventos (corrida de boias Havaianas na Austrália) e assessoria de imprensa (visibilidade em editorias de moda de revistas femininas, por exemplo).

Deve ser mencionado que as Havaianas são um grande sucesso também porque se beneficiam do estereótipo brasileiro. Para a Havaianas, o fato de ser uma marca brasileira, ou seja, relacionada à praia, mulher bonita, futebol, alegria e samba, facilita sua construção. Já para uma marca como a Vale, que atua no setor de minério, fica muito mais difícil.

Ao desenvolver visão global de mundo, devemos entender que as pessoas são diferentes nos diversos países e tem necessidades particulares. Portanto, a empresa pode ter uma marca com um único posicionamento, porém com adaptações no composto de marketing, por exemplo, produtos e comunicação diferentes. A Sadia, por exemplo, para vender para a Arábia Saudita tem que adaptar a forma de produção, suas embalagens e sua comunicação.

Algumas empresas brasileiras já investem em suas marcas há mais tempo, e fazem isso de maneira consistente ao longo do período. A H.Stern tem uma história interessante. O fundador, Sr. Hans Stern, veio para o Brasil na época da segunda guerra, isto é, década de 1940. Ele começou trabalhando em uma empresa de exportação e em outra que atuava no setor de minério, por isso teve acesso às pedras brasileiras que na época eram chamadas de pedras semi-preciosas, o que já era um preconceito dado que esse conceito não existe. Sr. Hans teve a ideia de vender essas pedras no exterior e começou vendendo no porto do Rio de Janeiro, porque era por onde as pessoas chegavam. Mas já na década de 1950, ele internacionalizou a marca abrindo uma loja no Uruguai e hoje a marca tem várias lojas em vários países do mundo. Algumas dessas lojas são próprias e em outras foi feita sociedade com parceiros locais para viabilizar o alto investimento.

A H. Stern não se posiciona necessariamente como uma marca brasileira, embora tenha pedras preciosas brasileiras e design de joias inspirado em nomes brasileiros, como Oscar Niemeyer e Carlinhos Brown. Não é extremamente essencial que as marcas brasileiras se coloquem como marcas brasileiras, mas eu diria que é essencial que elas não precisem esconder que são brasileiras, como alguns empresários ou executivos acreditam que precisam fazer para ter credibilidade.

A Petrobras é uma empresa que tem um gestor global de marcas, o que é muito importante para garantir que a marca tenha uma identidade única em diferentes países, mas que sejam executadas as adaptações necessárias. Além de ter um gestor global, é importante que as marcas brasileiras comecem a aproveitar o que elas estão aprendendo nos diversos países e criem uma comunicação entre os países onde têm operação. Claro que isso só acontece quando a empresa tem massa crítica para isso. A Via Uno é uma marca de calçados que já está presente em mais de 100 países, então por isso, já tem escritórios regionais. Além da área de vendas, esses escritórios já contam com equipes de marketing, que gerenciam a marca. A parte estratégica continua a ser decidida na matriz, ou seja, é uma gestão centralizada, assim como da H.Stern, que conta inclusive com uma house para criar e desenvolver as campanhas de comunicação internamente. Mas a Via

Uno já permite adaptações, inclusive disseminando conhecimento de cada um dos mercados para toda a empresa.

O último exemplo de marca brasileira é o Itaú, que foi citado como exemplo de marca muito conhecida na América Latina, o que é verdade. Porém, o Itaú tem três áreas de atuação internacional: uma operação no Japão para remessa de valores, uma operação nos Estados Unidos e Europa para realizar operações interbancárias, e as operações na América Latina, onde atua como banco de varejo. Nessa região o banco se expandiu por meio de aquisições e tem ampliado sua presença.

Recentemente o Itaú realizou uma pesquisa com empresários e executivos nos EUA e na Europa e descobriu que a marca era pouco desconhecida de forma espontânea, apesar de ser o maior banco da América Latina. Mais do que isso, muitos respondentes reconheceram o Santander como o banco da América Latina, ao invés do Itaú. Em função dessa descoberta, o banco investiu em uma campanha de comunicação para se posicionar como um banco latino-americano global, utilizando celebridades de vários países latino-americanos.

Como dito antes, as marcas apresentadas representam os poucos casos de muito sucesso de marcas brasileiras em processo de internacionalização. Acredito que temos um longo caminho a percorrer, e para isso é importante que esses casos sejam disseminados no mercado interno para incentivar os empresários e executivos que atuam em empresas brasileiras a perceberem a gestão de marcas como fonte de agregação de valor às suas ofertas.

Brasil Visto do Cone Sul

Uma reflexão sobre o caleidoscópio de formas através das quais as nações do cone sul pensam o Brasil. O país, que agora ocupa a posição de sexta maior economia do planeta, enfrenta novas realidades sociais e culturais, como a recomposição de suas classes sociais e do seu papel na configuração dos fluxos de pessoas e mercadorias do continente. Frente a esse panorama, que papel tem o Brasil na composição das identidades contemporâneas latino-americanas? Como somos vistos, na diplomacia, mercado e mídia, por nossos vizinhos do Sul? Como estas miradas nos ajudam a (re)desenhar o papel do Brasil nas diferentes concepções de engajamentos políticos, mercadológicos e estéticos?

Apresentação Oral[1]
BRASIL E ARGENTINA: O QUE NÃO SABEMOS UNS SOBRE OS OUTROS

Ariel Palacios[2]

Falando sobre as rivalidades Brasil-Argentina, pode ser traumático informar os torcedores brasileiros que os argentinos não lembram de gols feitos pela seleção argentina contra o Brasil. Ao contrário, os principais gols que os argentinos recordam são os dois gols que o Maradona fez no mesmo jogo contra a Inglaterra, em um deles com a famosa mão de Deus. Tal como naqueles casos de amor não correspondido, isso é um caso de ódio não correspondido.

Agora veremos como os argentinos ironizam a si próprios quando tentam falar português. Na Argentina existe a percepção que os brasileiros são um povo muito musical, um povo muito amável, um povo "bom-selvagem", como os citados por Rousseau. E eles acreditam que todas as pessoas no Brasil falam com diminutivos. Por quê? Isso vem da época de jogadores de futebol brasileiros famosos pelos nomes no diminutivo. E também músicos, Toquinho, por exemplo, que morou um tempo na Argentina nos anos 70. As pessoas acham que tudo termina em "inho" e que isso é algo carinhoso, é mais uma demonstração de que o brasileiro é alguém amável,

---

1   O texto aqui apresentado não é uma transcrição *ipsis verbis*, mas um registro elaborado a partir das transcrições do áudio captado durante o evento. Buscou-se, contudo, manter a maior fidelidade possível à fala, assim como preservar sua característica de linguagem oral.

2   Graduado em jornalismo pela UEL e mestre em comunicação pela ECA-USP, Ariel Palacios tornou-se correspondente do jornal *O Estado de S.Paulo* em Buenos Aires em 1995. No ano seguinte, tornou-se também corresponde do canal de notícias Globo News. Foi correspondente da rádio CBN (1996-1997) e da rádio Eldorado (1997-2005). Além da Argentina, também cobre o Uruguai, Paraguai e Chile.

carinhoso. Para ilustrar isso vamos ver um comercial argentino,[3] no qual um rapaz está ligando para uma pousada no Brasil para fazer uma reserva em um quarto que tenha vista para a praia, tentando falar português usando tudo no diminutivo.

Bom, outra coisa que pode ser traumática para os brasileiros é que os argentinos fazem piada de argentinos melhor do que os brasileiros. Grande parte daquelas piadas que a gente faz no Brasil sobre argentinos são piadas originalmente feitas na Argentina sobre argentinos. A gente não começou com as ironias sobre argentinos, eles próprios faziam essas ironias.

Há meia década, o então presidente Lula, durante uma reunião do Mercosul em Assunção, passou pelos jornalistas e indicou que não falaria com a gente naquele momento. Mas sim, no dia seguinte. E soltou esta pérola em portunhol: "Si quéden tranquilis. Amanhãna eu háblu". Misto de portunhol com Mussum, não é? E Cristina Kirchner e Lula não são os únicos que fazem questão de falar em portunhol. Um parente de Fernando Henrique Cardoso foi o cara que eu mais ouvi falar misturado.

E há os mitos linguísticos bilaterais. Esse é o caso da expressão "muy amigo". Alguém lembra quando foi criado? O muy amigo é como se fosse um cara que está te sacaneando. Jô Soares tinha um programa no começo dos anos 80, chamado Viva o Gordo, onde havia o Gardelón, que era um argentino que morava no Rio de Janeiro. O Gardelón vivia de biscates e chegava um amigo brasileiro e pedia para ele: "olha Gardelón eu tenho que entregar um pacote, pode ser? É meio como um ofice boy, mas eu pago muito bem". Aí o Gardelón, com um caricatural sotaque portenho: "Ah, tá bien, sí. Deirro ali el pacuete, no hay problema...". O amigo dizia: "É para deixar naquele morro que tem ali". O Gardelón respondia: "mas aquele morro não é onde tem uma favela, narcotraficantes, não é perigoso?" "Sim, sim, mas não se preocupe", o cara falava. "Tudo bem", falava Gardelón, "eu levo o pacote, posso levar um tiro, mas eu vou para um hospital público que você tá me dizendo que vai me atender bem, tudo bem, quanto você paga?" O cara respondia: "2 cruzeiros". Aí o Gardelón respondia

---

3   [Link do anúncio Porque creemos que sabemos hablar português]: http://www.youtube.com/watch?v=cC-_66O0tYk

irônico: "Muuuuuuy amigo". Bem, essa frase na Argentina é, literalmente, um cara que é muito amigo. Mas, no Brasil, existe a imagem que na Argentina se usa essa expressão, no sentido irônico e não se usa.

Os argentinos são fascinados pelo crescimento industrial brasileiro das últimas décadas. E pela pujança do vizinho. Na Argentina não existe nada parecido com o BNDES e eles morrem de inveja saudável disso. As empresas de lá tem que se virar praticamente sozinhas e eles falam: ah! O BNDES! O "mais grande do mundo", como se fosse uma espécie de expressão costumeira em português. E nós não falamos isso no Brasil,

Sobre estes mitos sobre expressões idiomáticas, há uma espécie de oficialização do mito. E é da frase que acabei de citar: "O mais grande do mundo". E o pessoal pronuncia assim: "O maish grándgi dû mûndu!" E o "muuundo", assim, meio esticado. Os argentinos acham que dizer "mais grande" está correto. Mas em português é errado, a gente explica que em português se diz "o maior". Mas isso persiste. E tem mais: eles dizem a frase mexendo os quadris como se estivesse na Marquês de Sapucaí. Mas a gente não fala mexendo os quadris. Eu tenho um amigo que fala um português muito bom, mas insiste em falar desse jeito, é um cara que conhece muito do Brasil, que leu o Guimarães Rosa, mas ele insiste em falar daquele jeito porque ele acha, no imaginário dele e da população argentina, que as pessoas falam desse jeito no Brasil.

"Pódgi fala comigo... eu falo portchuguêish!" é como seria escrito, poeticamente, mais ou menos, um argentino tentando falar em português e deixando claro que a pessoa pode falar em português. As pessoas no geral estão bem dispostas a tentar falar em português, porque acham o português um idioma "musical", então, elas querem falar em português...

O "Tudo bem, tudo legal", no original em português, é usado como uma referência forte sobre os brasileiros. E é uma expressão estrangeira que começa a ser usada na Argentina. E já é, de certa forma, oficial, pois o governo Kirchner usou isso em uma publicidade da Receita Federal argentina.[4]

---

4 [Link anúncio Todos en blanco, Tudo bom, Tudo legal]: http://www.youtube.com/watch?v=hQh6J6pZO5o

O anúncio mostra um empresário que está registrando os trabalhadores que ainda não estavam com carteira assinada. Na Argentina algo em torno de 45% a 47% dos trabalhadores não tem carteira assinada, são totalmente informais. E o empresário diz: "agora vocês estão todos com carteira assinada... Tudo bem, tudo legal".

Entre os pontos que os argentinos admiram do Brasil: os homens argentinos admiram as mulheres brasileiras e os argentinos admiram e invejam o bom humor brasileiro.

Nos últimos seis ou sete anos, é impressionante a quantidade de vezes que a gente vê na mídia Argentina, capas de revista que mostram um Brasil pujante, como aquela capa do *The Economist* com Cristo Redentor subindo como se fosse um foguete. Capas desse gênero na Argentina, sobre o Brasil, tem todo mês.

O presidente Lula era mais popular em Buenos Aires, tinha alta popularidade aqui, mas era ainda mais popular na Argentina do que no próprio ABC. Uma pesquisa de 2005 indica que ele contava com 95% de simpatia por parte dos argentinos, os mesmos argentinos que também simpatizavam com Fernando Henrique Cardoso, presidente intelectual. Então, os dois presidentes por mais diferentes que fossem, tinham uma alta boa imagem na Argentina, na contramão da imagem que os argentinos tinham de seus próprios presidentes.

Duas empresas de pesquisa de opinião pública fizeram pesquisas ao longo de vários anos que eram algo assim como: se você pudesse votar em um político estrangeiro, incluindo também os nativos, em quem votaria? Bom, ganhavam os estrangeiros, com os presidentes brasileiros na cabeça.

A construção da imagem positiva remonta ao períoro de José Martínez, que foi o ministro da fazenda no 1º período da ditadura e o cara que criou uma espécie de ciranda financeira na Argentina, parecida com a que houve no Brasil, mas maior. Isso foi entre 76 e 81, especialmente em 78 e 79. Essa ciranda foi péssima para o país, mas teve o lado de levar os argentinos ao turismo no exterior. E aí, pegaram o gosto pelo Brasil. E nunca mais perderam esse gostinho de viajar ao Brasil.

Outro fato histórico marcante, este mais antigo, foi a visita do presidente da Argentina Julio Roca em 1899. Ele foi o primeiro presidente que fez uma visita de um chefe de estado e de governo ao Brasil. A comitiva imensa argentina teve na

Brasil: múltiplas identidades

ocasião uma impressão que ficou na Argentina praticamente durante um século, que era de um país exótico, de palmeiras, e de ar "versalhesco", já que ainda existiam muitos nobres da época do império, que havia terminado uma década antes.

Quando eu cheguei em Buenos Aires em 1995, primeiro para o *Estadão*, depois para a Globo News como correspondente, os argentinos me perguntavam de onde era e quando eu falava, o pessoal fazia uma apologia do Brasil. "De onde você é? De dónde sos? De Brasil. Ah... Brasil". E ai vinha uma sequência de elementos que eles citavam do Brasil para expressar a sua admiração pelo país. Primeiro eram as praias que a gente tem ou as mulatas em biquínis exíguos (os homens citando as mulatas com admiração e as mulheres citando com inveja), a cachaça ou a caipirinha, as gerações mais novas citam a caipiroska, o carnaval do Rio ou da Bahia, os que viajavam um pouquinho mais, às vezes citavam Búzios.

Existe também no Brasil o mito de que todos os argentinos dançam e cantam tangos, diariamente. Mas o fato é que do total da população argentina, hoje somente 25% consomem tango diariamente. Isto é, ouvem no rádio, compram CDs ou assistem a shows. No entanto, isso ajuda muito as casas de tango de Buenos Aires a atrair os clientes brasileiros, ou seja, tem um lado empresarial positivo.

E mais uma curiosidade que nos une. Jorge Amado, que foi tremendamente consumido em todo o mundo, na Argentina também, tinha como ilustrador, durante décadas, o Caribé, que era um nome artístico de um argentino. Aquele que desenhava as mulatas que Jorge Amado relatava nos seus livros, era um argentino que foi morar na Bahia e que ninguém lembra que veio da Argentina.

É isso. Para sintetizar, há um jogo de palavras muito engraçado, criado por um pesquisador brasileiro que morou em Buenos Aires e partiu de lá há poucos anos. Ele e um colega estavam fazendo um trabalho em conjunto e tentaram sintetizar o sentimento que existe entre os dois países na seguinte frase: "os brasileiros amam detestar a Argentina e os argentinos odeiam ter que amar tanto o Brasil". Eles gostam mesmo do Brasil e alguns até dizem assim: gostamos imensamente do Brasil, talvez não devessemos gostar tanto, mas gostamos. Enfim, em resumo era isso. Acho que estou esquecendo uma pilha de coisas para falar sobre os dois países, mas enfim... Obrigado pela atenção.

Questão do público

A percepção que eu tenho dos argentinos, passa um pouco uma melancolia, me parecem tristes, não necessariamente tristes, mas mais fechados, comparados com os chilenos, por exemplo, que me pareceram um pouco mais felizes, me receberam super bem. Eu gostaria de saber se essa espécie de melancolia na Argentina tem alguma origem histórica relacionada à economia, ou se foi sempre assim.

Ariel Palacios

Sim, tem muito a ver com a economia, que foi uma verdadeira montanha russa. Sete crises graves desde 1975. Graves. Não estou contabilizando as crises médias. E ao mesmo tempo, os argentinos acham que são tristes e consideram que os brasileiros são muito alegres. Acham que os brasileiros pobres são alegres. Mas, nisso, há alguma influência do próprio Brasil, dos próprios brasileiros. Por quê? Porque, por exemplo, adoro o Vinícius de Moraes, mas acho que ele fez uma coisa que acho negativa, que é a ideia de uma pobreza bonita, quando ele fala algo sobre o milionário que está embaixo, perto da praia, que não tem a vista que o pobre tem ali encima do morro. Então, o pobre no morro, a casa pode desabar a qualquer momento, o cara tem que descer e percorrer um caminho enorme até o local de trabalho embaixo, mas é legal morar lá encima, no morro. Ah, tem uma vista fantástica da baía de Guanabara. E daí?

Questão do público

Gostaria que você falasse um pouco mais de música. Como é o consumo de outros gêneros? Além disso, dá para comparar a frequência com que os argentinos que tango com dados dos brasileiros que ouvem samba ou MPB, por acaso?

Ariel Palacios

O rock argentino não tinha grande sucesso nos anos 60 e nos 70. Sofria a concorrência do rock inglês. Mas, com a guerra das Malvinas houve um espaço para o rock argentino que até então estava meio proibido. Os militares permitiam a transmissão de rock inglês porque as letras ninguém entendia, então não tinha problema, mas o rock argentino que já era contestatório era impedido. Contudo, quando veio a guerra das Malvinas eles proibiram todo tipo de coisa que era britânica. Voltando ao tango: no caso brasileiro, o samba acabou criando subgêneros, a música afrobrasileira tem os seus subgêneros, mas na Argentina o tango é o tango e acabou. Não tem um subgênero, você tem o tango mais moderno, mais antigo, mas é o tango e só se consomem 25% de tango lá. Agora, no Brasil temos subgêneros que variam muito de região para região. Por exemplo, não sei como é o consumo da música gaúcha aqui, mas sempre foi forte.

Agora falando do consumo de música brasileira na Argentina, vale lembrar que depois do acidente com o Herbert Viana, o primeiro show do Paralamas foi realizado em Buenos Aires. O Paralamas nunca deixou de ser sucesso na Argentina. Havia uma cantora, que vários de vocês talvez não tenham ouvido falar, mas que era famosa nos anos 80, a Joana, que manteve importância por lá quando aqui no Brasil ninguém mais se lembrava dela. Na Argentina faz sucesso desde um cara como o Michel Teló até o Tom Zé.

Depoimento após a apresentação

Ariel Palácios

A imagem do Brasil na Argentina mudou muito ao longo do último século e meio. O Brasil era visto como rival militar como uma espécie de potência que rivalizava com outra potência, que era a Argentina, e a viagem do presidente argentino Julio Roca em 1899, mudou muito esse panorama de rivalidade, mas a imagem que os argentinos levaram do Brasil, naquela época, naquela visita presidencial foi a de um país de praia, coqueiros, uma coisa versalhesca em referência aqueles títulos de nobreza dos remanescentes aristocratas do império de Don Pedro II. Então ficou uma coisa de praias, coqueiros, uma coisa exótica, e essa imagem perdurou na mente dos argentinos durante praticamente um século, quando os argentinos começaram a vir em grande quantidade, como turistas ao Brasil, a partir de um período chamado La Plata Dulce, que foi o período da ciranda financeira de 78 e 79. O fluxo de argentinos, concentrado no litoral, reforçou por um lado essa imagem do Brasil coqueiro, do Brasil praia, mulata e caipirinha, mas simultaneamente era uma imagem positiva, porque depois da guerra das Malvinas, o Brasil perdeu a imagem de rival militar, até porque ficou neutro ante esse conflito da Argentina com a Inglaterra, isso foi considerado tremendamente positivo por parte dos argentinos. Mas permanecia essa coisa do Brasil carnavalesco e isso começou a mudar a partir da crise argentina em 2001, quando os paradigmas argentinos começaram a mudar e o Brasil passou a ser uma espécie de modelo a seguir, a Argentina tem ficado latino-americanizada, a Argentina com a crise já não era mais uma espécie de pedaço da Europa encravado na América do Sul. Era um país que empobreceu muito, que havia tido como modelo a seguir durante anos, a França, a Inglaterra, nos anos 90, os EUA, depois na virada do século, o modelo a seguir era a Espanha, da época de Felipe Gonzales. E com essa quebra de paradigmas, o Brasil começou a ser uma espécie de caminho viável, que a Argentina deveria imitar. Hoje em dia, os argentinos continuam admirando as praias, as mulatas, a cachaça brasileira, mas admiram, e muito, as indústrias brasileiras, eles consideram que as instituições políticas brasileiras são mais sólidas que as argentinas, que estão passando por uma gravíssima crise e essa tendência de continuar admirando o Brasil permanece. Eu acho até que os investimentos das empresas brasileiras nos últimos 10, 11 anos na Argentina, investimentos produtivos e não especulativos, ajudaram a reforçar a boa imagem do Brasil na Argentina e se por acaso acontecem, com alguma frequência, reclamações de setores empresarias da Argentina, sobre supostas invasões de produtos do Brasil, isso se circunscreve a alguns empresários argentinos. O consumidor argentino não faz nenhum boicote contra produtos brasileiros, a maioria da população argentina está a favor do Brasil e admira o país. Um dos sonhos argentinos é morar em uma praia brasileira, ter um boteco ou uma hospedaria na praia. Creio, inclusive, que a imagem positiva do Brasil, um país alegre, de bem com a vida, ou, como os Argentinos dizem, do Brasil "tudo bem", poderia ser mais utilizada pelas empresas brasileiras nessa penetração no mercado argentino. A imagem do Brasil na Argentina é muito positiva hoje em dia e pode ficar ainda melhor, isso depende de mais esforço e criatividade dos empresários brasileiros e também mais vontade e mais trabalho dos políticos brasileiros.

Apresentação oral[1]

O BRASIL VISTO DO URUGUAI: POLÍTICA, COMÉRCIO E CULTURA

Gonzalo Oleggini[2]

Bom, meu nome é Gonzalo Oleggini, eu sou diretor do curso de negócios internacionais e de integração da Universidade Católica do Uruguai, que tem suas sub-sedes em Montevidéu, Salto e Maldonado. Em primeiro lugar, gostaria de agradecer pelo convite da ESPM para participar deste evento, e dizer que basicamente minha apresentação estará focada em três partes: uma perspectiva do ponto de vista político, do ponto de vista econômico e comercial e, finalmente, do ponto de vista cultural. Do ponto de vista político, o Brasil é muito importante para o Uruguai, bem como para todo o sul. Nós consideramos que o Brasil deve seguir cumprindo seu papel de *player* global, como tem feito até agora. Creio que a forte participação que o Brasil está buscando assumir nos organismos internacionais, na ONU e no Fundo Monetário Internacional seja um exemplo, do ponto de vista político, de como o Brasil está se posicionando como um líder não apenas regional, como também global. Quando falamos do ponto de vista regional, eu acredito que, na UNASUL, o Brasil se posicione como um líder, e vai cada vez mais tomando isto como um trampolim para que assuma a forma de um líder regional

---

1 O texto aqui apresentado não é uma transcrição *ipsis verbis*, mas um registro elaborado a partir das transcrições do áudio captado durante o evento. Buscou-se, contudo, manter a maior fidelidade possível à fala, assim como preservar sua característica de linguagem oral.

2 Mestre em Negócios Internacionais pela Universidade Pompeu Fabra (Barcelona) e Pós-graduado em Estudos Europeus pelo ITAM (México), Gozalo Oleggini é diretor do Curso de Negocios Internacionales e Integración da Facultad de Ciencias Empresariales da Universidade Católica del Uruguay – Dámaso Antonio Larrañaga (UCU-DAL).

com visão global. Isto também implica responsabilidades que o Brasil, certamente, no futuro, vai ter que aprender. Sabemos que, do ponto de vista regional, no Mercosul, o Brasil é o líder político. O Uruguai reconhece isso, mas também é importante que essa responsabilidade seja aplicada no sentido de promover um melhor funcionamento de todo o bloco. Existem críticas, já que ele apresenta um melhor funcionamento político do que propriamente comercial. Por isso esperamos que isso venha a ser corrigido, e que possamos ter uma corrente comercial mais segura. Do ponto de vista econômico e comercial, o Brasil é muito importante para o Uruguai e para a Argentina. Para o Uruguai, especialmente no que diz respeito aos investimentos, já que o Brasil investiu fortemente no setor de carne, arroz e produtos lácteos, existindo a possibilidade de vir a investir em novos setores. O Brasil é o cliente prioritário do Uruguai, 17% do que o Uruguai vendeu no mês de julho, por exemplo, foi para o Brasil. Do ponto de vista dos serviços, há um forte crescimento, nosso setor de turismo sempre esteve muito relacionado ao sol e às praias, o que por razões óbvias não parece muito atraente para os brasileiros. Agora, no entanto, com novos segmentos (por exemplo, culturais), estamos reduzindo nossa dependência do turismo argentino. Hoje, os brasileiros já compõem quase 20% dos turistas no Uruguai.

Do ponto de vista cultural, obviamente existe um relacionamento próximo, mas muitas vezes ele não se retroalimenta de forma dinâmica, da mesma forma como ocorre com a Argentina. Creio que a barreira do idioma seja importante, estamos aprofundando intercâmbios estudantis e de experiências, creio que isso seja importante, como o que estamos presenciando aqui hoje, na ESPM de Porto Alegre. E, bem, creio que as oportunidades vão ser generalizadas, como, por exemplo, por meio do tema da televisão digital, cujo padrão digital seguido pelo Uruguai é o mesmo que o do Brasil. Desta forma, o conteúdo em espanhol gerará uma nova oportunidade de trabalho conjunto entre brasileiros e uruguaios. O Uruguai tem uma tradição de trabalhar muito e de ser muito profissional no que faz. Aproveitamos o novo cenário político de estreita fraternidade entre o Uruguai e o Brasil. Creio que dentro de alguns poucos anos, isto será ainda maior. E podemos vê-lo por meio dos acordos firmados recentemente entre Dilma Rousseff e

José Mujica. Outro setor é o naval, em que também existe grande potencial para um trabalho conjunto.

E o Brasil tem grandes desafios que acabam sendo também os nossos: é preciso melhorar sua infraestrutura, reduzir a burocracia, melhorar os trâmites comerciais, melhorar o investimento público e privado em até 25%, atenuar a desigualdade social, reduzir a pobreza.

O setor audiovisual, também é um setor interessante: o Uruguai tem grandes oportunidades, já que somos os que têm maior facilidade em aprender o português, principalmente os que se encontram nas regiões de fronteira. Acredito, por isso, que temos uma grande oportunidade no que diz respeito aos conteúdos digitais entre Uruguai e Brasil. Bom, resumindo, há alguns desafios, do Uruguai para o Brasil, vamos tratar de cada um deles com calma; eu não disse problemas, disse desafios, porque acredito que são duas coisas diferentes. Muitos, com certeza, vão falar sobre o tema da infraestrutura, no qual o Brasil está trabalhando, embora ainda lhe faltem rodovias, aeroportos, trens, portos. Também surge aí uma oportunidade de trabalho conjunto, a mão de obra especializada é necessária, o mercado brasileiro está capturando toda a mão de obra especializada, não apenas no próprio país, como na região. Isto gera uma grande questão no que diz respeito ao tema salários e, no Uruguai, lamentavelmente, coloca a nós o desafio de melhorar a educação, para colocar mais profissionais altamente capacitados no mercado, algo que tem diminuído nos últimos anos. O Brasil sempre existiu, sempre foi positivo e, agora, temos um vínculo mais estreito, isto nos serviu como pé de apoio, recentemente, diante da política instável e errática da Argentina. Leve-se em conta também as más relações políticas, ao longo dos últimos anos, entre nosso país e este último.

A economia uruguaia está mudando intensamente e o Brasil é uma peça--chave, tanto no setor de bens, quanto no de serviços. Para o Uruguai, o primeiro setor de exportação em 2011 não foi a carne, nem o arroz, mas o turismo.

A melhor etapa de nosso relacionamento comercial teve seu auge em 1998, mas a desvalorização do real em 1999 fez com que os níveis de comércio voltassem aos de dez anos antes. O Uruguai chegou a vender, antes disto, 56% do que produzia à Argentina e ao Brasil.

Outros dois setores interessantes e promissores entre Uruguai e Brasil, o aeronáutico e o de logística, têm cadeias produtivas complementares.

No entanto, nem tudo é cor de rosa, já que uma das principais críticas ao Brasil está relacionada à sua capacidade e direcionamento dos investimentos. No Uruguai, investiu pesadamente, mas não gerou negócios novos, comprando e melhorando empresas estabelecidas no setor de carne e arroz. Isto não se alinha com a ideia corrente no Uruguai, de atrair investimentos que gerem novos negócios. Aproveitando o acesso aos mercados e o status sanitário do Uruguai. 70% da cadeia de produção de carne está em mãos de capitais brasileiros.

O Uruguai entrou no Mercosul buscando oportunidades econômicas e comerciais, e não buscando política. Neste momento, então, queremos fazer política, mas também queremos fazer comércio.

Do ponto de vista político, no Mercosul, não sabemos se somos 4 ou 5. Digo isto levando em consideração o problema da entrada da Venezuela, bem como da suspensão do Paraguai, entre outros. Acredito que o Brasil tenha buscado, com a entrada da Venezuela, manter um controle político sobre a situação, mostrando seus dotes de líder político regional. Para o Uruguai, é importante reconhecer isto. O presidente Mujica, quando tomou posse, falou em seu discurso sobre "andar ou caminhar seguindo os passos do Brasil". Isto é uma situação lógica: para o Uruguai, o Brasil passou a ser seu referencial. Nós temos uma situação bilateral muito complicada com a Argentina e, portanto, tratando-se de um país pequeno, que sempre precisa ter um referencial, percebemos que o Brasil está mostrando, com tranquilidade, que podemos tomá-lo como um referencial, o que não fazíamos no passado. Esta situação mudou faz 2 ou 3 anos, não mais, é uma situação recente.

Sobre a função de *player* global do Brasil, vemos e tememos um afastamento do país em relação ao restante da América. Já que o Brasil vai ascender para a Série A, já que com certeza não vai mais jogar conosco no mesmo campeonato. Mas gostaríamos que continue estando próximo, em todos os sentidos, de nossa região. As perspectivas sobre o Brasil a partir do Uruguai são muito importantes para nós. No Uruguai, podemos ter uma perspectiva sobre o Brasil como um país-referencial. Talvez o Brasil não acredite, ele próprio, que já seja um referente a nível global;

nós, no entanto, sim. Nós estamos considerando, cada vez mais, o Brasil como um país-referencial a nível global, esta situação é relativamente nova e veio para ficar. Dificilmente se voltará atrás quanto a isso.

Agora vem a questão econômica, como eu disse: primeiro vem o político, depois o econômico. Realmente, é muito difícil entender os organismos de integração regional que temos, são muito complicados em seu funcionamento e muito numerosos. Para um estrangeiro, alguém de fora de nossa região, é muito difícil compreender esta situação. Os blocos se sobrepõem, compartilham tarefas, têm processos burocráticos, poucos resultados.

O problema maior de nossos blocos é que eles são pouco efetivos, são muito lentos, geram muita burocracia. Em outros tipos de blocos, vemos que os funcionários são ad-hoc, cada um deles volta a seu trabalho quando terminam as reuniões, continua sendo funcionário do Ministério, do Comitê ou do que quer que seja. Somado a isto existe, às vezes, uma falta de conexão entre o que a política quer e aquilo de que os empresários necessitam. Se alguém entrevistar o Presidente da Câmara de Indústrias do Uruguai, ele dirá que quer mais comércio, e não tanta integração política. Mas sempre há uma luz no fim do túnel, o que nos resta é seguir trabalhando, mas não apenas do ponto de vista político, como também obtendo resultados no âmbito comercial e econômico, para o desenvolvimento de nossas sociedades. Muito obrigado.

Apresentação oral[1]
ZONAMÉRICA: CONVIDANDO O BRASIL A OLHAR PARA O SUL

Andrea Spolita[2]
(Fundação Zonamerica)

Nasci na Argentina e estou vivendo no Uruguai, o que me parece que, de algum modo, me dá a possibilidade de trazer uma perspectiva a partir do Rio da Prata e, particularmente, agregando neste caso minha própria proposta, uma perspectiva a partir do trabalho que desenvolvemos como Fundação Zonamérica, sobretudo no parque comercial da Zonamérica.

A oportunidade de falar neste encontro sobre como está o Brasil e sobre o nosso ponto de vista desde o sul me levou a analisar também como nos vemos a nós mesmos, este foi o grande desafio, reconhecer todos os êxitos que se veem no Brasil de lá do Uruguai: esta admiração que se tem por seu vasto território, por sua diversidade, por sua amplitude – tanto regional, como de oportunidades –, pela possibilidade das diferentes populações, dos diferentes Brasis que nós reconhecemos. Quando nós falamos do Brasil, em nosso imaginário, ele é diferente: o Brasil econômico, o Brasil da selva, o Brasil da praia, o Brasil da linguagem... nós,

---

1 O texto aqui apresentado não é uma transcrição *ipsis verbis*, mas um registro elaborado a partir das transcrições do áudio captado durante o evento. Buscou-se, contudo, manter a maior fidelidade possível à fala, assim como preservar sua característica de linguagem oral.

2 Formada em Recursos Humanos e Relações Públicas pela Universidade de Morón em Buenos Aires, Andrea Spolita é diretora executiva da Fundação Zonamerica, instituição sem fins lucrativos com sede no Uruguai, que apoia atividades científicas e de desenvolvimento profissional voltadas para o mercado de trabalho, com alcance nacional e internacional.

uruguaios, consideramos hoje o Brasil como um líder global, nós o reconhecemos como referência e buscamos imitá-lo.

A Zonamérica é um parque comercial que tem vinte anos no Uruguai, é a primeira zona franca privada e representa um conjunto de empresas internacionais, isto nos permite analisar bem o Brasil, pois as empresas brasileiras são uma grande referência em nossa área; mas isto também permite que olhemos para nós mesmos, como Uruguai. Eu estava dizendo ao diretor da ESPM que parabenizava a iniciativa desta escola ao se perguntar o que pensam os demais sobre nós mesmos (neste caso, consultar como se vê o Brasil no exterior/na região), creio que este é o primeiro passo para poder fazer coisas que nos permitam melhorar, mudar ou fortalecer a vantagem competitiva que já temos. Com esta análise, podemos identificar as distintas possibilidades de aproximação, o que também nos apresenta diferentes barreiras, algumas mais altas, outras mais baixas.

Toda a população uruguaia reconhece o crescimento do Brasil, a forma como se converteu em uma referência regional em vários âmbitos. Nestes últimos anos, o Brasil passou a ser reconhecido como um *player* global, um país que está recebendo reconhecimento por seu crescimento e que, hoje, ocupa um posto entre as grandes potências. Juntar-se aos BRICs, este conglomerado internacional, faz com que se formalize este crescimento como uma melhora na posição econômica a nível mundial, o que o Brasil não tinha até agora; entendemos que o país, seus empresários, governantes e profissionais trabalham para consolidar esse crescimento. Tive a oportunidade de fazer uma pós-graduação na Espanha. Quando cheguei, descobri que os casos estudados diziam respeito a práticas de empresas brasileiras; a mensagem clara era, então, de que não apenas nossa região volta seu olhar para o Brasil, mas também a Europa e o restante do mundo. Cada vez com mais atenção.

O Uruguai vê o Brasil como uma grande oportunidade, já que o mercado brasileiro é extremamente atraente e todo uruguaio sabe que, com uma mínima parte do mercado brasileiro onde seu produto penetre, onde a prática possa se realizar, onde o serviço possa ser oferecido, os sucessos locais serão superados, mesmo os de empresas bastante desenvolvidas, muito mais, inclusive, do que

Brasil: múltiplas identidades

no próprio mercado interno, ainda que estivesse saturado. Também entendemos que o Uruguai pode ser uma boa oportunidade para as empresas e os negócios do Brasil. Um exemplo interessante disso é a percepção do Uruguai como um mercado de amostragem, a fim de antecipar um produto ou serviço por meio do pré-lançamento e da observação da reação dos possíveis consumidores. Muitas vezes, para lançar um produto no Brasil, é preciso testar em um mercado de referência e, historicamente, este país foi um local de testes para o Brasil. Por exemplo: a companhia aérea brasileira VARIG realizou seus primeiros voos internacionais, fora do Brasil, para o Uruguai; as primeiras viagens, os primeiros caminhões da empresa de carrocerias de caminhões e ônibus Marco Polo funcionavam no Uruguai. Por outro lado, o Brasil está desenvolvendo um grande crescimento regional, chegar à Argentina e ao Chile por meio de rotas que passam pelo território uruguaio é mais próximo, fácil e seguro do que por outras vias de acesso. É interessante comprovar como a idiossincrasia no trabalho e a idiossincrasia nos negócios pode aproximar ainda mais os dois países.

Em minha apresentação, tenho como intenção agregar à reflexão que não apenas se analise os pontos de vista que se têm na região a respeito do Brasil, mas também convidar o Brasil a olhar para essa região. O convite é, portanto, o de olhar também para o Uruguai como um sócio neste crescimento.

Em sua figura da América do Sul, Torres García, artista da escola construtivista que desenvolveu esse tipo de arte no Uruguai no século passado, mostra, por meio da arte, os dois lados do hemisfério, com o Equador dividindo o mundo no meio, onde poderíamos inverter o mapa, de modo que o norte seja o sul e vice-versa. Historicamente, víamos os EUA como norte, já que, afinal, está na parte de cima do mapa; o que ocorreria se dividíssemos a metade do mapa e o hemisfério norte ficasse na parte inferior, de modo que o norte fosse o sul? Teríamos o foco do crescimento na realidade: que nosso norte seja o sul da América Latina e que nossos países e nossa região comecem a ser nosso próprio referencial.

Que o Brasil olhe para o Uruguai como norte, este é o lema, e por isso me comprometo, de algum modo, a compartilhar com vocês um estudo que foi realizado por uma consultora para a Zonamérica, há alguns anos, com a finalidade de descobrir o que pensavam do Uruguai outros países e outras regiões, e como o comparavam com a região, para que se veja o que podemos oferecer a nossos países vizinhos – isto é muito interessante para muitas empresas mundo afora, já que estão estabelecidas em nosso parque comercial muitas empresas cujas marcas são internacionalmente reconhecidas. Este registro foi realizado pela Hewitt, consultora americana na área de gestão de talentos e recursos humanos. Seu primeiro informe gira em torno do que pode ser oferecido a uma empresa internacional que tenha a intenção de se instalar no Uruguai; e isso em comparação com 175 países, levando em conta que posição continuamos a ocupar. A ideia é ir observando o gráfico também em relação ao Brasil. As considerações sobre o ensino superior no mundo tinham como lugar de preferência, no ano de 2011, o Uruguai, ocupando a 24ª posição, o Brasil ocupava a 75ª posição, por exemplo; a Argentina, neste momento, ocupava a 19ª posição; o Chile, a 43ª. Poderíamos dizer, portanto, que uma empresa do Brasil que pensasse em somar uma alternativa no Uruguai ou atrair talentos uruguaios saberia que sua população conta com uma boa base educacional. Também é interessante o que diz respeito ao aspecto econômico do país; o Uruguai é considerado um país que apresenta facilidades em sua situação cambial, assim como na repatriação de capitais e utilidades, isto é um diferencial competitivo a nível regional, mais recentemente em razão do clima econômico na América Latina. Nosso país é considerado o de melhor clima econômico, e, no momento de concretizar negócios, sobressai a virtude pacífica do Uruguai que, no nível internacional, também ocupa uma boa posição. Para mim, a vantagem em trazer essas informações é sugerir a consideração de que, se uma consultora internacional olha para esses indicadores como temas de valor no momento em que acessora onde instalar uma empresa, comparando 170 países, dentre os quais estão Uruguai e Brasil, é porque estes indicadores também são aqueles para os quais o mundo todo se volta na hora de fazer negócios. Estas são as referências tomadas pelas empresas para escolher onde se instalar ou onde abrir suas sedes. O Brasil pode encontrar uma proposta de valor no Uruguai, quando pensa na expansão de seus negócios rumo ao sul e na direção do Pacífico. Vejam-se os pontos de chegada para o desenvolvimento da logística (estradas, portos, zonas francas) ou para o desenvolvimento de tecnologia (serviços de software, conectividade etc.). Tratam-se de empresas internacionais que desejam abrir uma matriz, instalando-se em algum país e concentrando toda a gestão de serviços e administração em um só lugar. Hoje é muito comum, por exemplo, que uma empresa tenha em um só país toda a gestão administrativa onde se fatura a operação do mundo todo. O que ocorre no mundo todo fica concentrado em um só lugar. Dessa forma, achamos importante que o Brasil reconheça que, mais perto, mais comodamente, ele tem no Uruguai uma oportunidade para isso; de fato, é mais fácil gerenciar no Uruguai do que na própria Zona Franca de Manaus. Este diferencial é especialmente valioso para a região adjacente, o sul do Brasil, já que para muitas empresas de Curitiba, São Paulo, Porto Alegre – isto é, do Rio Grande do Sul, de Santa Catarina, de uma parte do Paraná – o Uruguai seria uma boa oportunidade logística, tendo em vista a distância e a geografia. Seria interessante olhar para esse país pequenino que há ali, logo ao lado. Além disso, contamos com o valor da proximidade, que permite essa aproximação cultural, já que há muitas cidades fronteiriças, muitas cidades próximas, onde tanto brasileiros como uruguaios acabam falando o mesmo idioma, entendendo os mesmos códigos de uma maneira natural; isto é muito interessante também para muitas empresas do Brasil e do Uruguai, já que podem trabalhar com gente que tem as mesmas idiossincrasias, cultura e até mesmo interesses. A reflexão mais importante que eu gostaria de compartilhar é a de que estamos certos de que o Uruguai volta seu olhar para o Brasil, este país se converteu em um referencial regional, de modo que as oportunidades seriam melhores se o Brasil também pensasse no Uruguai. A convivência nos negócios é fluida, a população entre os dois países se vê próxima, temos limites territoriais onde a fronteira é demarcada por apenas uma rua, e sem dúvidas tudo isso nos aproxima.

Para finalizar, deixo como uma questão que comecemos a transitar a partir de cada um dos países, desde cada olhar, vindos do sul até o Brasil; para que reconheçamos quantas oportunidades poderemos aproveitar aqui no Brasil, se o Brasil voltar seu olhar para o sul. Muito obrigado a pela atenção.

Apresentação oral[1]
BRASIL E URUGUAI: APROXIMAÇÕES

Karla Beszkidnyak[2]

Bom dia para todo mundo! Em primeiro lugar, quero agradecer a oportunidade de participar deste seminário. Eu gostaria de falar bom dia para os meus colegas da área de relações internacionais e também para vocês, futuros colegas, porque acho que a maioria de vocês escolheu essa carreira que tantos desafios vai trazer a vocês no futuro, mas que é uma escolha maravilhosa também no dia a dia, quando a gente consegue desenvolver aspectos de aproximação entre as nações por meio de tratados que pareciam quase impossíveis. Então, bom dia e muito obrigada pela presença de todo mundo.

A primeira declaração que eu gostaria de fazer é que, hoje, eu para conseguir maior transparência, vou falar não em nome do governo do Uruguai, mas vou falar um tanto como profissional, um tanto como colega de vocês, que acho que vai ser a melhor maneira de transmitir qual é a visão que nós podemos ter como cidadãos, como povo, do que é o Brasil hoje. Quando fui convidada, comecei a pensar no fator identidade, o que significa o termo identidade e acho que a melhor definição que eu escolheria para essa palavra é: aqueles elementos com os

---

1 O texto aqui apresentado não é uma transcrição *ipsis verbis*, mas um registro elaborado a partir das transcrições do áudio captado durante o evento. Buscou-se, contudo, manter a maior fidelidade possível à fala, assim como preservar sua característica de linguagem oral.

2 Graduada em direito e relações internacionais pela Universidade do Uruguai, Karla Beszkidnyak é Consulesa-geral adjunta do Uruguai em Porto Alegre, responsabilizando-se pelos assuntos de comércio no âmbito do Mercosul e da OMC. Antes de se ligar ao Serviço Exterior do Uruguai, trabalhou como advogada.

quais a gente se identifica. Aqueles elementos com os quais eu me identifico como pessoa e, nesse caso, nós nos identificamos como país e como nação. Nesse sentido, em termos gerais e tendo em vista coisas que fazem parte da nossa história e da nossa trajetória conjunta. Com certeza, o Brasil é visto como país irmão no mais profundo senso de irmandade e como um parceiro fundamental e estratégico no desenvolvimento, não somente econômico, mas cultural e social dos nossos povos. Isso todos nós sabemos, pois cada vez que nossas autoridades, nossos presidentes se encontram, eles sempre falam que a gente está vivendo um momento em que esse relacionamento bilateral e da cercania e da vontade de transformar essa cercania são muito valorizados. Além disso, eu tenho de reconhecer que temos potencialidades, mas também temos dificuldades. Porque para nós é difícil, por exemplo, chegar até um lugar a 500 quilômetros de distância. Eu acho que, para vocês, 500 quilômetros não são nada, mas para nós, uruguaios, fazer uma viagem de 500 quilômetros é uma enormidade, nem pensamos em um dia ir e voltar de carro nessa distância. Então, a primeira coisa que eu falaria: tamanho, potencialidade e grandes desafios.

A segunda coisa, com certeza, é a diversidade. O uruguaio conhece bastante do Brasil, sobretudo o uruguaio que mora na faixa da fronteira. Não se esqueçam que nós temos 1.200 quilômetros de faixa de fronteira terrestre com o Brasil, mas toda essa fronteira é com o Rio Grande do Sul. Então, para entender como é enxergar o Brasil, dependendo de para quem vocês perguntam, não vai ser a mesma visão. Uma pessoa que está morando na faixa da fronteira, que tem o sentido de que a fronteira não é uma divisa, mas é uma porta que se abre a outras pessoas que somente falam uma língua distinta, mas que têm tudo a ver conosco, têm uma visão diferente de pessoas que moram em outras localidades. Esse conceito de diversidade também influencia quase todos os aspectos de relacionamento que os dois países têm. Porque não vai ser a mesma coisa ter uma relação comercial com uma empresa do Rio Grande do Sul do que fazer essa mesma negociação com uma empresa de São Paulo. Eu falo porque vivi essa situação e percebi que a cultura local vai influenciar muito na relação.

Brasil: múltiplas identidades

Outra coisa que eu fiquei também surpresa é que mesmo com um vínculo muito forte entre os países, nós não temos muita influência cultural do Brasil no Uruguai. Não temos tanto quanto a gente acharia que poderia ter, considerando a imensa produção cultural que vocês possuem além do Rio Grande, conquanto o Rio Grande seja maravilhoso. Por exemplo, vimos que um dos painéis deste ciclo foi sobre telenovela, e há algum tempo atrás, era muito comum assistir telenovela brasileira, então nós podíamos conhecer bastante a realidade, do dia a dia dos brasileiros, assim como vocês mostram na TV. Hoje, isso não está acontecendo, então acho que nós temos algumas gerações de jovens, como vocês, que desconhecem o cotidiano dos brasileiros nos últimos 15 anos, porque esse material não está chegando. Em relação à música, também não há muita música brasileira que a gente escuta. A gente conhece o quê? O samba, a gente conhece algum cantor que tem destaque internacional, mas muitos outros estilos de música que, para vocês, formam parte da sua identidade não conseguem chegar no Uruguai. E isso é uma coisa que chama a atenção, pois nós estamos a poucos quilômetros uns dos outros. Outros aspectos: o esporte, com certeza, quando a gente pensa no Brasil no sentido do esporte, acho que ficamos admirados do desenvolvimento que vocês têm conseguido nos últimos anos e hoje o uruguaio está descobrindo que o Brasil é muito além do futebol. Porque, até agora, nós reconhecíamos o potencial do Brasil no sentido do futebol e agora nós descobrimos que vocês têm conseguido sucesso por causa do investimento e do trabalho. Então esses aspectos descrevem bem uma parte importante da nossa identidade, mas deixa de fora muitos outros aspectos que a gente quer desenvolver.

Eu acho que um aspecto importante é: qual é a marca país que vocês querem ter no mundo, qual é o conceito com o qual vocês querem se identificar, se eu fosse resenhar qual é a percepção que os uruguaios médios têm do Brasil, eu acho que é: o Brasil é um país colorido. Por isso que eu gostei muito da direção de arte do evento, que trabalha com as cores. E colorido no sentido que envolve aquele conceito primeiro que eu falei que é diversidade. Para nós, também, o Brasil é um país amigo, parceiro fundamental no nosso desenvolvimento, é um país muito conhecido, mas no mesmo nível é um país muito desconhecido para nós. Porque o Brasil é tão grande e tão diverso que é bem difícil chegar a conhecer ele na sua integridade. Então, assim como para vocês o desafio é tentar descobrir o que o Brasil é, para nós, o desafio é tentar entender da melhor forma possível, da forma mais transparente possível, essas múltiplas identidades do Brasil para poder dar instrumentos às nossas autoridades para definir as melhores ações e os melhores alinhamentos do vínculo tanto bilateral quanto entre o Uruguai e os diversos Estados vizinhos. Seria isso por enquanto.

Questão do público

Ao mesmo tempo em que os uruguaios ficam surpresos com o Brasil como uma potência esportiva, surpreende aos brasileiros como um país como o Uruguai, esse pequeno país que é uma grande nação ao mesmo tempo, consegue sucesso no futebol. Fico pensando se isso tem a ver com uma diversidade que não conhecemos, envolvendo origens indígenas, os charruas, e europeias. Gostaria também de ouví-la falar sobre a tenacidade da população uruguaia e do fato do país já ter sido considerado a Suíça da América.

Karla Beszkidnyak

No que tem a ver com o futebol, eu acho que o desenvolvimento que o Uruguai tem tido e está voltando a ter, tem muito a ver com um trabalho muito esforçado que é feito por muitas pessoas que a gente não conhece, espalhadas pelos cantos mais recônditos do país, todos os domingos, pois acho que somos o país do mundo com melhores futebolistas per capita, porque nós somos como vocês com o Brasileirão, todo mundo assiste futebol, quem não está no estádio, está assistindo em casa. É uma coisa que, para nós, forma parte da cultura.

Quanto à segunda questão, eu acho bem engraçado que a gente fale dos charruas no Uruguai, porque quem conhece um pouco da nossa história sabe que, lamentavelmente, a única coisa que nós não temos no Uruguai são indígenas. Os charruas foram uma tribo indígena que morava nessas terras, mas nas lutas pela independência foram exterminados, são muitas poucas, eu acho que há algumas pessoas que têm descendência indígena, mas estamos falando de 0,1% da população, então nós somos descendentes de europeus e é bem engraçado que, como descendentes de europeus, sejamos identificados com uma característica dos indígenas que não formam mais parte do nosso país. E volto a falar, não estou orgulhosa disso não, deveria ser o contrário.

Terceira coisa, tenacidade. Eu acho que o Uruguai sempre teve. Você comentou que por uma época, o Uruguai foi a Suíça da América. Sim, foi, mas era bem fácil ser a Suíça da América, porque nessa época o mundo não era o mesmo que temos hoje. Hoje os países não podem ficar isolados do resto do mundo, porque as coisas acontecem na globalização, que envolve absolutamente todos os aspectos da nossa vida e não é um conceito, é uma realidade. Naquela época, era mais fácil se proteger e manter características diferentes e para os governos desenvolver políticas públicas que tivessem impacto direto, porque não havia tanta influência de fora como há hoje. Estamos enfrentando problemas, hoje, que há trinta anos eram inconcebíveis para as gerações passadas.

Questão do público

Como o combate à corrupção e os julgamentos que estão acontecendo no Brasil repercutem no Uruguai?

Karla Beszkidnyak

Não estou falando como uma representante do Uruguai. Estou falando como Karla. Por incrível que aqui pareça, nós não recebemos muitas notícias do Brasil. Na imprensa uruguaia, não é muita coisa que a gente vai ler sobre o Brasil, além da parte econômica ou comercial. Para acabar, porque meu tempo está limitado, eu gostaria de transmitir para vocês que nunca esqueçam, sobretudo aqueles de vocês que escolheram essa carreira e vão acabar trabalhando no serviço público, que nosso trabalho é feito para as pessoas. Somos nós que fazemos o trabalho e somos nós que vamos desenvolver um estilo de trabalho e uma forma de cumprir essas funções que vamos receber. Todo mundo, no final da vida, vai ter que responder pelo bem que deixou de ser feito na sua vida, mas o funcionário público tem dupla responsabilidade, porque não é só o bem que deixou de fazer pelas pessoas que conheceu, mas também o bem que deixou de fazer enquanto representante do governo.

Só isso, muito obrigada. Peço desculpas, mas tenho uma agenda muito corrida hoje. Boa sorte para todo mundo.

Depoimento[1]
UM PARENTE AINDA DISTANTE

Mercedes Vigil[2]

Bom, é um prazer estar aqui conversando com todos vocês. Eu vou fazer uma aproximação, não de um ponto de vista diplomático, nem técnico, mas a partir dos fatos da cultura e, acredito, representar milhares de leitores, gente comum do Uruguai – talvez também da Argentina, mas essencialmente, neste caso, do Uruguai. Para nós, o Brasil real não existe e creio que o mesmo ocorre com o Brasil em relação ao Uruguai, é como um parente que sabemos que existe, mas que está longe, aquele para quem não se volta a atenção nem se analisa em excesso, do qual a maioria das ideias concebidas são mitos e a realidade é absolutamente diferente. O uruguaio comum e o uruguaio culto se lembram do Brasil imperialista, porque quando fomos, no início do século XIX, uma província do Brasil, havíamos sido, antes, uma província de Portugal. Verdade seja dita, no ano em que estivemos sob domínio do Imperador D. Pedro I do Brasil, quando nos governaram o Barão de la Laguna, Carlos Frederico LeCoq e todos os oficiais, eram todos oficiais lusitanos. Haviam crescido na corte de Lisboa, que naquele momento era mais glamurosa

---

1   O texto aqui apresentado não é uma transcrição *ipsis verbis*, mas um registro elaborado a partir das transcrições do áudio captado durante o evento. Buscou-se, contudo, manter a maior fidelidade possível à fala, assim como preservar sua característica de linguagem oral.

2   Poeta e escritora. Membro da Academia Uruguaia de Letras. Vencedora do Premio Integración Cultural 2002, outorgado pelo Programa de Integración Regional (PRODIR). Declarada Ciudadana Ilustre pela Junta Departamental de Montevideo em 2010. Autora de obras premiadas como Matilde, la mujer de Batlle (2003), El Mago de Toledo (2005) e Cuando sopla el Hamsin (2006), entre outras.

do que Versalhes e, além disso, haviam sido educados em Coimbra. Portanto, temos essa lembrança fugaz da presença portuguesa na Banda Oriental e, de fato, confundimos isto com a presença brasileira. Realmente o Brasil não era o do Grito do Ipiranga. Este é um caminho que, para mim, não é imperialista, sei que outros colegas têm falado deste tema: trata-se de uma nação grande, uma nação poderosa, talvez venha a ser uma potência tão importante no futuro como foram os Estados Unidos. Sem dúvidas, é uma potência, mas creio que a noção de império, nós a guardamos por um erro histórico. Quando estivemos unificados, vocês acabavam de se despertar como Brasil, embora na verdade ainda fossem lusitanos, do ponto de vista cultural, emocional e imperial. Sem falar que todo esse um século e meio transcorrido só ajudou a aumentar, acredito, a confusão. Observem: é claro que há Toquinho, Maria Creuza, não preciso sequer dizer que nos lembramos da música e que dançamos ao som da música brasileira. No entanto, nas casas noturnas, nos lugares onde vamos jantar, toca-se Bossa Nova e, realmente, a Bossa Nova não é a música mais representativa do Brasil, ainda que acreditemos que seja. Outra característica de que falavam em certo momento meus amigos da embaixada brasileira em Montevidéu é que algumas pessoas podem chegar a acreditar que a data nacional do Brasil é o carnaval, ou o dia 2 de fevereiro, dia de Iemanjá. Portanto, eu acho que se trata de uma responsabilidade compartilhada enorme. Observem que, para os uruguaios umbandistas, peregrinar até a Bahia é como peregrinar até Meca e, quando chegam à Bahia e caminham pelo Brasil, percebem que a religião umbandista que se desenvolve no Uruguai ultimamente, especialmente ao longo das duas últimas décadas, não têm nada a ver com o umbandismo brasileiro. Sim, certamente há uma origem comum nas religiões animistas africanas, mas nada além disso. Acredito, portanto, que o Brasil seja um mito; se você sair com um microfone para entrevistar o uruguaio comum, em geral, dirão que o Brasil é o Maracanã – história de vovozinho, que nem sequer é uma história real e atual –; que é o Brasil imperialista, que na verdade era Portugal; que é a Bossa Nova, que vocês sequer consideram o estilo musical nacional; o umbandismo, que é muito diferente do uruguaio, do argentino; e, mais do que tudo, que é Florianópolis, Copacabana e, vez ou outra, Búzios. O que estou querendo dizer com isso, o que estou querendo fazer é uma descrição crua e real da relação que temos. Eu, que sou uma escritora de romances históricos de grande impacto, que publiquei meus livros e dei conferências na Turquia, no Egito, nos EUA, em Portugal, na Espanha, na Colômbia, no México, quase no mundo todo, venho pela primeira vez ao Brasil profissionalmente. Não me conhecem, meus livros não chegaram aqui. Um senhor no Cairo os têm, ou mesmo em Istambul, em Madri; mas não há nenhum livro meu em um país que está logo ali, na esquina. Creio que, os brasileiros e os uruguaios, mas essencialmente os brasileiros, já que são os irmãos maiores e são uma potência que vai se confirmar nos próximos cem anos como peça fundamental no continente, creio que temos uma dívida pendente e que nem o idioma, nem mesmo as diferenças das religiões confessionais podem nos eximir dessa responsabilidade: a de ambos nos aproximarmos. A parte ativa, contudo, vai depender do Brasil. Isto é, a parte ativa de se aproximar do Uruguai, e do Uruguai se aproximar do Brasil. Digo isto porque, até pouco tempo, para os escritores latino-americanos – todos eles, não apenas os de língua espanhola ou os do Rio da Prata –, publicar na Europa, na Espanha, era chegar ao máximo possível. Nós estamos no Brasil e acredito, portanto, que precisamos forjar, no imaginário coletivo do sul, uma imagem real e interativa, já que aquilo que existe agora, para mim, é uma enteléquia.

Esta obra foi impressa em São Paulo
no verão de 2015 pela Gráfica Vida
e Consciência. No texto foi utilizada
a fonte Meridien em corpo 10,5 e
entrelinha de 14,5 pontos.